LE DIEU NÉANT

STUDIES IN THE HISTORY
OF
CHRISTIAN THOUGHT

VOLUME LXXXII

JAN MIERNOWSKI

LE DIEU NÉANT

LE DIEU NÉANT

THÉOLOGIES NÉGATIVES
À L'AUBE DES TEMPS MODERNES

PAR

JAN MIERNOWSKI

BRILL
LEIDEN · NEW YORK · KÖLN
1998

This book is printed on acid-free paper.

BT
102
.D48
1998

Library of Congress Cataloging-in-Publication Data

Le dieu néant : théologies négatives à l'aube des temps modernes / par Jan
Miernowski.
    p. cm. — (Studies in the history of Christian thought, ISSN
0081–8607 ; v. 82)
    Includes bibliographical references and index.
    ISBN 9004109153 (cloth : alk. paper)
    1. God—History of doctrines.   2. Via negativa (Christian
theology)—History of doctrines.   3. Pseudo-Dionysius, the
Areopagite, De mystica theologia.   I. Miernowski, Jan.
II. Series.
BT102.D48   1997
231—dc21   97–38232
                                                CIP

Die Deutsche Bibliothek - CIP-Einheitsaufnahme

Miernowski, Jan:
Le dieu néant : théologies négatives à l'aube des temps modernes /
par Jan Miernowski. – Leiden ; New York ; Köln : Brill, 1997
  (Studies in the history of Christian thought ; Vol. 82)
  ISBN 90–04–10915–3

ISSN 0081-8607
ISBN 90 04 10915 3

PRINTED IN THE NETHERLANDS

Dla Tomka

TABLE DES MATIERES

REMERCIEMENTS

Ce livre a été conçu et en partie réalisé au printemps 1993 dans le prestigieux Institute for the Research in the Humanities de l'Université du Wisconsin à Madison. Je voudrais exprimer ici ma vive gratitude à M. David C. Lindberg, alors directeur de l'Institut, de m'avoir accueilli parmi les chercheurs qui s'y réunissaient. Je remercie aussi M. William J. Courtenay et M. Lech Szczucki, pour m'avoir autorisé à exposer mes idées sur la théologie négative dans leurs séminaires, respectivement à Madison et à Varsovie. Je suis de même grandement redevable à mes amis du Département de Français de l'Université du Wisconsin à Madison, Douglas Kelly et Ullrich Langer, pour les chaleureuses discussions sur le moyen âge et la Renaissance que nous avons pu mener ces dernières années. Ma reconnaissance va tout particulièrement à M. Heiko A. Oberman qui m'a généreusement fait part de ses précieux conseils et qui a accueilli ce livre dans sa série éditoriale. Que soient enfin remerciés Mme Gera van Bedaf et M. Theo Joppe des éditions E. J. Brill, pour leur assistance technique, toujours hautement qualifiée et également bienveillante.

Madison - Warszawa, janvier - août 1997   J.M.

INTRODUCTION

THEOLOGIES NEGATIVES

En 1502-1503 paraissent à Strasbourg les œuvres de Denys l'Aréopagite, considéré comme le disciple converti personnellement par saint Paul, de même que le premier évêque d'Athènes et de Paris[1]. Par cette édition monumentale, l'imprimerie naissante paye hommage à l'autorité quasi apostolique du fondateur de la théologie négative. En se vantant de collationner les «anciennes» et les «nouvelles» traductions latines des œuvres dionysiennes, l'édition de Strasbourg réunit les commentaires d'Hugues de Saint-Victor, Albert le Grand, Thomas d'Aquin, Robert Grossetête, Thomas Gallus, Ambroise Traversari et Marsile Ficin, sans oublier les versions d'Hilduin, Erigène et Jean Sarrazin[2].

Ce long palmarès d'exégètes du *corpus dionysianum* prouve certainement le prestige dont jouissait «saint Denys», auteur «classique», puisque faisant partie des programmes d'enseignement médiévaux, dans la même mesure que la théologie négative demeurait une composante importante de l'orthodoxie chrétienne[3]. Leur diversité suggère cependant que l'enseignement qu'ils viennent puiser dans cette source résulte en des conceptions philosophiques fort disparates. Quelles pouvaient donc

---

[1] La légende de Denys l'Aréopagite prend son origine dans les *Actes des Apôtres*, 17, 34. Certaines indications textuelles, disposées intentionnellement par l'auteur du corpus dionysien, doivent amener le lecteur à croire qu'il s'agit d'une œuvre du Iᵉʳ siècle. En réalité le *corpus dionysianum* date probablement de la fin du Vᵉ ou du début du VIᵉ siècle.

[2] *Opera Dionysii; veteris et novae translationis, etiam novissimae ipsius Marsilii Ficini cum commentariis Hugonis, Alberti, Tomae, Ambrosii oratoris, Linconiensis et Vercellensis...*, impresa Argentine, 1502-1503, (la part d'Hilduin se limite dans cette édition à une lettre apocryphe à Apollophane).

[3] L'édition de Strasbourg n'est que la continuation renaissante d'une ample tradition manuscrite des textes dionysiens (v., par exemple, H. F. Dodaine, O.P., *Le corpus dionysien de l'université de Paris au XIIIᵉ siècle*, Roma, Edizioni di Storia e Letteratura, 1953). Sur la réception de Denys au Moyen Age v. aussi Barbara Faes de Mottoni, *Il 'Corpus Dionysianum' nel Mediœvo. Rassegna di studi: 1900-1972*, S.l., Società Editrice il Mulino, 1977; Walther Völker, *Kontemplation und Ekstase bei Pseudo-Dionysius Areopagita*, Wiesbaden, F. Steiner, 1958.

être les théologies négatives des intellectuels à l'aube des temps modernes?

La question est importante, aussi bien du point de vue heuristique qu'historique.

D'une part la théologie négative nous fournit un instrument de connaissance, fort utile par sa formidable mise à l'essai des attitudes intellectuelles médiévales et renaissantes. Il en est ainsi, car la théologie négative de tradition dionysienne est porteuse d'une pensée poussée à ses limites. Tout d'abord dans le domaine ontologique: Dieu est, certes, le créateur de tout ce qui est, mais Il est aussi tellement transcendant, qu'il devient légitime de dire qu'Il n'est pas, qu'Il est Néant. Ensuite dans la perspective épistémologique: omniprésent, révélé par ses créatures, Dieu est aussi caché dans sa ténèbre lumineuse, totalement incompréhensible. Enfin, et peut-être surtout, au niveau sémiotique: Dieu est omni-nommable et ineffable, puisque les noms des choses peuvent servir à désigner leur Créateur, à condition que l'on garde à l'esprit qu'aucun nom ne Lui est adéquat. Ainsi le néo-platonisme de Denys parvient à ses lecteurs moulé en d'inextricables paradoxes. Ceux-ci, toutefois, sont clairement orientés dans le sens de la négation et du dépassement: s'il est permis de nommer Dieu des noms des créatures dont Il est la cause, il convient encore plus de nier tout Son attribut, en sachant qu'Il transcende toute affirmation et toute négation[4]. Etudier les façons dont les interprétateurs de Denys neutralisent, ou au contraire, exaspèrent sa dialectique paradoxale et négative, révèle les diverses attitudes philosophiques des intellectuels médiévaux et renaissants, en esquissant l'éventail de théologies négatives de ces époques.

Une telle entreprise permet, d'autre part, de sonder un pan de l'histoire philosophique qui, malgré plusieurs études spécifiques très précieuses, n'a pas connu, à ce jour, de synthèse qui réponde à son importance dans la vie intellectuelle du moyen âge et de la Renaissance. En effet, jusqu'à la fin du XVIe siècle, le *corpus dionysianum* jouit d'un prestige que ne parviennent pas à ébranler même les premiers doutes portant sur son

---

[4] *Théologie mystique*, 1, 2, 1000B. Sauf indication contraire, les références au texte dionysien portent sur l'édition des *Œuvres complètes* présentée par Maurice de Gandillac, Paris, Aubier, 1943. Les traductions françaises y sont également empruntées. Pour les diverses versions latines sera utilisée l'édition synoptique préparée par Dom Chevallier: *Dionysiaca*, S.l., Desclée de Brouwer, 1937 et 1949, 2 vol.

authentique datation. L'existence des œuvres de Denys est attestée à Rome dès le VIIe siècle, tandis que le premier exemplaire connu et préservé à ce jour arrive de Byzance à la cour de Louis le Débonnaire en 827. Il est promptement traduit par Hilduin. Cette première version latine est supplantée vers 860-862 par celle de Jean Scot Erigène qui fournit aussi une *Expositio* sur la *Hiérarchie céleste* de Denys. La traduction d'Erigène est rapidement accompagnée de gloses d'Anastase le Bibliothécaire, adressées, elles aussi, à Charles le Chauve. Le commentaire de la *Hiérarchie céleste* est ensuite repris au XIIe siècle par Jean Sarrazin et par Hugues de Saint-Victor, ce dernier insistant sur l'aspect affectif de la théologie dionysienne. La lignée platonicienne des lecteurs de Denys va être encore continuée au siècle suivant par la traduction du *corpus dionysianum* de Robert Grossetête et par son commentaire de la *Théologie mystique* de Denys. Mais plus importante est la nouvelle traduction des écrits de Denys fournie par Jean Sarrazin. Elle constitue la base d'une *Extractio* de la théologie dionysienne fort populaire, rédigée au XIIIe siècle par Thomas Gallus. Elle sera aussi utilisée par Albert le Grand et par Thomas d'Aquin dans leurs propres commentaires de l'Aréopagite. Au XVe siècle ces grands auteurs scolastiques seront suivis par Jean de Gerson, chancelier de l'Université de Paris.

Par ailleurs, la théologie négative de Denys jouit d'un immense intérêt auprès de tous ceux qui, à l'aube de la Renaissance, se passionnent pour la pensée platonicienne, aussi bien que pour l'hermétisme et la cabale. Cette curiosité était parfaitement motivée dans la mesure où le corpus dionysien demeure une version christianisée du néo-platonisme grec. Il n'est donc pas étonnant que les œuvres de Denys aient été traduites par les platoniciens florentins Ambroise Traversari et Marsile Ficin, ce dernier ayant aussi ajouté un commentaire à sa traduction. L'autorité du disciple de saint Paul pouvait ainsi contribuer à l'apologie de Platon[5]. Une arme à double tranchant, cependant, car ayant attribué un si grand poids au platonisme chrétien de Denys, ses lecteurs occidentaux ne pouvaient plus le considérer comme le successeur de Proclus qu'il était en effet, mais furent amenés à faire de lui le maître trahi par ses disciples,

---

[5] V. le cardinal Jean Bessarion, *In calumniatore Platonis libri quatuor*, Venetiis, Aldi Romani, 1503, lib. 1, cap. 7: «Dionysius Areopagitam non modo sententias, sed etiam verba Platonis usurpasse».

les néo-platoniciens païens[6]. Quoi qu'il en soit, l'insistance sur la nature platonicienne de la pensée de Denys poussait les humanistes renaissants à le considérer comme le champion du symbolisme anagogique qui est la clé de l'élévation mystique[7]. Aux néo-platoniciens chrétiens se joignirent les partisans d'Hermès Trismégiste - Lodovico Lazzarelli, Foix de Candale -, de même que les cabalistes - Jean Pic de la Mirandole, Reuchlin. Ils restaient sensibles à ces aspects de la pensée dionysienne qui pouvaient fournir à la mystique païenne ou juive le lustre d'une confirmation orthodoxe.

Mais l'importance du corpus dionysien ne se réduit pas à nourrir la réflexion philosophique et la méditation spirituelle. Denys suscite aussi un culte religieux et politique qui lie ce philosophe mythique particulièrement à la France. En effet, le premier traducteur du corpus, Hilduin, a été aussi abbé de Saint-Denis. Il est à l'origine de l'identification des «trois Denys» en un seul personnage: l'auteur des traités parvenus de Byzance, le disciple athénien de saint Paul, et le premier évêque de Paris. Le manuscrit contenant les œuvres du saint devient ainsi une relique qui, transférée la veille de la fête de saint Denis à l'abbaye, opère la nuit même dix-neuf miracles, et compte parmi les trésors du lieu, à l'égal de l'oriflamme et de la tombe du saint martyr. Le culte de Denys, par la suite puissamment développé par l'abbé Suger, marque ainsi ses débuts. Il va associer, autour d'un texte et d'un sanctuaire, la mystique dionysienne et la mystique de la monarchie française[8].

Ce culte devait soulever les soupçons des philologues de la Renaissance. D'abord Laurent Valla, ensuite Guillaume Grocin et enfin

---

[6] V. Augustinus Steuchus, *De perenni philosophia*, (1540), éd. Charles B. Schmitt, New York, Johnson Reprint Corporation, 1972, p. 428 et suivantes.

[7] Budé cite la *Hiérarchie céleste* de Denys comme l'exemplification de ce sens de l'anagogie (*Commentarii linguae Graecae,* Parisiis, ex officina Roberti Stephani, 1548, p. 378).

[8] A propos de l'importance de Denys pour Suger, v. l'édition de ses écrits par Erwin Panofsky, *Abbot Suger on the Abbey Church of St.-Denis and its Art Treasures,* Princeton, Princeton University Press, 1979. Grover A. Zinn, Jr., souligne l'importance de Hugues de Saint-Victor pour la compréhension que Suger pouvait avoir de la théologie dionysienne («Suger, Theology and the Pseudo-Dionysian Tradition», in *Abbot Suger and Saint-Denis. A Symposium,* éd. Paula Lieber Gerson, New York, The Metropolitan Museum of Art, 1986, pp. 33-40). Erwin Panofsky rappelle aussi dans son introduction les doutes de Pierre Abélard sur l'identité de Denys (p. 17 et suivantes).

Erasme mettent en question l'identité de l'auteur du corpus aréo-
pagitique. En France ce questionnement ne semble pas avoir trouvé un
écho favorable[9]. Jacques Lefèvre d'Etaples, et à sa suite tout son
entourage - Guillaume Briçonnet, Charles de Bovelles, Girard Roussel,
Josse Clichtove, Beatus Rhenanus, de même que le précepteur de
François Ier, Jean Thenaud, étaient des lecteurs assidus de Denys, ainsi
que de son grand admirateur allemand, le cardinal Nicolas de Cuse. Cette
réception enthousiaste n'avait rien de passif. C'est Lefèvre d'Etaples qui,
aidé par ses disciples, donne en 1498/1499 une édition du corpus
dionysien, l'une des plus importantes parmi les 95 éditions de Denys
publiées jusqu'à la fin du XVIe siècle[10]. En 1514 il publie les œuvres de
Cusanus qui apparaît à ses yeux comme l'interprète privilégié de la
pensée dionysienne. Ainsi se manifeste, à l'orée de la Renaissance
française, l'attention portée à la lecture mystique, une lecture particulièrement radicale pourrait-on dire, de l'Aréopagite. Il est clair que
Lefèvre d'Etaples n'a jamais douté de ce que les traités dionysiens soient
écrits par le disciple direct de saint Paul. Son collaborateur, Clichtove
réfute dès 1517 les arguments d'Erasme. Dans sa réponse, celui-ci
souligne qu'il ne critique point les œuvres de Denys, mais qu'il doute de
l'exactitude historique de leur attribution. Précision importante, car ainsi
Erasme entend marquer ses distances vis-à-vis de Luther, dont l'attaque
vise plus la doctrine de l'Aréopagite que le problème philologique de la
datation du texte. Mais la savante discussion sur l'attribution du corpus
dionysien déplace, peu à peu, l'intérêt de Denys: de source majeure de
la pensée métaphysique, il devient le jouet de la controverse con-
fessionnelle, l'un des arguments en faveur, ou contre l'importance de la
tradition de l'Eglise dans la transmission de la foi. Ce déplacement, à vrai

---

[9] Toutefois, en citant le «grand auteur« Denys, Budé ne se prive pas d'ajouter:
«quicunque ille fuit» (p. 194). John Monfasani prouve que les questions sur l'authenticité
de Denys ont été soulevées en Italie vers la moitié du XVe siècle dans l'entourage de
Bessarion et que Cusanus était bien au courant de ces doutes («Pseudo-Dionysius the
Areopagite in Mid-Quattrocento Rome», in *Supplementum Festivum. Studies in Honor
of Paul Oskar Kristeller*, éd. James Hankins, John Monfasani, Frederick Purnell, Jr.,
Binghamton, N.Y., Medieval and Renaissance Texts and Studies, 1987, pp. 189-219).
Pour les réactions françaises à ces questions v. Jean-Pierre Massaut, *Critique et tradition
à la veille de la réforme en France*, Paris, Vrin, 1974, surtout pp. 182-205.

[10] Cette statistique est empruntée à la préface aux *Dionysiaca*, éd. Dom Chevallier,
t. 1.

dire à peine ébauché et encore imperceptible pour le grand public de la
Renaissance, devenait de plus en plus manifeste au XVIIᵉ siècle[11]. Certes,
c'est en France que l'autorité de Denys devait être encore la plus durable.
Il semble toutefois qu'ayant légué à la mystique chrétienne un ensemble
de concepts qui, repris et popularisés, feront encore longtemps fortune[12],
Denys l'Aréopagite cesse à la fin de la Renaissance de jouer son rôle de
l'un des maîtres à penser de la métaphysique chrétienne.

Ce court aperçu de l'importance historique de la théologie négative de
Denys l'Aréopagite ne peut, naturellement, suppléer le manque d'une
étude systématique de la réception du *corpus dionysianum* en Occident.
Le livre qui suit n'a pas, lui non plus, cette ambition. Il entend esquisser
les possibilités philosophiques que représente la théologie négative pour
un intellectuel à l'aube des temps modernes[13].

Les solutions de ce problème sont diverses, ce qui dicte le pluriel du
sous-titre de cette étude. J'en considérerai six, qui me semblent les plus
marquantes, et les présenterai dans un ordre *grosso modo* chronologique.
Ainsi, après avoir consacré le premier chapitre à la théologie négative de
Denys lui-même, j'aborderai ses interprétations fournies par Thomas
d'Aquin et par Ficin (chapitres II et III). Cette double perspective, scolastique et néo-platonicienne sera suivie par la lecture de Denys effectuée
par Cusanus et celle présentée par Charles de Bovelles (chapitres IV et
V). Le livre se terminera par les chapitres consacrés aux rapports de la

---

[11] V., à ce propos, le ton véhément de *l'Apologie pour les œuvres de s. Denys
l'Areopagite, apostre de France* qui préface l'édition des œuvres de Denys en français
de 1629. Evidemment, elle place Denys avant Plotin et Proclus. Il est caractéristique de
noter le déclin du nombre des éditions de Denys après la fin du XVIᵉ siècle: le XVIIᵉ
siècle ne fournit plus que 32 éditions, le XVIIIᵉ en donne 8, le XIXᵉ - 14.

[12] Pour en juger, v., par exemple, Maximilianus Sandaeus, *Theologia mystica clavis,*
Coloniae Agrippinae, ex officina Gualteriana, 1640.

[13] L'étude que je tente a une orientation clairement historique. Je n'entreprendrai
donc pas de discuter les relations possibles entre la pensée de Denys et certains courants
de la philosophie moderne. Un rapprochement a été notamment fait entre la théologie
négative et la déconstruction, quoique les différences aient été, elles aussi, remarquées.
V. à ce propos Jacques Derrida, «How to Avoid Speaking: Denials», in *Languages of
Unsayable. The Play of Negativity in Literature and Literary Theory*, éd. Sanford
Budick, Wolfgang Iser, New York, Columbia University Press, 1989, pp. 3-70; ainsi
qu'une très intéressante critique de cet essai: David E. Klemm, «Open Secrets: Derrida
and Negative Theology», in *Negation and Theology*, éd. Robert P. Scharlemann,
Charlottesville - London, University Press of Virginia, 1992, pp. 8-24.

théologie négative avec deux courants particulièrement importants pour la Renaissance: l'hermétisme (chapitre VI) et la cabale (chapitre VII). Enfin le cas particulier de Rabelais, examiné dans l'épilogue du livre, indiquera les bénéfices apportés par la théologie négative dans l'étude des discours qui dépassent le domaine strictement philosophique. Une telle organisation du livre montre clairement que, mis à part le chapitre initial consacré à Denys et l'épilogue voué à Rabelais, les sections consécutives se repartissent en trois paires distinctes: la première présente la tentative thomiste et celle du ficinisme de neutraliser la dissimilarité ontologique et sémiotique apportée par l'héritage dionysien. La seconde, en revanche, montre comment Cusanus et Bovelles développent la négativité de la théologie de l'Aréopagite. La troisième analyse la part limitée que laissent à la théologie négative deux courants «ésotériques» de la Renaissance. Dans tous ces cas étudiés, une insistance particulière sera accordée aux questions sémiotiques, tellement essentielles pour la théologie négative, sans que leurs fondements ontologiques et épistémologiques soient négligés pour autant.

Un tel plan de l'ouvrage montre déjà qu'il s'attache à dégager seulement les grandes lignes de force. Il s'ensuit que certaines questions ne seront traitées que sommairement: l'interprétation du *corpus dionysianum* par Jean Scot Erigène, la mystique de Gerson, l'interférence de la l'augustinisme sur la théologie négative de Denys, etc. J'espère pourtant qu'ainsi circonscrite, cette étude pourra mieux mettre en relief les diverses possibilités intellectuelles offertes par la théologie négative de Denys à l'aube des temps modernes.

CHAPITRE PREMIER

PENSER LA DISSIMILARITE
DENYS L'AREOPAGITE

Dieu s'enivrant au milieu de festins raffinés comme un vulgaire ivrogne; le Créateur effrayé par la guerre des géants que Lui préparent les constructeurs de la tour de Babel: voici les exemples du symbolisme biblique monstrueux dans lequel se complaît Denys l'Aréopagite (IX épître à Titos, 1105B). Comment ne pas s'indigner devant ces images bassement matérielles du divin, comment ne pas comprendre cette impression de «terrible absurdité» qu'ils donnent aux profanes[1]? Ceux pourtant qui savent pénétrer la signification mystique de ces symboles comprendront que l'ivresse de Dieu doit être entendue comme la surabondance des biens dont il est la cause. Tout comme l'homme grisé de vin est privé de bon sens, de même le Dieu ivre est absolument transcendant par rapport à l'acte intellectif. Il surpasse tout ce qu'on peut lui attribuer, sa plénitude est bien au-delà de toute démesure imaginable:

> Ivre de tout bien possible, affirmons simplement que Dieu est ainsi hors de soi, car c'est trop peu dire que de lui attribuer tout ensemble la plénitude de tous les biens.   (IX épître à Titos, 1112C)[2]

---

[1] «Nam absurditatem profecto maximam imperitis ac rudibus animis imprimunt cum arcane illius sapientie patres: cum per obscura quedam enigmata divinam illam plenamque mysteriis ac profanis inaccessam veritatem enuntiant» - Denys l'Aréopagite, *Opera*, éd. Jacques Lefèvre d'Etaples, Paris, Jean Higman, 1498/1499, f° 95 r°. L'édition de Lefèvre d'Etaples reproduit la traduction latine d'Ambroise Traversari.

[2] Dans l'édition de Lefèvre: «Sed et illum qui ebrietatem comitatur excessum sensus atque sciendi: dei excellentiam que omnem refugit intellectum accipi oportet, per quam excipitur ab intelligendi ratione: cum ea sit excellentia ut intelligere atque intelligi ipsumque esse transcendat ac omnia simpliciter quaecumque sunt bona. inebriatus esse atque excedere dicitur deus: quippe qui eis omnibus immensitatis totius eminentia: et plenissimus est et rursus extra omnia et ultra omnia segregatus» (96 r° - avec, comme note marginale, «Inebriatio divina»).

La monstruosité de l'allégorisme biblique n'est point gratuite. Elle signifie avant tout l'insuffisance de la parole humaine, incapable de dire ce Dieu qui échappe constamment à l'emprise du discours, ravi, soûlé de sa propre plénitude.

La *Hiérarchie céleste* de Denys explique la tératologie du symbolisme biblique[3] dans un chapitre particulier, significativement intitulé «Qu'il convient de révéler les mystères de Dieu et du ciel par des symboles sans ressemblance» (2, 136C-145C). Le débat porte de nouveau sur les images par lesquelles l'Ecriture représente les ordres angéliques et Dieu Lui-même. Denys insiste particulièrement sur les métaphores sans ressemblance (ἀνόμοιοι ὁμοιότητες, *dissimilia signa* dans l'édition de Jacques Lefèvre d'Etaples). En représentant les intelligences célestes par de basses images anthropomorphiques et animales, ces dissimilitudes obscures déconcertent par leur matérialité et leur inconvenance. Leur présence dans le texte biblique est pourtant hautement motivée par l'importante fonction propédeutique qu'elles ont à remplir. Celle-ci ne peut se réduire au jeu de révélation et d'occultation qui caractérise toute métaphore spirituelle. Il ne s'agit pas seulement d'exprimer les réalités incorporelles par une imagerie poétique adaptée aux possibilités de la perception humaine. Il ne s'agit pas non plus uniquement de cacher au vulgaire les mystères des intelligences célestes par les énigmes de l'Ecriture. Le propre de signes dissimilaires est leur caractère négatif qui permet de signifier le plus efficacement l'absolue transcendance du divin. C'est en dépeignant les légions célestes par des images qui ne leur ressemblent d'aucune façon que l'on montre dans quelle mesure les réalités spirituelles ne sont point de ce monde-ci. Les figures in-vraisemblables et absurdes ne devraient donc point être négligées au dépens des représentations plus nobles du divin, telles que Raison, Intelligence, Lumière, Vie etc. Les unes et les autres sont également

---

[3] J'emprunte cette expression à l'article de René Roques, «Tératologie et théologie chez Jean Scot Erigène», *Mélanges offerts à M.-D. Chenu*, Paris, Vrin, 1967, pp. 419-437. V. aussi du même auteur «Symbolisme et théologie négative chez le Pseudo-Denys», *Bulletin de l'Association Guillaume Budé*, 1 (1957), pp. 97-112; *L'univers dionysien. Structure hiérarchique du monde selon le Pseudo-Denys*, Paris, Aubier, 1954, de même que Jean Pépin, *La tradition de l'allégorie. De Philon d'Alexandrie à Dante*, Paris, Etudes Augustiniennes, 1987 et Vladimir Lossky, «La notion des 'Analogies' chez Denys le Pseudo-Areopagite», *Archives d'Histoire Doctrinale et Littéraire du Moyen Age*, 5 (1930), pp. 279-304.

distantes de l'infinie transcendance, également incapables d'exprimer sa suréminente vérité. Ce qui est proprement monstrueux, ce n'est pas la bassesse des images anthropo- ou zoomorphiques. Est absurde l'idée même de vouloir figurer l'ineffable[4]. Bien qu'également imparfaits, les signes dissimilaires ont cependant un immense avantage sur les noms divins qui paraissent plus appropriés à leur objet: par leur monstrueuse inadéquation ils proclament ouvertement leur déficience. Paradoxalement, c'est donc leur négativité même qui les rend plus propres à dire l'indicible:

> Ainsi puisque les négations sont vraies en ce qui concerne les mystères divins, tandis que toute affirmation demeure inadéquate, il convient mieux au caractère secret de Celui qui reste en soi indicible de ne révéler l'invisible que par des images sans ressemblance.   (141A)[5]

Grâce à leur absurdité, les signes dissimilaires du divin empêchent le croyant de se laisser charmer par l'attrait du signifiant, de se contenter de l'image même. Ils l'obligent à nier et à dépasser les formes sémiotiques pour se diriger vers la contemplation de ce qui, sans forme, transgresse le sensible et l'intelligible.

Une telle apologie de la négativité du signe, de l'infinie distance qui le sépare de son objet, marque l'originalité de Denys par rapport à ses prédécesseurs, tout en rappelant des motifs familiers à l'analyse traditionnelle du mythe[6]. L'obscurité des symboles servant à rebuter le profane tout en incitant l'initié à la quête d'un sens supérieur, l'absurdité qui permet d'éviter le risque de l'anthropomorphisation du divin, autant des préoccupations communes aux néo-platoniciens païens et chrétiens. L'estime en laquelle Denys tient les symboles dissemblables n'en reste pas moins particulière. Elle puise son inspiration surtout chez Proclus qui est la source principale des écrits dionysiens. Le philosophe païen défend les mythes poétiques d'Homère contre Socrate qui critique l'attribution

---

[4] René Roques, «Tératologie...», p. 424.

[5] Dans l'édition de Lefèvre d'Etaples; «Si ergo in divinis rebus negationes quidem verae sunt affirmationes vero nequaquam tantis arcanorum latebris congruunt: illa sane convenientior in rebus invisibilibus erit expressio quae per dissimilia signa monstratur» (f° 2 r°).

[6] Jean Pépin, pp. 215-219. Sur les dangers de l'anthropomorphisme dans la tradition païenne et patristique v. René Roques, L'univers..., p. 207, n. 1.

aux dieux de diverses tares proprement humaines[7]. Selon Proclus, il importe de distinguer deux genres essentiels de mythes: d'une part ceux qui, destinés aux esprits jeunes, contribuent à leur édification morale, et d'autre part ceux qui visent une élite de mystiques, afin de les unir avec le divin. Les mythes d'Homère et d'Hésiode appartiennent précisément à cette seconde catégorie: ils permettent à ceux qui s'adonnent à la contemplation d'accéder aux êtres réellement existants. En prenant modèle sur la procession naturelle des êtres qui produit des imitations visibles des Formes invisibles, les pères de la mythologie ont voulu nous rappeler la suréminence des dieux par des imitations qui s'éloignent le plus du divin. La laideur et l'irrationalité des mythes doivent démontrer la beauté et la raison transcendante. Toutefois, inadaptée à l'éducation de la jeunesse, une telle mythologie ne peut inciter à la recherche de la vérité que ceux qui ont subi l'initiation mystique la plus secrète.

Le chrétien Denys soumettra cette pensée à d'importantes transformations. Il importe cependant de remarquer que l'association du symbolisme dissemblable avec le mythe poétique sera reprise par l'Aréopagite: non seulement il représente la révolte babélienne comme une guerre gigantale contre les dieux de l'Olympe, mais surtout il approuve l'utilisation en théologie des «fictions poétiques» (*pœticae fictiones* selon la traduction de Traversari) afin de signifier les intelligences sans figures (137A). Ce rapprochement du symbolisme scripturaire et poétique est de première importance. Certes, il ne s'agit pas de confondre l'*involucrum* rhétorique, la fable mythologique, la métaphore et l'exégèse biblique des quatre sens. Toutefois force est de remarquer que, tout en sachant analyser avec subtilité les différentes catégories de symboles, les successeurs de Denys sauront aussi les intégrer au sein d'une réflexion herméneutique générale.

Tel semble être le cas de l'un des premiers lecteurs de Denys en Occident, Jean Scot Erigène. Il est important de noter que dans les *Expositiones* qui accompagnent sa traduction de la *Hiérarchie céleste*, il introduit le terme d'«allégorie», inexistant dans le texte dionysien. En suivant probablement Augustin et en annonçant les classifications

---

[7] Proclus, *Commentaire sur la République*, éd. A. J. Festugière, Paris, Vrin, 1970, 71.21-86.23. Selon Philip Ford, la première édition du commentaire de Proclus sur la *République* date de 1534 [«Conrad Gesner et le fabuleux manteau», *Bibliothèque d'Humanisme et de Renaissance*, 47 (1985), p. 312].

systématiques de Thomas d'Aquin, il distingue en outre *l'allegoria in dictis* et *l'allegoria in factis*, autrement dit le langage figuré et les réalités vétérostamentaires qui annoncent leur accomplissement évangélique. Toutefois ces deux types d'allégories, de même que les créatures et Christ lui-même sont réunis au sein d'un même concept, celui de «voiles» (*velamina*) du rayon paternel de Dieu[8]. Il n'est donc point étonnant que Jean Scot établisse un strict parallèle entre la fiction poétique et les images dont use la théologie. De même que le discours poétique utilise des fables et des allégories pour exercer l'âme humaine dans la doctrine morale et physique, pareillement le discours théologique use des images fictionnelles pour faire mûrir l'âme dans sa dignité et afin de la libérer de l'emprise des sens[9].

Si les fables des poètes et les symboles des théologiens concourent à stimuler l'âme humaine, les transferts théoriques de ces deux types de symbolisme deviennent possibles. Ils sont d'autant plus faciles que l'on accorde de l'importance à la négation dans le discours sur le divin. L'un des principes fondamentaux transmis par la théologie dionysienne à ses successeurs, est la vérité des négations sur Dieu. Mais si, corrélativement, Denys parle de l'inadéquation des propositions positives, Jean Scot va plus loin en ramenant les affirmations sur le divin au rang de métaphores:

> Comme il a été dit, parmi les signes divins les négations sont vraies, tandis que les affirmations sont métaphoriques, et comme surajoutées de

---

[8] «Et ut breviter dicam, omnes species visibilis et invisibilis creaturae, omnesque allegoriae, sive in factis, sive in dictis, per omnem sanctam utriusque Testamenti Scripturam, velamina paterni radii sunt» *Expositiones super Ierarch. cael.*, 136C, cité d'après Jean Pépin, p. 205.

[9] «Quemadmodum ars pœtica per fictas fabulas allegoricasque similitudines moralem doctrinam seu physicam componit ad humanorum animorum exercitationem, hoc enim proprium est heroicorum pœtarum, qui virorum fortium facta et mores figurate laudant: ita theologica veluti quaedam pœtria sanctam Scripturam fictis imaginationibus ad consultum nostri animi et reductionem corporalibus sensibus exterioribus, veluti ex quadam imperfecta pueritia, in rerum intelligibilium perfectam cognitionem, tanquam in quandam interioris hominis grandaevitatem conformat», *Patrologia Latina*, t. 122, p. 146, cité aussi par Peter Dronke, *Fabula. Explorations into the Uses of Myth in Medieval Platonism*, Leiden und Köln, E.J. Brill, 1985, première éd. 1974, p. 18, n. 1.

l'extérieur, ou bien tout à fait inadéquates, c'est-à-dire impropres.[10]

Comme assertion, le discours humain est donc touché par une faiblesse foncière. Condamné par son incapacité inhérente à mimer le divin, il s'avère figure, translation fondamentalement autre, infiniment déplacée et inadéquate par rapport à son objet transcendant. Mais en même temps, ce déplacement, cette impossibilité d'imiter le divin devient curieusement source de poésie. Parole obligatoirement indirecte, car exclue de la vérité discursive, la théologie révèle sa vraie nature de fiction poétique.

Les signes tératologiques tout comme les négations proclament ouvertement cette altérité monstrueuse et absurde, fatalement attachée à toute tentative de représenter l'ineffable. Ne pouvant proposer d'image ressemblante de Dieu, nous optons pour le scandale des représentations intentionnellement indignes, afin de mieux comprendre notre éloigne-ment du divin, afin d'autant plus désirer l'union mystique. S'il nous est impossible d'avancer la moindre vérité positive sur l'essence divine, autant nier tous ses attributs imaginables; le risque de réduire l'infinie transcendance à la dimension humaine sera alors mieux évité. La symbolique dissimilaire est donc l'avatar sémiotique de la théologie négative. Posée avec une insistance particulière par Denys l'Aréopagite, cette conjonction sera reprise par ses lecteurs médiévaux et renaissants. Partout là où l'on prendra conscience de l'insuffisance foncière du signe à exprimer la vérité absolue, partout où le symbole découvrira son apparence grinçante, là aussi se manifestera la force de la négation[11]. La spécificité de la tradition dionysienne, surtout dans celles de ses versions qui seront le plus importantes pour la Renaissance française, sera d'ancrer la théologie négative dans une réflexion ontologique parti-culièrement apte à des interprétations radicales.

En effet, figurer l'infinie dissemblance de Dieu, revient à le nier en tant que substance particulière. Dieu n'est ni cet être-ci, ni cet être-là. Pour mieux exprimer cette démarche ablative, Denys emprunte aux néo-

---

[10] «Ut enim praedictum est, in divinis significationibus verae sunt negationes, affirmationes vero metaphoricae, ac veluti exstrinsecus acquisitae, aut omnino incompactae, hoc est, non propriae», *Expositiones*, p. 171. V. aussi le *De Divisione Naturae*, I, 509C-512D d'Erigène.

[11] Ainsi Guillaume de Conches qui, en commentant Macrobe, évoque la théologie négative augustinienne et dionysienne en parlant de l'incapacité des signes à exprimer le divin (Peter Dronke, p. 38).

platoniciens païens l'image du sculpteur[12]. Celui-ci creuse le bloc de pierre brute à la recherche de la forme pure, de la Beauté qui y est cachée. Pour la mettre en lumière il lui faut retrancher les fragments de pierre inutiles, tout comme nous nions les attributs particuliers de Dieu (*Théologie mystique*, 2, 1025B). En effet, Dieu ne doit pas être confondu avec le sensible et l'intelligible qui nous entourent. Il n'est rien de tout ce qui est: *nihil est omnium* (*Noms divins*, 5, 8, 824B[13]). Il en est ainsi parce que l'Etre divin surpasse les êtres particuliers des créatures. Il n'est pas ceci sans être cela; il n'est pas d'une façon plus que d'une autre, car il est la cause de tout. En souvenir de l'*Exode* 3, 14, Denys désigne Dieu comme «Celui qui est», l'Etre véritable source des êtres de toutes les choses, le dispensateur du don fondamental de l'existence[14].

La négation de l'être particulier coexiste donc avec l'affirmation de l'Etre. Pourtant si les êtres particuliers sont niés, il ne reste plus qu'un pas dans la démarche négative dionysienne pour donner à la négation de Dieu une tournure absolue. Si Dieu n'est pas ceci ou cela, peut-être n'est-il pas tout court? En effet, on dirait que dans sa ferveur à tailler le bloc de la matière à la recherche de la beauté évanescente, le sculpteur de Denys brise le dernier morceau de pierre qui lui reste entre les mains. A vrai dire le Dieu dionysien, Lui qui est l'Etre de tous les êtres, n'est pas[15]. La transcendance divine ne se limite pas aux existences particulières.

---

[12] Ce motif dionysien a été traditionnellement lié aux *Ennéides*, I, 6, 9 de Plotin. Henri-Dominique Saffrey remarque chez Proclus l'identification des noms divins avec les statues des dieux (*Théologie platonicienne*, I, 29; v. «New Objective Links between the Pseudo-Dionysius and Proclus», *Neoplatonism and Christian Thought*, éd. Dominic J. O'Meara, Norfolk, Vi., International Society for Neoplatonic Studies, 1982, pp. 67-68). L'image du sculpteur apparaît aussi chez Grégoire de Nysse (Rosemary Ann Lees, *The Negative Language of the Dionysian School of Mystical Theology. An Approach to the Cloud of Unknowing*, Salzburg, Institut für Anglistik und Amerikanistik, 1983, p. 19). Traditionnellement les origines de la théologie négative sont recherchées chez Platon (*Phèdre* 247C; *République*, VI, 509B).

[13] Voici la phrase en question dans l'édition de Lefèvre d'Etaples (f° 65 v°): «Idcirco et omnia ipsius sunt simulque praedicantur: et nihil est omnium. omni figura et omni specie preditum...»

[14] *Noms divins* 5, 4, 817C: *vere existens* selon Sarrasin, *veraciter ens* pour Traversari. V. à ce propos Fran O'Rourke, *Pseudo-Dionysius and the Metaphysics of Aquinas*, Leiden, New York, Köln, 1992, pp. 68-84.

[15] «...immo vero neque est, sed ipse est esse existentibus...» - *Noms divins* 5, 4, 817D, trad. Sarrasin.

Supra-existentielle et supra-essentielle, elle est au-dessus de l'Etre même. En tant que cause de tous les êtres, Dieu n'est aucun être; transcendant à l'Etre, Il dépasse tous les êtres particuliers[16]. Abordé du point de vue de la connaissance, ce paradoxe ontologique prendra la forme de la nescience comme la meilleure connaissance du divin. Dieu est connu seulement comme totalement inconnu et comme inexistant[17].

Il importe de souligner, après Denys et tous ses successeurs, que la négation n'a ici rien de dégradant: elle n'est pas privative mais transcendante. Dieu n'est pas ravalé au-dessous de l'être, il est tout au contraire projeté bien au-delà. Ainsi il est perçu comme inachevé, car lui attribuer la perfection serait largement insuffisant; irrationnel, il est plus que raison[18]. Une telle dualité de la négation correspond à la dualité du non-être dans la tradition néo-platonicienne. Celui-ci semble en quelque sorte encercler l'univers des existences particulières. Par en haut, en tant que Principe Premier qui transcende les existences; par en bas, comme matière première qui n'est pas encore parvenue à l'être et qui entretient, chez certains penseurs, une étroite relation avec le mal[19].

La réflexion métaphysique sur le mal permet d'entrevoir la direction que prend la théologie négative dionysienne après avoir nié l'Etre en Dieu. Selon l'Aréopagite, le mal n'est pas concevable comme être, car alors il ne serait point mal. On ne peut le penser non plus comme non-être absolu sans qu'il soit suressentiellement placé dans la Beauté et la

---

[16] *Noms divins*, 1, 1, 588B: «...et, cum omnibus ut sint causa sit, ipsum non est, utpote omni essentia superius...» (trad. Traversari).

[17] *Epître I (à Gaios)* 1065A: «Ac si quis conspicatus deum idipsum quod vidit intellexit: non ipsum intuitus est sed eius aliquid ex iis quae sunt et in noticiam cadunt. Ceterum ispe (quod supra mentem omnem atque substantiam locatus emineat) eo ipso quod omnino neque sciri neque esse dicitur: et supersubstantialiter est et super omnem mentem atque intelligentiam noscitur...» (édition Lefèvre d'Etaples, f° 81 v°).

[18] *Noms divins*, 7, 2, 869A.

[19] Sur la distinction de ces deux non-êtres dans l'ontologie de Proclus v. Emile Bréhier, «L'idée du néant et le problème de l'origine radicale dans le néoplatonisme grec», *Etudes de philosophie antique*, Paris, Puf, 1955, pp. 267-8; Rosa Padellaro de Angelis, *Il problema del nulla nel pensiero cristiano*, Roma, Editrice Elia, 1974, pp. 26-28.

Bonté suprême qu'est Dieu[20]. Le mode de la négation totale aboutit à louer suréminemment le non-être en Dieu[21].

On voit donc qu'en fidèle néo-platonicien, Denys exalte Dieu comme le Bien et le Beau. C'est en fait la beauté que recherche le sculpteur amené à retrancher tous les êtres particuliers du bloc de pierre qu'il taille. De concours avec l'Un, le Beau et le Bien demeurent au-delà de l'Etre. Une telle pensée peut révéler les traces néo-platoniciennes d'une hiérarchisation interne de Dieu[22]. Mais si Dieu est le Bien suprême, il importe de noter que malgré le néo-platonisme de Denys, sa théologie négative ne se réduit pas simplement à exalter une hypostase divine au dépens d'une autre, jugée inférieure. Denys cherche à dire Celui qui est «avant l'être», «est ante ens» comme traduit maladroitement mais peut-être le plus fidèlement Hilduin (*Noms divins*, 5, 8, 824A). Cette recherche effrénée du divin pousse Denys à enfoncer les barrières conceptuelles successives. Une telle poursuite de la transcendance conduit en fait non pas à multiplier les échelons ontologiques intermédiaires, mais, au contraire, à élargir le gouffre séparant Dieu de l'être qui reste encore à la portée de la connaissance et du discours des hommes.

Il y a là une importante différence qui sépare Denys de ses maîtres à penser. En effet, pour les néo-platoniciens païens, la transcendance se répartissait graduellement entre les différentes hypostases divines. Chez le théologien chrétien, elle se concentre entièrement entre le Dieu trinitaire et la première triade des ordres angéliques. Il en est ainsi parce que le Dieu chrétien de Denys cumule les attributs négatifs, conférés

---

[20] «...malum autem non existens est (alioquin non omnino malum), neque non existens (nihil enim est universaliter non existens, nisi in bono secundum supersubstantiale dicatur)» - *Noms divins* 4, 19, 716C-D, trad. Sarrasin.

[21] «...non est pulchri et boni particeps esse; tunc enim et ipsum pulchrum est ac bonum, cum in Deo per omnium privationem supersubtantialiter celebratur» (*Noms divins*, 4, 7, 704B), dans la traduction de Traversari, f° 57 v° dans l'édition de Lefèvre. Tous les traducteurs précédents, ainsi que Ficin, proposent «secundum omnium ablationem». Il est aussi intéressant de noter qu'à la place du *non ens / non est* généralement retenu, Sarrasin, qui sera la version connue par Thomas d'Aquin, propose *non existens*.

[22] A ce propos v. Stephen Gersh, *From Iamblichus to Eriugena. An Investigation of the Prehistory and Evolution of the Pseudo-Dionysian Tradition*, Leiden, E.J. Brill, 1978, p. 159 et suivantes.

auparavant au seul Un, et les attributs positifs propres aux hypostases qui lui étaient conséquentes et inférieures (tel l'Etre, la Vie, l'Intellect)[23]. Celles-ci ne peuvent naturellement plus être pensées comme principes ontologiques autonomes, mais deviennent juste des attributs de Dieu, autrement dits des «noms divins». D'autre part, les hiérarchies célestes des anges rejoignent les autres créatures dans leur humilité face à Dieu infiniment distant. Ainsi, à la progression des divinités, Denys substitue l'acte unique et direct de création qui désormais opposera le Créateur à l'univers spirituel et au monde sensible. Mais en réunissant l'Un purement négatif et les autres principes transcendants qui en sont les émanations positives, en les réduisant au rôle d'appellations du Dieu chrétien, Denys inévitablement installe la contradiction au sein de la divinité. Dieu n'est-il pas en même temps l'Etre de tout ce qui est, ainsi que le Non-Etre?

Une telle contradiction paraît régir l'œuvre entière de Denys. Car la démarche ablative du sculpteur n'est pas l'unique méthode théologique proposée par l'Aréopagite. A côté de la théologie négative, apophatique, il existe une théologie affirmative, cataphatique. A cette dernière le théologien a consacré son traité des *Noms divins*, en discutant de la Bonté, de l'Etre, Vie, Sagesse et Puissance de Dieu[24]. Ces appellations spirituelles, conjuguées aux images sensibles, peuvent être motivées ontologiquement comme effets de la Providence. Formés en Dieu, les effets du Créateur sont tous en Lui et en raison de Lui (*Noms divins*, 1, 5, 593D). L'insistance sur la présence de Dieu dans les créatures conduit

---

[23] Il s'agit d'une interprétation particulière des deux premières hypothèses du *Parménide*, probablement à travers le commentaire que Proclus fait du dialogue platonicien. Pour Plotin, l'Un n'étant ni prédicat ni sujet, est exclu de la catégorie de l'être (*Ennéades*, VI, 9, 3 analysées par Emile Bréhier, «L'idée du néant et le problème de l'origine radicale dans le néoplatonisme grec»). Sur les transformations que subit l'ontologie néo-platonicienne dans la théologie chrétienne de Denys v. René Roques, *L'Univers...*, pp. 68-80; Eugenio Corsini, *Il Trattato De Divinis Nominibus dello Pseudo-Dionigi e i commenti neoplatonici al Parmenide*, Turin, G. Giappichelli, 1962; Stephen Gersh, pp. 153-167; Edouard Des Places, S.J., «La théologie négative du Pseudo-Denys, ses antécédents platoniciens et son influence au seuil du Moyen Age», *Studia Patristica*, 17 (1982) pp. 81-92.

[24] *Théologie mystique* 3, 1032D-1033D. A côté de ces noms spirituels Denys distingue encore ceux tirés des objets sensibles. Il prétend y avoir consacré une *Théologie symbolique* dont il ne reste aucun fragment.

la pensée dionysienne aux limites du panthéisme lorsqu'il affirme brièvement que la Déité est l'être de toutes les choses[25].

Mais, paradoxalement, Dieu «est tout en tous, et n'est rien dans aucun» («*in omnibus omnia est et in nihilo nihil*» - *Noms divins*, 7, 3, 872A, dans la traduction de Traversari)[26]. Cette double affirmation qui pourrait aussi bien être interprétée comme la thèse de l'absolue immanence de même que celle de l'absolue transcendance rend bien les ambiguïtés du style dionysien. Une ambiguïté savamment entretenue et significative. Car ce raccourci de pensée qui prend un périlleux appui sur un écho de la première épître aux Corinthiens (15, 28) doit montrer que tout ce qui est parfait, tout ce qui est vie et être vient de Dieu, bien que Celui-ci soit une source de perfection, de vie, et d'être intarissable et inimaginable. Transposée dans le domaine de la connaissance, cette vérité ontologique se traduit par le principe d'un Dieu universellement manifesté et aussi totalement caché. Transposée en principe sémiotique, elle proclame le Dieu qui est «sans nom» et chanté par tout nom (*Noms divins*, 1, 6, 596A). La transcendance a pour corollaire la disponibilité totale à la nomination. Dieu n'est rien de ce qui est - *nihil est omnium* - mais en même temps toutes les qualités lui sont simultanément attribuées[27]. Par ailleurs, le nom de Dieu est «innommable» (*nomen innomabile*), car il dépasse tout nom, même celui de Bien que le néo-platonicien Denys prise si hautement (*Noms divins* 13, 3, 981A).

L'on comprend donc que la conjonction de l'Etre et du Non-Etre, de l'universelle manifestation et de la totale occultation, de l'ineffable et de l'omninommable, la double nécessité de la théologie négative et de la théologie affirmative ne constituent pas en fait une contradiction. Il en est ainsi parce que Dieu transcende l'affirmation tout comme la négation. En Lui attribuant tout nom, en Lui niant toute perfection, nous n'affirmons

---

[25] *Hierarchie céleste*, 4, 1, 177D: «...esse omnium est ipsa Divinitas quae modum totius essentiae superat» (trad. Traversari, édition Lefèvre d'Etaples, f° 5 f°), ou plus brièvement, dans la version de Sarrasin: «esse omnium est quae super esse est Deitas».

[26] «...et in omnibus omnia est et in nihilo nihil»- *Noms divins*, 7, 3, 872A (trad. Traversari, éd. Lefèvre d'Etaples, f° 70 r°). V. aussi *ibid.* 1, 7, 596C.

[27] «Idcirco et omnia ipsius sunt simulque praedicantur, et nihil est omnium» - *Noms divins*, 5, 8, 824B (trad. Traversari).

ni ne nions rien, puisque la Cause première se situe au-delà de tout, y compris au-delà de toute affirmation et de toute négation[28].

Ainsi la contradiction en Dieu est dépassée au nom de l'absolue transcendance. Une transcendance dont l'inaccessibilité à la pensée et à la parole trouve la meilleure expression dans le néant. Car malgré l'absence de conflit entre la théologie affirmative et négative, c'est cette dernière que Denys estime le plus. Ainsi lorsque, conformément à la démarche de la théologie affirmative, après avoir loué le «nom innommable», Denys entreprend de descendre à partir du «Je suis Celui qui suis» de l'*Exode*, à travers les perfections de Bonté, Beauté, Sagesse, les noms bibliques jusqu'aux merveilles de l'univers sensible tels que le Soleil, le feu, l'eau etc., pour s'enfoncer de plus en plus bas dans le terrestre, à l'ultime fin de ce parcours d'assertion généralisée, juste après le «tout ce qui est» de conclusion, se trouve le «rien de ce qui est» (*omnia quae sunt, et nihil eorum quae sunt*). La démarche descendante de la théologie affirmative, après avoir dévalé l'échelle des êtres jusqu'à englober tout, même les éléments les plus bas, après s'être épanouie dans les litanies de ses louanges, débouche sur le néant. Et inversement, la théologie négative retranche tout attribut, en commençant par ceux qui sont les plus éloignés des hauteurs divines, et monte vers la transcendance en émondant le discours des noms divins même les plus nobles, pour se résorber enfin en silence. Car le meilleur moyen de respecter l'ineffable est justement le silence. C'est dans la Ténèbre plus que lumineuse du silence que sont révélés les mystères mystiques[29].

Telle semble être la proposition philosophique léguée par Denys l'Aréopagite à ses successeurs occidentaux. Une théologie mystique, c'est-à-dire avant tout une théologie de la transcendance que Robert Grossetête définira par une négative: «*...non iam per speculum et per ymagines creaturarum cum Deo locutio...*» Une théologie de la négation

---

[28] «...neque arbitrari negationes adversari affirmationibus: sed longe prius ipsam supra privationes esse que super omnem et ablationem et positionem est»- *Théologie mystique*, 1, 2, 1000B (éd. Lefèvre d'Etaples, f° 80 r°). V. *ibid.* 5, 1048B.

[29] *Noms divins*, 1, 3, 589B; *Théologie mystique*, 1, 1, 997B. Dans son commentaire, Robert Grossetête parlera à ce propos d'*illocutio* (*Il commento di Roberto Grossatesta al «De Mystica Theologia» del Pseudo-Dionigi Areopagita*, éd. Ulderico Gamba, Milano, Societa editrice «Vita e pensiero», 1942, p. 51).

qui célèbre par son mutisme le Non-être inconnaissable, Dieu qui a choisi la Ténèbre pour son séjour.

VAINCRE LA DISSIMILARITE PAR L'ANALOGIE
THOMAS D'AQUIN

Au seuil de la *Somme Théologique* Thomas d'Aquin exprime son approbation pour les images sensibles qui signifient les vérités spirituelles dans l'Ecriture (*Summa Theol.*, I, q.1, a.9). Pour confirmer cette thèse il reprend fidèlement les arguments du second chapitre de la *Hiérarchie céleste* que l'Aréopagite consacre aux signes dissimilaires. Toutefois le contexte dans lequel il place le raisonnement de Denys en change considérablement la portée. En effet, la question de Thomas vise spécifiquement les expressions métaphoriques désignant la divinité («*Utrum sacra Scriptura debeat uti metaphoris vel symbolicis locutionibus*»). Cette précision est absente du texte dionysien où il n'existe qu'un seul ordre des signes qui, malgré leur différents degrés de «noblesse» ou de «bassesse», manifestent en dernière instance une comparable inadéquation par rapport au divin[1]. En désignant les images matérielles comme «métaphoriques», Thomas semble suggérer non seulement qu'elles sont particulièrement indignes de figurer les vérités spirituelles, mais aussi qu'elles s'opposent à d'autres signes du divin qui, eux, seraient plus «propres», plus «littéraux» que les images sensibles, sans être pourtant totalement adéquats à leur objet transcendant.

En outre, non seulement la question débattue, mais la lecture même de Denys manifeste un changement de perspective de la part de l'Aquinate. Si l'on considère le corps de son argumentation, on remarque aisément que ce qui l'intéresse dans les signes matériels du divin n'est pas leur dramatique dissimilarité, mais avant tout leur particulière affinité avec notre mode de connaissance qui prend appui sur le sensible. Ainsi les métaphores bibliques sont dictées par leur nécessaire utilité, con-

---

[1] Cette absence peut être due au fait que la *Theologia symbolica* ne nous est pas parvenue (ou n'a jamais été écrite). Denys s'y réfère à plusieurs reprises comme à son ouvrage complémentaire des *Noms divins*. Comme le note H. F. Dodaine, saint Albert et saint Thomas utilisent la version de Sarrazin pour leurs lectures des *Noms divins*, tout en se fondant sur celle d'Erigène pour la *Hiérarchie céleste*.

trairement aux métaphores poétiques qui ne servent que le plaisir du mimétisme[2].

Ces déplacements d'accent, légers mais pourtant fort significatifs, indiquent déjà l'attitude générale que Thomas d'Aquin prend par rapport à Denys. Cette attitude est marquée d'une part par un profond respect de celui qui était universellement considéré comme l'héritier direct de l'enseignement apostolique, mais d'autre part aussi par une volonté plus ou moins manifeste d'adapter le *Corpus dionysianum* aux modes de pensée scolastiques. Pour ce faire, Thomas introduit dans la problématique débattue par l'Aréopagite des distinctions conceptuelles qui en modifieront considérablement les conclusions.

Cela est d'autant plus motivé que, selon Thomas, le texte dionysien se caractérise par un style et un mode d'expression inusités chez les modernes[3]. Les clarifications qu'il entreprendra d'introduire pèseront lourdement sur l'aspect ontologique de sa théologie négative.

Pour Denys, le Dieu Néant est tout (*nihil est omnium*), non seulement en ce qu'il dépasse tout être particulier, mais aussi dans le sens d'une transcendance absolue de l'Etre. Il en est ainsi, car l'Etre lui-même provient de Dieu, le Bien-Beau ou, tout simplement, le Non-être préexistant («*Et ipsum autem esse est ex praeexistente*»). Or, il est intéressant de remarquer que dans le commentaire de ce passage des *Noms divins*, Thomas modifie deux termes clés. Dans son explication, ce n'est plus l'Etre même qui provient du Préexistant, mais «l'être commun même» qui est issu du «premier être» qu'est Dieu: («*ipsum esse commune est ex primo ente quod est Deus*» - *Comm.*, V, 2, 351). Grâce à la division de l'être en «être premier» et «être commun», Thomas parvient à respecter - du moins partiellement - le texte dionysien, tout en le transformant radicalement. Si Dieu ne peut pas être identifié avec l'être, c'est dans le sens où, Etre Absolu (*ipsum esse subsistens*), il est distinct de l'être commun de ses créatures (*ipsum esse commune*). Auto-suffisant dans sa perfection, il contient l'être commun qui, à son tour, renferme les

---

[2] Pour les occurrences de l'expression *dissimiles similitudines* chez Thomas, v. J. Durantel, *Saint Thomas et le Pseudo-Denys*, Paris, Félix Alcan, 1919, p. 72.

[3] Thomas d'Aquin, *In librum beati Dionysii de divinis nominibus commentaria*, in *Opera omnia*, New York, Musurgia Publishers, 1950, t. 15, p. 259, *prologus*. Les références ultérieures à cette édition vont indiquer le chapitre, la «leçon» et la page de ce commentaire.

existences particulières[4]. Dieu possède éminemment et totalement l'être qui, comme *esse commune*, est la première perfection des créatures, leur acte d'existence.

On mesure donc les conséquences d'une telle interprétation. En distinguant l'Etre même de l'être commun, Thomas neutralise toute la dialectique de l'Etre et du Non-Etre tellement cruciale pour la tradition dionysienne. Selon la perspective néo-platonicienne de l'Aréopagite, l'Etre n'est que le premier élément de la longue procession des effets de Dieu qui, en Lui-même, transcende cette perfection, dont il est d'ailleurs l'origine. Pour Thomas, en revanche, la progression des existences à partir de Dieu est une raison parfaite pour Le désigner comme être (*ens*)[5]. Il n'y a là évidemment aucune volonté de nier la transcendance divine. Seulement celle-ci est plutôt envisagée comme le dépassement des existences par la plénitude de l'*esse* en Dieu: «Dieu n'est pas dit non-existant dans le sens qu'il n'existe point, mais parce qu'étant son être propre, il transcende tout ce qui existe»[6]. Les existences particulières possèdent l'être, tandis que Dieu est l'Etre dans son absolue actualité. En modifiant légèrement le jugement de Gilson on peut dire que, chez Thomas, Dieu donne l'existence parce qu'il est l'être, tandis que chez Denys, il fait de même parce qu'il est le Non-être[7]. C'est en tant qu'Etre

---

[4] Fran O'Rourke qui analyse se passage remarque avec pertinence que Thomas s'inspire ici du commentaire des *Noms divins* de son maître, Albert le Grand (v. *Pseudo-Dionysius and the Metaphysics of Aquinas*, Leiden, New York, Köln, 1992, les excellentes pp. 140-155). V. aussi Tiziana Liuzzi, «L'esse' in quanto similitudine di dio nel commento di Tommaso d'Aquino al 'De Divinis nominibus' in Dionigi Areopagita», *Vetera Novis auger: studi in onore di Calro Giacon per il Convegno degli assistenti universitari del movimento di Gallarate*, Roma, La Goliardica, 1982, pp. 13-34; Michael B. Ewbank, «Remarks on being in St. Thomas Aquinas' *Expositio de Divinis Nominibus*», *Archives d'histoire doctrinale et littéraire du Moyen Age*, 64 (1989), pp. 123-149.

[5] «Deinde cum subdit, 'Et ante alias ipsius participationes esse propositum est', ostendit quod ens dictum de Deo signat processum existentium a Deo; et ostendit quod hoc nomen ens, vel qui est, convenientissime de Deo dicitur» (*Comm.*, V, 1, 347).

[6] «...Deus non sic dicitur non existens quasi nullo modo sit existens, sed quia est supra omne existens, inquantum est suum esse» (*Summa Theol.*, I, q.12. a. 1).

[7] Cf. aussi «Deus etiam dicitur non existens, non quia deficiat ab existendo, sed quia est super omnia existentia», *Comm.*, 4, 13, 322, cité par Fran O'Rourke, p. 95. V. aussi pp. 100-103, 206-211. Il est possible que Thomas subisse ici l'influence de la traduction de Sarrasin qui tend à substituer *non existens* à *non ens*. Dans sa version originale, la

(*esse*) que Dieu est transcendant.

D'ailleurs, le non-être n'existe pour l'Aquinate que comme être en puissance. Tel est par exemple le statut de la matière. Thomas proteste contre son identification avec le non-être, point de vue défendu par les platoniciens. Il préfère la voir comme effet d'une privation, et donc comme une potentialité à l'être[8].

La conception thomiste du non-être comme potentialité de l'être est-elle à rapprocher de la conviction de Denys que même le non-être trouve sa place dans Dieu le Bien-Beau, objet d'un désir universel? La ressemblance apparente ne doit pas, là non plus, occulter les différences de fond. En effet, pour le néo-platonicien Denys, Dieu transcende l'être justement en tant que le Bien-Beau-Un. Comme Bien - nom qui lui-même va s'avérer insuffisant - Dieu préexiste à l'Etre. C'est comme Bien qu'il est Non-Etre. Or, chez Thomas, la situation est en quelque sorte inverse. Dieu est le Bien non pas en ce qu'il transcende l'Etre, mais parce qu'il est l'Etre. Les deux notions ne diffèrent d'ailleurs que dans l'esprit. Dans la réalité elle sont identiques, le Bien exprimant le caractère désirable de l'Etre[9]. Il en est ainsi car les choses sont désirables, autrement dit bonnes, uniquement dans la mesure où elles sont, c'est-à-dire sont actualisées par l'acte d'être. L'acte par lequel une chose existe - le *esse* - est le bien le plus fondamental. Par conséquent Dieu est le Bien le plus désirable, puisqu'il est l'Etre pur le plus pleinement actualisé.

Conçu dans son aspect volitif comme Bien, l'Etre divin exerce sa causalité sur les choses. Cause finale, le Bien est l'objet où tendent tous les êtres et les non-êtres, ces derniers n'étant que des êtres en puissance, en attente d'exister. Cela ne contredit nullement le fait que toute causalité trouve son fondement dans l'Etre, racine de toute perfection, car pour être cause il faut d'abord que la chose soit[10].

Or c'est précisément la relation causale qui unit avant tout les

---

formule de Gilson parle de Dieu qui dispense l'existence car il est l'«Exister» (*Le Thomisme. Introduction à la philosophie de saint Thomas d'Aquin*, Paris, Vrin, 1947, p. 201).

[8] V. Fran O'Rourke, pp. 89-99.

[9] *Summa Theol.*, I, q. 5. V. Etienne Gilson, p. 144; Fran O'Rourke, pp. 85-89, 109-113.

[10] «...hoc nomen, bonum, est principale nomen Dei, in quantum est causa, non tamen simpliciter; nam esse absolute praeintelligitur causae» (*Sum. Theol.*, I, q. 13, a. 11), cité dans une version textuelle légèrement différente par Fran O'Rourke, p. 109.

créatures et l'Etre Premier, source de leur existence. Cela est clairement visible dans le commentaire que Thomas donne à la formule paradoxale «*Deus... in omnibus omnia est, et in nullo nihil*» qui, amplifiant significativement le «*Deus omnia in omnibus*» de la première épître aux Corinthiens (15, 28), sera l'un des topoi favoris de la tradition dionysienne. Thomas accentue dans sa lecture le sens causal que les versions latines des *Noms divins* donnent déjà à cette citation biblique, tout en évitant visiblement le risque d'identifier la créature à son Créateur. Dieu est «tout dans tout» comme cause des choses, mais il n'en constitue pas l'essence: «*Rursus Deus 'est omnia in omnibus' causaliter, cum tamen nihil sit eorum quae sunt in rebus essentialiter...*» (*Comm.*, 7, 3, 363)[11].

Avant d'aborder les conséquences épistémologiques et sémiotiques de ce passage, il importe d'en souligner la portée ontologique. L'insistance sur le rapport causal tend manifestement à parer le risque d'interprétations panthéistes qui guette traditionnellement la théologie négative. Ce souci mènera parfois le commentateur scolastique à donner aux formules hardies de l'Aréopagite une formulation plus orthodoxe[12]. Mais l'insistance sur la causalité divine a aussi une valeur en elle-même. Comme dans une sorte de création continue, Dieu exerce constamment son pouvoir de cause en maintenant les choses dans leur existence. Ce ne sont donc pas seulement les traces du divin dans le monde, ni l'ordre des choses, qui attestent de son pouvoir créateur, mais avant tout le fait que l'univers ne retombe pas dans le néant.

A la lumière de cette insistance sur la causalité il est possible de comprendre la notion thomiste de participation des créatures en Dieu. En commentant le *nihil est omnium* dionysien, Thomas décrit le rapport entre Dieu et l'être commun comme celui du contenant et du contenu.

---

[11] V. aussi *Somma Theol.*, I, q. 3, a. 8. Thomas est ici tributaire du commentaire d'Albert le Grand 9,10 (*Super Dionysium de divinis nominibus*, in *Opera omnia*, Coloniae, typis Aschendorffianis, 1971, t. 27, p. 383). Dans la *Somme contre les gentils*, Thomas désigne explicitement la *Hiérarchie céleste* 4,1,177D («esse omnium est quae super esse est Deitas») comme l'une des sources de l'identification de Dieu à l'être formel des choses créées.

[12] V. l'exemple cité par Fran O'Rourke, pp. 236-237, où Thomas change la qualification dionysienne de Dieu de «principalis substantia omnium« en «principium existendi omnibus». Pour d'autres modifications de ce type v. J. Durantel, pp. 81-82, 178, 249.

Mais avant tout l'être créé est une sorte de participation et similitude de Dieu (*Comm.*, 5, 2, 351). En brossant l'image d'un univers où les natures inférieures sont englobées par celles qui leur sont supérieures, ce concept d'origine platonicienne augmente le sentiment de la solidarité verticale entre les êtres. Par participation, les créatures bénéficient des perfections divines; plus même, elles manifestent visiblement ce qui autrement nous serait caché dans la transcendance, en présupposant une «proportion»[13]. La «proportion» n'a ici aucun sens quantitatif, mais exprime précisément le rapport causal[14].

Ainsi s'établit une similitude entre Dieu et le créé et qui est, selon le commentaire de Thomas, le sujet essentiel des *Noms divins* de l'Aréopagite. Elle est avant tout de nature ontologique, puisque la perfection fondamentale impartie aux créatures est leur existence même. L'acte d'être devient ainsi la similitude primordiale à Celui qui est l'Etre dans son absolue actualité: «*Esse est similitudo Dei*»[15]. Il est clair toutefois que la similitude ainsi conçue respecte la transcendance divine. Une différence fondamentale sépare l'*ipsum esse subsistens* de l'*esse commune*, et on peut dire légitimement que, considéré dans son être propre, Dieu n'est similaire à rien. Conformément donc à l'enseignement de Denys, Thomas souligne que la relation de similitude unissant les créatures et leur Créateur n'est pas réciproque: elle ne peut être attribuée qu'aux créatures désirant le Bien dont elles sont l'image (*Comm.*, 9, 3, 379). En outre, si Thomas soutient la similarité des créatures à Dieu, il s'empresse cependant d'ajouter qu'il ne faut point rechercher dans ce cas un accord formel au sein d'un même genre ou espèce. La similarité ne

---

[13] «Sic igitur secundum quod rerum perfectiones a Deo per quamdam participationem derivantur in creaturas, sit traditio in manifestum ejus quod erat occultum: et hoc sit 'secundum quod est conveniens', scilicet secundum proportionem determinatam uniuscujusque» - *Comm.*, 1, 2, 266-67.

[14] V. George P. Klubertanz, S.J., *St. Thomas Aquinas on Analogy. A Textual Analysis and Systematic Synthesis*, Chicago, Loyola University Press, 1960, pp. 27-35. V. aussi *Summa Theol.*, I, q. 12, a. 1: «...proportio dicitur dupliciter. Uno modo certa habitudo unius quantitatis ad alteram (...). Alio modo quaelibet habitudo unius ad alterum proportio dicitur. Et sic potest esse proportio creaturae ad Deum, inquantum se habet ad ipsum ut effectus ad causam, et ut potentia ad actum...»

[15] V. Fran O'Rourke, p. 232.

peut être ici que fondée sur l'analogie, dans la mesure où Dieu est être «par essence», tandis que la création ne l'est que par participation[16].

L'analogie sert ainsi à préciser conceptuellement la similitude dont la causalité divine et la participation des créatures en Dieu sont les deux aspects complémentaires. Instrument intellectuel essentiel de la théologie thomiste, la ressemblance analogique permet de penser l'unité de l'être et par là même constitue la prémisse de l'épistémologie et de la sémiotique de Thomas d'Aquin[17].

En introduisant son traité des *Noms divins*, Denys souligne que la pensée et la parole humaine ne peuvent approcher la déité suressentielle que par ce qui est dit dans l'Ecriture. Thomas reprend cette affirmation à son compte, tout en la prolongeant dans le sens d'une théologie naturelle: fors ce qui est dit dans l'Ecriture, on ne peut rien conclure de la divinité suressentielle et cachée, à la connaissance et nomination de laquelle les substances créées sont proportionnées («*...quibus creatae substantiae sunt proportionate ad cognoscendum, et per consequens ad loquendum*» - *Comm.*, 1, 1, 261).

Or, comme on l'a vu, la proportionnalité doit être ici comprise avant tout comme un rapport causal. C'est donc en tant que cause, et non dans son essence même que Dieu sera connu, quel que soit le point de départ de notre investigation. Telle est la conclusion que Thomas tire de son analyse du «*omnibus omnia est, et in nullo nihil*»:

> ... et pour cette raison, quoi que soit connu dans les choses existantes, que ce soit par l'intellect, par les sens ou par d'autres modes convenus, dans tout ce qui est connu de quelque façon que ce soit, Dieu est connu comme cause, tandis qu'Il ne peut être en rien connu comme il est.[18]

---

[16] «...non dicitur esse similitudo creaturae ad Deum propter communicantiam in forma secundum eamdem rationem generis et speciei, sed secundum analogiam tantum, prout scilicet Deus est ens per essentiam et alia per participationem» - *Summa Theol.*, I, q. 4, a. 3.

[17] Une courte synthèse des controverses entourant la notion d'analogie chez Thomas d'Aquin peut être trouvée chez Emilio Brito, *Dieu et l'Etre d'après Thomas d'Aquin et Hegel*, Paris, Puf, 1991, pp. 62-66.

[18] «... et ideo quidquid in rebus existens cognoscatur vel intellectu vel sensu, vel quocumque praedictorum modorum, in omnibus istis cognitis quodammodo congoscitur Deus sicut causa, cum tamen ex nullo cognoscatur sicut est» - *Comm.*, 7, 4, 363.

Ici encore, Thomas semble s'inspirer du commentaire qu'Albert le Grand propose du même passage. Le point de départ est l'antinomie entre, d'une part, notre connaissance naturellement infuse de la divinité, et de l'autre, l'agnosticisme dionysien, selon lequel Dieu comme Non-être se dérobe à notre investigation fatalement limitée à ce qui est (VII, 24, 355-356). La solution est apportée de nouveau par une distinction concep-tuelle: certes on ne peut connaître la quiddité de Dieu (*quid est*), dont l'excès de perfection est hors de notre atteinte. Toutefois il nous est possible d'appréhender d'une façon confuse les raisons de la vérité divine (*quia est*)[19]. Dans la *Summa contra gentiles*, I, 30, 3, Thomas explique plus amplement cette distinction. En puisant la connaissance des sens, notre intellect ne perçoit les choses que comme associations d'un sujet et d'une forme. Il s'ensuit que lorsqu'on veut signifier une chose subsistante, on ne peut le faire que dans cette concrétion. Lorsque, par ailleurs, on veut signifier une chose simple, on ne peut la percevoir comme ce qui est, mais comme ce par quoi quelque chose est.

Ainsi, indirectement, se trouve motivée la connaissance de Dieu par l'analogie de ses créations. Celles-ci sont bien incapables de refléter l'essence de leur Cause suréminente. Elles n'en fournissent pas moins une certaine connaissance positive quoique imparfaite. Elles permettent de savoir que Dieu existe, qu'il transcende ses effets sensibles dont la cause est à chercher parmi les attributs divins (*Summ. Theol.*, I, q. 12, a. 12). C'est trop peu pour percevoir la quiddité divine, mais c'est suffisant pour construire une théologie scientifique qui a Dieu pour objet. Or c'est là précisément l'objectif de Thomas d'Aquin.

Il ne s'agit donc pas, pour l'Aquinate, de plonger le fidèle dans la nescience qui soit en même temps la meilleure connaissance possible avant de pénétrer dans l'éclatante illumination de la ténèbre divine. La

---

[19] V. Francis Ruello, «Le commentaire du Divinis Nominibus de Denys par Albert le Grand», *Archives de philosophie*, 43 (1980), pp. 589-613 et du même, «La *Divinorum nominum reseratio* selon Robert Grossetête et Albert le Grand», *Archives d'histoire doctrinale et littéraire du Moyen Age*, 34 (1959), pp. 99-133; John D. Jones, «The Ontological Difference for St. Thomas and Pseudo-Dionysius», *Dionysius*, 4 (1980), pp. 119-132. L'influence de Denys sur l'épistémologie de Thomas d'Aquin est aussi discutée par Deborah L. Black, «The Influence of the *De Divinis Nominibus* on the Epistemology of St. Thomas Aquinas», *Proceedings of the PMR Conference*, 10 (1985), pp. 41-52, ainsi que Patrick Flood, *Thomas Aquinas and Denis the Areopagist on the Being of Creatures*, University of Ottawa, 1968, thèse dactylographiée.

raison et l'intellect doivent, au contraire, sonder leurs limites pour mieux juger leur autonomie, une autonomie fondée sur les vérités de la foi et respectueuse de ses mystères. C'est pourquoi Thomas ne peut accepter telles quelles les expressions extrêmes de l'agnosticisme dionysien. Pour les accommoder à son projet de théologie scientifique, il les fait de nouveau passer par le filtre de distinctions conceptuelles qui en émoussent l'acuité. Ainsi, il accepte la conception dionysienne d'un Dieu inconnaissable en évoquant la disproportion entre l'entendement fini de l'homme et l'infini de la nature divine. Mais, en même temps, il s'empresse d'ajouter une précision qui neutralise le radicalisme potentiel d'un tel jugement. Ce que Denys vise, selon Thomas, n'est pas la connaissance de Dieu en général, mais la «compréhension» (*cognitio comprehensionis*), la volonté d'englober intellectuellement le divin. Celle-ci est évidemment impossible, sans que pourtant tout savoir soit compromis[20].

A son tour, le savoir positif fondé sur l'analogie justifie les noms affirmatifs de Dieu. C'est comme cause universelle que Dieu répand sa similitude dans les êtres, afin de pouvoir être nommé des noms des créatures («*...transfundens in omnia aliqualiter suam similitudinem, ut sic ex nominibus creatorum nominari possit*» - *Comm.*, 1, 1, 263). Une telle conclusion serait cependant en conflit avec l'apophatisme de la théologie dionysienne, pour qui les appellations humaines sont radicalement inadéquates par rapport à leur objet transcendant, les noms affirmatifs étant particulièrement suspects par leur occultation de cette déficience inhérente.

Pour concilier donc sa volonté de préserver les noms affirmatifs de Dieu et son respect de l'enseignement de Denys, Thomas doit de nouveau trancher la question à l'aide d'une distinction conceptuelle, celle

---

[20] Tout particulièrement les esprits béatifiés sont capables d'atteindre l'essence même de Dieu: «Et hoc dico 'thearchica' idest divina, 'bonitate' segregata 'mensuratis', idest a finitis 'immensuratione', idest infinitate divinae essentiae: non quidem ut nullo modo cognoscatur, sed non ut comprehendatur. Et propter hoc addit, 'Sicut incomprehensibilem'. Nam a beatis quidem mente attingitur divina essentia, non autem comprehenditur» - *Comm.*, 1, 1, 262. V. aussi *Summa Theol.*, I, q. 12, a. 1 & 7; ainsi que les remarques de J. Durantel (pp. 132-133) sur *Somma Theol.*, I, q. 56, a. 3.

entre la chose signifiée (*res significata*) et le mode de signifier (*modus significandi*)[21].

Mais au préalable il importe d'écarter une solution de facilité qui essaye de motiver l'usage des noms positifs de Dieu comme noms négatifs déguisés. En effet, contrairement à ce que voulait Maïmonide (qui sera une autorité en faveur auprès des tenants de la tradition dionysienne), dire que Dieu est bon n'équivaut pas à affirmer qu'Il n'est pas mauvais. Proposer un nom positif ne se réduit donc pas simplement à en écarter la négation. D'autre part, un nom affirmatif ne désigne pas uniquement une relation: Dieu n'est pas bon seulement en vertu de son pouvoir créateur, comme auteur de la bonté dans les choses. Il s'ensuit que les noms affirmatifs tels que «Bon» désignent bien la substance divine, mais qu'ils n'arrivent point à la représenter adéquatement. Il en est ainsi parce que chaque créature, de par les perfections qu'elle possède, ressemble à Dieu en qui toutes les perfections préexistent, mais cette similitude n'est pas de même ordre que celle qui peut mettre en rapport deux créatures entre elles. La ressemblance est imparfaite car elle vise la Cause transcendante.

Il s'ensuit qu'en prédiquant la bonté de Dieu nous formulons une affirmation vraie, bien qu'elle n'épuise pas son objet infini. La vérité signifiée - en l'occurrence la bonté - est certainement une perfection divine. En cela donc notre affirmation ne peut faillir. Son imperfection réside en revanche dans le mode de la signifier, puisque nous ne pouvons prédiquer la bonté divine que selon ce que nous savons de la bonté impartie dans les créatures. Rien n'est donc prédiqué de la même façon de Dieu et des choses créées. La bonté est plus proprement et en priorité attribuée à Dieu, puisqu'elle Lui est essentielle. Ce n'est que secondairement que les créatures sont dites bonnes, car elles participent dans la bonté de leur Auteur.

Autrement dit, les noms affirmatifs de la divinité dont nous pouvons user ne peuvent se libérer du mode de signification propre à l'univers

---

[21] V. à ce propos *Somm. Theol.*, I, q.13; *Summ. contra gent.*, I, 30-36. V. aussi Ralph McInerny, *Being and Predication. Thomisitic Interpretations*, Washington D.C., The Catholic University of America Press, 1986; E. Jennifer Ashworth, «Signification and Modes of Signifying in Thirteenth-Century Logic: A Preface to Aquinas on Analogy», *Medieval Philosophy and Theology,* 1 (1991), pp. 39-67.

créé. Ils ne peuvent l'atteindre dans sa simple quiddité, mais uniquement comme si ses perfections étaient juste la source de celles que le langage puise dans l'existence composite de la réalité immanente.

Par conséquent les noms affirmatifs tels que la bonté ne peuvent pas être attribués d'une façon univoque à Dieu et aux créatures: en parlant de la bonté de Dieu et de celle des créatures nous ne parlons pas d'une seule et même perfection d'une seule et même façon. Il ne s'agit pourtant pas non plus d'équivoque: ce ne sont pas deux bontés différentes qui sont désignées, par exemple, par un homonyme. La prédication est bien ici analogique: une seule et même réalité est signifiée par deux modes différents.

Pourtant, comme la similitude entre Dieu et le créé n'est pas une relation réciproque, de même l'analogie ne met pas en rapport deux termes équivalents. Auquel d'entre eux la nomination s'applique-t-elle en premier lieu? Pour répondre à cette question, il faut distinguer deux points de vue. *Pro natura*, pour employer un mode de penser aristotélicien qui visiblement inspire ici Thomas, c'est Dieu qui est avant tout porteur de la signification, puisque c'est en lui que les perfections résident essentiellement. *Pro nobis* cependant, du point de vue de la connaissance humaine qui fatalement passe par la perception de l'univers sensible, c'est sur les créatures que s'appuient les analogies constituant les noms divins. La question est plus simple en ce qui concerne les noms métaphoriques, tels que «lion» ou «pierre». Ceux-ci s'appliquent clairement avant tout aux créatures et seulement secondairement à Dieu. Il en est ainsi parce que, contrairement aux noms littéraux (qu'ils soient négatifs ou positifs), les métaphores sont corporelles non seulement par leurs *modi significandi*, mais aussi par leur *res significata*.

Il importe de souligner que cette conception analogique de la nomination permet à Thomas d'éviter le problème des attributs contradictoires de Dieu et de neutraliser ainsi le langage paradoxal qui constitue le caractère essentiel de la tradition dionysienne. En effet, Thomas note que les noms que nous imposons à la divinité peuvent être facilement remplacés par leurs opposés, vu que les uns et les autres restent fort déficients. La raison divine peut être dite irrationalité, le verbe qualifié d'innommable. Il en est ainsi non parce que ces perfections Lui font défaut, mais parce qu'Il n'existe pas selon le même mode que les choses créées (*Comm.*, I, 1, 263). C'est aussi la raison pour laquelle Dieu ne peut, selon Thomas, être dit Non-être. Tout au plus il n'est pas selon le même «mode» que les choses[22]. Ainsi l'opposition entre la théologie négative et la théologie affirmative se trouve désamorcée. Certes, selon Denys, les mêmes noms de Dieu peuvent être tour à tour affirmés et niés, mais, ajoute Thomas, ils sont affirmés en regard à la *res significata* et niés dans leur *modus significandi* (*Summa contra gent.*, I, 30, 3).

L'un des lieux communs du *Corpus dionysianum* que le XVIe siècle rappellera avec une particulière prédilection est une phrase du chapitre de la *Hiérarchie céleste* consacré aux signes dissimilaires du divin: «les négations sont vraies en ce qui concerne les mystères divins, tandis que toute affirmation demeure inadéquate» (141A)[23]. Il semble que Thomas d'Aquin, tout en respectant en apparence la lettre de ce passage, parvienne à insuffler dans ses deux propositions constitutives un sens positif qui ne sera certainement pas celui soutenu par une tradition plus radicale de théologie négative.

En effet, le souci de Thomas n'est pas de construire le mécanisme intellectuel qui soit la «rampe de lancement» de l'expérience mystique. Au contraire, il s'agit pour lui de délimiter le domaine où la raison puisse opérer sans contredire les vérités de la foi et en les prenant comme prémisses de son action. C'est pourquoi lorsque Thomas loue la voie ablative proposée par Denys, ce n'est pas parce qu'elle aboutit à l'ignorance, mais parce qu'elle fournit un certain savoir, aussi imparfait soit-il. En effet, en accumulant les négations sur Dieu, nous comptabilisons les différences spécifiques à la divinité. Contrairement aux objets ordinaires de notre investigation, Dieu ne peut pas être situé dans un genre, et donc le bilan de ses différences ne nous fournira pas la définition de la substance divine. Toutefois, en alignant les négatives sur Dieu nous saurons ce qu'il n'est pas, notamment qu'il est différent de toutes les choses. On ne peut s'empêcher d'avoir l'impression que, bien

---

[22] «Et quia in ipso quodammmodo sunt omnia, quasi in se omnia comprehendente, simul de ipso omnia praedicantur, et simul ab ipso omnia removentur, quia nihil est omnium, sed super omnia: sicut dicitur quod ipse est omnis figurae, inquantum omnes in ipso praeexistunt, et tamen est sine figura, quia non habet esse ad modum rerum figuraturum» (*Comm.*, V, 2, 351).

[23] Cette phrase est citée comme la première objection dans la question 13, article 12 de la *Somme théologique*, où Thomas d'Aquin discute si des propositions affirmatives peuvent être correctement formulées à l'égard de Dieu. V. aussi *Summa contra gentil.*, I, 14.

que négative, cette conclusion est prisée par Thomas comme une certaine connaissance minimale de la divinité.

Cela est encore plus manifeste dans le cas des affirmations dont la tradition dionysienne proclame hautement l'inadéquation au divin. Comme on l'a vu, pour désarmer une thèse aussi radicale, Thomas utilise la notion de *modus significandi*: c'est dans leur façon de signifier la transcendance que les affirmations sont incongrues. Mais la motivation qu'il donne dans sa *responsio* est aussi digne d'être retenue. La dualité entre le sujet et le prédicat au sein d'une proposition représente deux points de vue sur un même objet, tandis que l'affirmation qui les unit souligne le caractère unique de cet objet. Ainsi la structure logique des propositions affirmatives sur Dieu reflète en quelque sorte les données fondamentales de la théologie: le fait que Dieu est en Lui-même un, bien que nous pensions de Lui à travers une multiplicité de concepts.

Une telle attention portée par Thomas d'Aquin sur ce qui, dans la théologie dionysienne, peut être positivement interprété doit certainement être comprise dans le contexte de divers efforts visant à acclimater l'apophatisme dionysien à la pensée scolastique de l'Occident[24]. Il importe de souligner qu'elle ne contredit pas fondamentalement ces données de la théologie négative qui - telles l'impossibilité de connaître l'essence divine ou la transcendance de Dieu par rapport au créé - s'intègrent au dogme chrétien. D'une certaine façon on pourrait même dire que la différence qui sépare l'interprétation scolastique de Denys représentée par Thomas d'Aquin, des lectures mystiques plus radicales dont il sera encore question ultérieurement réside dans le langage. Mais si, précisément, Thomas modifie la forme linguistique de ses citations de

---

[24] Sur ces efforts d'adaptation v. Rosemary Ann Lees, *The Negative Language of the Dionysian School of Mystical Theology. An approach to the Cloud of Unknowing*, Salzburg, Institut für Anglistik und Amerikanistik, 1983. Le débat sur le degré dans lequel Thomas accommode la théologie dionysienne à sa propre pensée est souvent corollaire des jugements portés sur la part de l'aristotélisme et celle du platonisme dans la philosophie de l'Aquinate. A ce propos il est utile de suivre l'importance accordée par les historiens à l'ordre de présentation que Thomas d'Aquin impose aux différentes méthodes de connaissance du divin en les empruntant chez Denys. En effet, il arrive que dans ses écrits, Thomas intervertit leur succession originale (chez Sarrazin: «Ascendimus in omnium ablatione et excessu et in omnium causa» - *Noms divins*, 7, 3, 872A), en plaçant la connaissance de Dieu par voie de causalité avant celle par l'ablation et l'éminence (v. Etienne Gilson, p. 201; J. Durantel, pp. 188-189; Fran O'Rourke, pp. 30-35; Emilio Britto, p. 33).

Denys (en changeant, par exemple, le Dieu «*omnino autem ignoto*» de Sarrazin, en «*quasi ignoto*»[25]), s'il introduit de nouvelles distinctions conceptuelles, c'est parce qu'il entend intégrer la théologie négative comme une limite de sa propre théologie scientifique, marge importante, et, pourrait-on dire, interne à ce projet, mais qui, néanmoins, ne lui est point centrale. C'est pourquoi le silence dans la pensée thomiste n'est pas ce mutisme total dont est foudroyé le mystique face à la révélation de l'Absolu, mais plutôt le signe de respect d'une parole qui se juge indigne tout en persévérant dans ses efforts. C'est pourquoi, dans la théologie de Thomas, le transcendant n'est point le Non-Etre dionysien. Pour Thomas, c'est l'Etre même qu'il importe de dire analogiquement.

Dans quelle mesure la lecture thomiste de Denys pouvait-elle toucher la culture française à l'aube des temps modernes? De ce point de vue on pourrait parler, certainement, d'une influence diffuse, exercée à travers l'impact général que l'Aquinate eut sur le fonctionnement du discours de la théologie catholique. Il est cependant tout aussi possible d'indiquer des intermédiaires précis. Parmi eux, se trouve Gerson, auteur d'un traité *De mystica theologia*, et commentateur de Denys.

En effet, le chancelier de l'Université de Paris lit le corpus de l'Aréopagite en ayant présents à l'esprit les commentaires qui en ont été faits par ses maîtres: Albert le Grand et Thomas d'Aquin[26]. La mystique lui apparaît donc non pas comme *la* théologie par excellence, mais comme la finalité ultime de la réflexion rationnelle. En même temps, la contemplation mystique demeure à la portée des gens simples. Jouissance de la bonté divine, elle est même «la plus haute sapience» à laquelle nous pouvons accéder ici-bas[27]. Fondée sur la contrition, et, contrairement,

---

[25] Exemple cité par Fran O'Rourke, p. 55. Sur le silence chez Thomas v. le commentaire de J. Durantel (p. 109) à *De Trin. Bœt.*, q. 2, a. 1.

[26] Cela a été démontré par André Combes, dans son édition critique des *Notulae super quaedam verba Dionysii de Caelestii Hierarchia*, Paris, Vrin, 1973, pp. 361, 441-446. V. aussi *De mystica theologia*, éd. André Combes, Lucani, in aedibus Thesauri Mundi, s.d., de même que Steven E. Ozment, *Homo Spiritualis. A Comparative Study of the Anthropology of Johannes Tauler, Jean Gerson and Martin Luther (1509-16) in the Context of their Theological Thought*, Leiden, E. J. Brill, 1969.

[27] Gerson lui consacre son opuscule écrit en français: *Le livre de la Montagne de Contemplation*, Paris, Gallimard, s.d.. Il distingue ainsi deux types de contemplation: «...l'une est plus subtile: et est celle qui enquiert par raisons fondées en vraie foi la nature de Dieu et de son être et aussi de ses œuvres. Et vaut cette contemplation à

comme on va le voir, au mysticisme intellectuel de Cusanus et de Bovelles, reposant sur les émotions du cœur dévot, cette expérience est donc supérieure à la spéculation, tout comme l'amour surpasse la connaissance. Cependant, malgré cette hiérarchisation, les relations de la mystique et de la spéculation rationnelle sont avant tout réciproques: le travail de l'intellect s'avère vain sans la volonté qui tourne le croyant vers l'expérience de Dieu, tout comme, laissées seules, les émotions mystiques peuvent mener la dévotion vers de graves erreurs doctrinales. Par l'expérience affective s'opère la réformation des facultés cognitives de l'âme.

En conséquence de sa relation symbiotique avec la théologie spéculative, la théologie mystique perd chez Gerson de son caractère négatif. Cela est clairement visible dans l'image du sculpteur, si importante pour la tradition de la *via negativa*. En cherchant chez Denys l'Aréopagite la suressentialité de Dieu, le sculpteur s'oublie dans son acharnement à rompre, tailler la pierre de l'être. La démarche négative exprime ici le dépassement continuel auquel sont soumises la connaissance et la nomination humaines, lorsqu'elles sont tendues vers la transcendance. Chez Gerson, en revanche, le travail du sculpteur a une fin définie, et, somme toute, positive. Ayant dégagé les imperfections de la potentialité, dépendance, privation et mutabilité, le sculpteur gersonien peut enfin contempler la «statue de Dieu» («*agalma Dei*»), autrement dit la connaissance («*notitia*») de la divinité[28].

---

trouver nouvelles vérités, ou à les déclarer et enseigner, ou à les défendre contre les erreurs et faussetés des hérétiques et mécréants. Et de cette manière de contemplation n'est point mon intention de parler à présent, car elle appartient seulement à bons théologiens bien instruits en la sainte Ecriture, non pas à simples gens (si n'était par inspiration et miracle spécial: comme il advint aux apôtres, qui étaient très simples et sans lettres, et à plusieurs autres). Une autre manière de contemplation est, qui tend principalement à aimer Dieu et à savourer sa bonté, sans grandement enquérir plus claire connnaissance qu'est celle de la foi qui leur est donnée ou inspirée. Et à ce peuvent simples gens venir, en laissant les cures du monde et en gardant leur cœur pur et net. Et de celle-ci parlerai-je à présent, et crois que cette sapience et contemplation est celle principalement qu'enseigna saint Denis de France en ses livres de *Mystique théologie*. Et est la plus haute sapience que nous puissions avoir çà-jus, et lui fut révélée et déclarée par saint Paul».

[28] «Dat exemplum de statuifico sculptore, qui ex ligno vel lapide partes abradens format agalma pulcherrimum, hoc est simulacrum, per solam ablationem. Conformiter spiritus removens omnia per abnegationem qualia potest hic cognoscere, que utique

Dans une théologie mystique ainsi conditionnée par la tradition du rationalisme scolastique, il n'est donc pas question de confondre le Tout de Dieu avec son Rien suressentiel, ni, encore moins de poursuivre la divinité au-delà de l'opposition entre l'Etre et le Non-Etre. La dialectique de l'être et du néant aussi vertigineuse, n'a pas de place dans la mystique de Gerson. S'y trouvent, au contraire, des précautions répétées, introduites pour ne pas se laisser griser par la puissance du discours négatif. Elles tendent à garder les distinctions conceptuelles indispensables, afin que l'union mystique ne soit pas confondue avec une fusion substantielle de Dieu et de l'homme. Tel est le sens de la critique que Gerson adresse aux *Noces spirituelles*, où Ruysbroeck rêve de se fondre en Dieu comme une goutte se perdant dans l'océan. Au lieu d'images aussi hardies, le chancelier de Paris préfère recourir aux instruments conceptuels de l'école, tels que l'analogie ou bien l'association de la forme et de la matière. A travers Ruysbroeck semble ainsi visé tout un courant de la mystique germanique, désireuse de voir l'union de l'homme à Dieu comme une identification ontologique, et non seulement, ainsi que l'entend Gerson, comme la conformité des volontés. Ce courant sera défendu à la Renaissance par Jacques Lefèvre d'Etaples s'opposant, entre autres, aux critiques de Ruysbroeck lancées par Gerson[29]. Plus même, le chancelier de l'Université, étend ses précautions jusqu'à raturer le texte même de Denys qu'il commente. Malgré toute la vénération qu'il a pour le disciple de saint Paul, il préfère éliminer l'adjectif «*deifica*» de la phrase sur l'Unité divine, afin de prévenir toute possibilité de déification des créatures qui s'unissent à leur Créateur[30].

Impliqué dans le débat du *Roman de la Rose*, lu et édité, Gerson devait offrir aux lettrés du XVe et XVIe siècles l'une des voies d'accès à

---

suam gerunt secum imperfectionem vel potentialitatis vel dependentie vel privationis vel mutabilitatis, invenit tandem omnibus hiis ablatis agalma Dei, hoc est notitiam tamquam rei actualissime sine potentialitate, supreme sine dependentia, pure sine privatione, necessarie sine mutabilitate»- *De mystica theologia*, II, 12, pp. 210-211. V. aussi *Notulae...*, p. 294.

[29] V. Eugene F. Rice, «Jacques Lefèvre d'Etaples and the Medieval Christian Mystics», p. 94 et suivantes.

[30] V. *Notulae*, p. 318 et suivantes, de même que le commentaire d'André Combes, p. 134 et suivantes. Sur l'opposition de Gerson à la mystique germanique v. Steven E. Ozment, pp. 73-75, de même que André Combes, *Essai sur la critique de Ruysbroeck par Gerson*, Paris, Vrin, 1945-1972.

la tradition dionysienne[31]. Parmi les avantages de ce chemin il faut
certainement compter son insistance sur l'aspect affectif de l'expérience
mystique, accessible même aux esprits simples. Toutefois la pensée de
Gerson n'était certainement pas la voie privilégiée empruntée par la
théologie négative à l'aube des temps modernes, en France. Trop sou-
cieuse de préserver les rapports analogiques avec la transcendance, trop
attachée aux distinctions conceptuelles servant à délimiter la connaissance positive de Dieu, elle cantonnait la contemplation mystique
dans les mouvements du cœur, l'empêchant d'entraîner la spéculation
intellectuelle vers le Néant de la pensée et le discours vers la dissimilarité
des signes. Le néo-platonisme ficinien véhicule, lui-aussi, de même que
la scolastique, une interprétation des écrits dionysiens qui désamorce leur
charge négative.

---

[31] Sur l'impact de la théologie nominaliste de Gerson sur Molinet v. Michael
Randall, *Building Resemblance: Analogical Imagery in the Early French Renaissance*,
Baltimore - London, Johns Hopkins University Press, 1996.

CHAPITRE III

VAINCRE LA DISSIMILARITE PAR L'AMOUR
MARSILE FICIN

Selon Thomas d'Aquin, le nom divin le plus approprié est «Celui qui est» (*Summa Theol.*, I, 13, 11). Certes, le mot «Dieu» a l'avantage de désigner la nature divine, mais contrairement à l'indicible Tétragramme il reste un nom commun, passible d'utilisations métaphoriques incontrôlées. «Celui qui est» surpasse aussi «Le Bien» proposé par le Pseudo-Denys en ce qu'il ne limite pas sa signification à l'aspect causal de la divinité mais vise l'être (*esse*) qui, lui, est plus fondamental.

Ne fût-ce que par leur parenté avec la tradition philosophique qui produisit le *Corpus dionysianum*, les néo-platoniciens renaissants semblent plus fidèles à l'esprit de cette pensée qui se moule avec peine dans les subtiles distinctions de la scolastique. Cela apparaît entre autres dans leur insistance sur l'infinité divine. En se démarquant d'Anselme, Jean Pic de la Mirandole souligne que Dieu n'est pas celui dont on ne peut pas en concevoir de plus grand, mais qu'il dépasse infiniment nos conceptions le plus hautes. Sa meilleure louange, conformément aux paroles du psalmiste, est le silence[1]. Pour Ficin, Dieu est aussi infini puisque qu'Il est indivisible. La différence essentielle qui sépare les deux penseurs italiens réside toutefois dans leurs conceptions de la nature divine. Dans la polémique qui oppose le *De ente et uno* du comte aux commentaires du *Sophiste* et du *Parménide* de son ami florentin, la question est de savoir si Dieu est, dans une égale mesure, l'Etre et l'Un-Bien, ou bien si l'Un-Bien surpasse l'Etre en Dieu. Plus enclin à suivre l'aristotélisme scolastique sur ce point, Pic opte pour la première solution, tandis que la supériorité de l'Un et du Bien est farouchement défendue par Ficin. C'est justement parce qu'il est l'Un que Dieu est indivisible pour Ficin: il ne comporte pas de parties numériques tout

---

[1] *De Ente et Uno*, éd. Eugenio Garin, Firenze, Vallecchi editore, 1942, p. 420. Pico della Mirandola fait ici allusion au *Proslogion*, XV ainsi qu'au *Ps.*, 54, 2.

comme le point est privé de dimensions. Or sans parties, l'Un est aussi sans limites et peut donc être dit infini (*In Parm.*, 40, 1174)[2].

Il est symptomatique que pour promouvoir sa thèse de la supériorité de l'Un-Bien sur l'Etre, Ficin recourt, à plusieurs reprises, à l'autorité de Pseudo-Denys l'Aréopagite[3]. L'être (*ens*) et l'Un doivent différer, puisque leurs opposés - le néant et la multitude - ne sont pas identiques. En outre, si la multitude ne répugne pas à la nature de l'être, celui-ci doit être inférieur à l'Un qui est l'exact opposé du multiple (*In Dionys.*, 1016).

Dans ses efforts de rabaisser l'Etre au dépens de l'Un-Bien, Ficin cherche des appuis non seulement dans l'autorité de Denys, mais aussi dans cette même méthode scolastique dont il combat visiblement les conclusions ontologiques. Ainsi, en soulignant la pérennité et l'universalité de l'action divine, il est amené à parler de Dieu comme guide commun à toutes les espèces. De là, il n'y a plus qu'un pas pour passer de l'office commun de Dieu (*munus*) à l'être commun des choses. Ficin le franchit, sans prendre la précaution, si manifeste dans le commentaire thomiste aux *Noms divins*, de distinguer entre l'*ipsum esse subsistens* et l'*ipsum esse commune*: «*Esse ipsum rebus omnibus est commune*» (*In Plat. Theol.*, II, ii, 92)[4]. Ayant ainsi rapproché l'être même de l'être commun des créatures, il ne reste plus qu'à poser Dieu au-delà de l'être afin de préserver sa transcendance. Ficin peut donc dire que l'être (*esse*) dépend de Dieu qui, principe premier et cause universelle dégagée ainsi de ses effets, accorde dans son éloignement l'approche aristotélicienne

---

[2] Sauf mention contraire, les références aux textes de Ficin renvoient au fac-similé des *Opera omnia*, Basileae, 1576) publié par Paul Oskar Kristeller, Torino, Bottega d'Erasmo, 1959. Sur la polémique entre Pico et Ficin v. Michael J.B. Allen, «Ficino's Theory of the Five Substances and the Neoplatonists' *Parmenides*», *Journal of Medieval and Renaissance Studies*, 12 (1982), pp. 19-44. Sur l'influence thomiste exercée sur Ficin v. Ardis B. Collins, *The Secular is Sacred. Platonism and Thomism in Marsilio Ficino's 'Platonic Theology'*, The Hague, Martiunus Nijhoff, 1974, particulièrement p. 55 sur la notion de limite infinie chez Ficin.

[3] *In Parm.*, 57, 1171; dans son *Commentaire sur le Banquet de Platon* (éd. Raymond Marcel, Paris, Les Belles Lettres, 1956, p. 232) Ficin affirme que Platon et Denys ont choisi l'«Un» comme le meilleur nom de Dieu. Les références aux commentaires de Ficin sur la *Théologie mystique* et les *Noms divins* seront marquées par *In Dionys.*, suivi du numéro de la page dans l'édition de Bâles.

[4] La *Théologie platonicienne* est citée d'après l'édition Raymond Marcel (Paris, Les Belles Lettres, 1964), avec indication du livre, du chapitre et du numéro de la page citée.

et l'approche platonicienne[5]. Autrement dit, s'il arrive que Dieu soit désigné comme Etre, ce n'est pas que l'on veuille ainsi épuiser la signification de la déité, mais plutôt parce qu'on vise son aspect causal. L'être n'est pas Dieu même; il est Son premier effet, et c'est comme l'un des effets qu'il fournit un nom à la divinité[6]. Il est symptomatique qu'en dépit de sa négligence de la distinction entre l'*ipsum esse subsistens* et l'*esse commune*, Ficin renoue ici visiblement avec le raisonnement scolastique qui opposait la similarité causale à la similarité formelle entre Dieu et les créatures. Le philosophe florentin utilise donc les pratiques intellectuelles de l'école quand elles servent sa propre argumentation.

Ayant ainsi démontré la transcendance de l'Un-Bien divin par rapport à l'Etre, Ficin serait-il tenté d'emprunter le langage négatif de Denys et d'identifier Dieu au Non-être? Or, tel n'est symptomatiquement pas le cas. Le non-être est exclu de la transcendance, et cela avant tout parce qu'il forme avec l'être une mixture produisant la diversité des choses.

Telle est du moins l'approche exposée dans le commentaire au *Sophiste* consacré à l'esprit, qui est la seconde parmi les cinq hypostases retenues par Ficin (respectivement: l'un, l'esprit, l'âme, la qualité, le corps). En outre, conformément à l'enseignement de Plotin, l'intelligible à son tour est défini par cinq principes ontologiques - l'être lui-même, le repos, le mouvement, l'identité et l'altérité - qui s'opposent aux dix catégories aristotéliciennes vouées, elles, au sensible[7]. Et c'est précisément à ce niveau de l'émanation de l'être dont l'esprit est, selon Plotin, la plus haute manifestation, que se situe le non-être dans la métaphysique de Ficin.

---

[5] *In Dionys.*, 1026: «Denique cum etiam Peripatetici putent essentiam et esse tanquam communissima a communissimo principio rebus tribui, atque causa communissima potentissima causarum, si ab omnibus effectibus expedita,merito primum principium Platonici putant ab essentia et esse solutum».

[6] *In Dionys.*, 1092-1093: «Cum Deus nomina multa ex suis effectibus, donisque accipiat, convenienter ens appellatur, siquidem primus ipsius effectus est, esse». Ficin ne distingue pas ici entre *ens* et *esse*. Il le fera plus loin (p. 1097) en définissant l'*esse* comme l'acte et la perfection de l'essence (*essentia*) dans l'être (*ens*). V. aussi *In Plat. Theol.*, II, vii, 96.

[7] *In Dionys.*, 1094, Ficin parle dans les deux cas de «*principia entium*». Sur le commentaire du *Sophiste* par Ficin v. l'importante introduction à l'édition de Michael J.B. Allen, *Icastes: Marsilio Ficino's Interpretation of Plato's 'Sophist'*, Berkeley - Los Angeles - Oxford, University of California Press, 1989. C'est à cette édition que nous allons nous référer en indiquant le chapitre et la page.

Car selon le néo-platonicien florentin, l'être (*ens*) dans le *Sophiste* est interchangeable avec un «certain un» (*aliquid unum*). Dès lors le non-être peut être identifié avec l'altérité, le fait d'être un «autre un». Ainsi l'être et le non-être semblent curieusement mêlés, un mélange qui caractérise non seulement les êtres particuliers, mais aussi l'Etre Premier dans lequel Platon situe les différences entre les Idées (19, 230 et 23, 235-237). Une telle association de l'être et du non-être constitue de nouveau un puissant argument pour Ficin en faveur de l'inégalité foncière entre l'Un et l'Etre. Ce dernier, divisé, entaché d'altérité, ne peut que tomber au-dessous de la première hypostase, transcendante dans sa pure simplicité[8].

Le non-être ainsi conçu, intégré à l'être dans le domaine de l'intelligible, demeure un rien relatif dont la matière reste le corollaire absolu. Il en est ainsi, car de l'intelligible au sensible, l'altérité et la matière se correspondent, étant, toutes les deux, causes de défaut et de dissension. Une différence, toutefois, les sépare: la matière n'est pas seulement l'origine de ce qu'une chose n'est pas ceci ou cela, mais elle est celle du non-être absolu (37, 263).

Et c'est le caractère absolu de la matière qui la rend en quelque sorte similaire à Dieu. Tous les deux sont «informes», dans la mesure où la matière est inférieure à toute forme qu'elle subit, tandis que Dieu est supérieur à toute forme dont il est d'ailleurs le créateur. Tous les deux se placent de même respectivement au-dessous et au-dessus de l'être, sans que l'on puisse dire qu'ils n'existent pas pour autant. D'une part, Dieu, comme l'Un, dépasse l'actualité de l'être; de l'autre, la matière, n'en est qu'une potentialité. Il est symptomatique que la matière est ainsi exclue de la participation à l'être qui, situé proprement dans le domaine de l'Esprit, englobe le Corps dans ses participations les plus basses. En revanche, bien qu'inférieure à l'être, la matière première relève de l'Un qui, hypostase suprême, s'étend au-delà et en deça de l'espace strictement ontologique[9].

---

[8] Ces conclusions ne sont pas contredites par la discussion de la sixième hypothèse du *Parménide* (*In Parm.*, 1200-1201) qui présente les conséquences absurdes de l'inexistence de l'Un dans les choses. En revanche dans la *Théologie platonicienne*, Ficin semble prendre en considération une catégorie d'être «pur» qui serait entièrement exempt du non-être (II, iv, 83).

[9] V. *In Dionys.*, 1015, 1055, 1121; *In Parm.*, 78, 1187. V. aussi l'introduction de Michael J.B. Allen à son édition du commentaire du *Sophiste*, 169 de même que Paul Oskar Kristeller, *The Philosophy of Marsilio Ficino*, Gloucester, Ma., Peter Smith,

Mais Dieu est transcendant non seulement comme Un. Il dépasse l'être et le non-être aussi comme le Bien suprême[10]. Les deux noms désignent donc dans une commune mesure, quoique chacun à sa manière, Dieu comme principe et commencement de tout. En effet, selon Ficin, Platon prévoit deux voies d'accès au Principe premier: les comparaisons-affirmations et les négations. Or il est symptomatique que, contrairement à l'une des règles fondamentales de la tradition dionysienne, la cataphase et l'apophase ne s'unissent pas chez Ficin dans la coïncidence des contraires, «mur» à transgresser dans l'extase mystique. Lorsque Ficin cite le fragment clé des *Noms divins*, 7, 3, 872A sur l'absolue présence de Dieu dans le monde et l'impossibilité totale de le connaître («*...ex omnibus cunctis cognoscitur et ex nullo nulli*»), il y ajoute un titre-commentaire qui en désamorce la charge paradoxale: «*Affirmationes et negationes partim verae, partim falsae*» (*In Dionys.*, 1105)[11]. Au lieu de s'affronter dans une conjonction dramatique, les affirmations et les négations s'ajustent pour ménager une transition modérée. En outre, toutes les négations ne sont pas *a priori* supérieures aux affirmations. Seules le sont les négations qui prouvent que le Principe premier reste supérieur à l'Etre. Egales aux comparaisons sont ces négations qui, comme c'est le cas du *Sophiste*, démontrent le mélange du non-être et de l'être. Inférieures par contre sont les privations qui rabaissent la matière au-dessous de l'être. Les négations suprêmes fournissent l'Un comme nom divin discuté le plus amplement dans *Parménide*; les comparaisons aboutissent au Bien auquel est vouée la *République*. Il est remarquable que cette dualité d'appellations ne laisse aucune place au Non-être, relégué avec son opposé positif, comme nous l'avons vu, au stade de l'hypostase inférieure. Mais surtout, ainsi présentées par Ficin, les négations et le comparaisons ne sont pas seulement les fondements logiques et sémiotiques qui déterminent deux types de connaissance théologique: la théologie cataphatique et apophatique. Ressourcées dans le néo-platonisme païen, elles acquièrent ici une forte dimension

---

1964, pp. 39, 46-47.

[10] V. *In Dionys.*, 1014, 1032, 1073. L'argumentation systématique sur la supériorité du Bien sur l'Etre peut être trouvée dans la *In Plat. Theol.*, II, xii, 113 et IV, i, 163.

[11] V. aussi Jacques Charpentier, *Platonis cum Aristotele in universa philosophia comparatio,* Paris, ex officina Jacobi du Puys, 1573, p. 266.1. Cet ouvrage peut témoigner de la réception du commentaire ficinien des *Noms divins* en France.

ontologique: les négations s'associent avec la procession des êtres émanés de l'Un, tandis que les comparaisons indiquent leur conversion vers le Bien[12]. Il ne s'agit donc pas ici, comme c'est le cas de la tradition dionysienne, d'un esprit qui épelle les effets divins pour les taire, tour à tour, afin d'atteindre l'Ineffable. Par delà ses adaptations christianisées, Ficin ravive la pulsation de l'univers néo-platonicien où l'Un déverse dans sa fécondité une multiplicité des êtres appelés ensuite à se résorber en sa Bonté suprême.

La place respective des négations et des affirmations dans ces mouvements d'émanation et de retour mérite aussi d'être retenue. En effet, contrairement à la plupart des interprètes dionysiens pour qui le mouvement ascensionnel vers Dieu se fonde sur les négations, la conversion vers le Bien est dans ce modèle de nature positive. Il s'ensuit que malgré la fidélité hautement proclamée à Denys, malgré la transcendance de l'Un-Bien par rapport à l'être, le Dieu de Ficin entretient avec ses créatures des liens d'une étroite ressemblance.

Quelle est la nature de cette relation? La réponse à cette question est d'autant plus difficile que malgré les influences thomistes indéniables, il n'est pas aisé de retrouver chez Ficin la rigueur conceptuelle de la scolastique. Ne dit-il pas que l'être, qui appartient en propre au domaine intelligible, est prédiqué des sensibles d'une manière «équivoque *ou* analogique» (*In Sophist.*, 33, 255)? Les images métaphoriques que le philosophe florentin ajoute en guise d'éclaircissement seraient d'une faible aide, si l'on n'essayait d'en préciser le sens en poursuivant les dominantes, les répartitions d'accents spécifiques pour la pensée de Ficin. Ainsi la métaphore du reflet opposé à l'original qui doit expliquer les relations ontologiques entre différents échelons de l'être acquiert une coloration spécifique lorsqu'on garde en mémoire qu'il est toujours possible pour Ficin d'accéder de l'image à son modèle en retranchant ce qui est défectueux, et en ajoutant ce qui est meilleur. Tel est du moins l'argument que Ficin apporte en faveur de l'utilisation de l'image solaire comme métaphore de Dieu, une «comparaison platonique» cautionnée par

---

[12] «Deum principium omnium unicum, simplicissumum, eminentissimum esse designat, iam vero negationes *processum* omnium inde significant, siquidem multitudo procedit ab uno tandem mutitudinis omnis experta, comparationes autem *conversionem* omnium ad primum indicare videntur...» (*In Parm.*, 40, 1156 - souligné J. M.).

Denys et à laquelle il voue ouvertement une particulière révérence (*In Dionys.*, 1056).

Pour savoir donc combien le passage de l'image à son modèle originel est possible, il faudrait juger dans quelle mesure Ficin se laisse charmer par cette métaphore traditionnelle d'un Dieu qui irradie sa création tout en restant inconnu dans son aveuglante lumière. Or, indubitablement, Ficin se souvient qu'il s'agit d'une métaphore. Comme il est possible d'accéder aux ordres angéliques en observant les proportions entre les ordres des astres, de même à partir du soleil nous pouvons nous avancer jusqu'à Dieu, sans oublier cependant les préceptes de la loi mosaïque qui défend de prêter aux créatures un culte indu (*In Dionys.*, 1099).

En introduisant son *De Sole*, qu'il rédige parallèlement au commentaire sur les écrits dionysiens, Ficin souligne qu'il ne faut pas traiter ce livre comme une œuvre dogmatique, mais plutôt allégorique et anagogique. Les muses et Mercure ne disputent pas avec Apollon de choses graves, mais chantent et jouent. Il ne faut cependant pas oublier qu'il s'agit là d'un jeu divin. Le jeu de la métaphore philosophique peut donc légitimement donner un avant-goût des choses futures, faire apparaître le Bien suprême qui, quoi qu'on fasse, se dérobe à notre intellect[13]. Il n'est donc pas étonnant qu'en parlant de la trinité solaire, de la chaleur de l'amour fécondant le monde, le philosophe florentin se laisse emporter par l'image, qu'il la laisse parler, filer ses similitudes sans fin, et cela au moment même où il entend rappeler à son lecteur que cette métaphore ne peut aucunement remplacer son objet transcendant[14]. Chemin faisant, l'image perd son caractère abstrait, cesse d'être un simple prolongement du raisonnement. «Substanciée» (Kristeller), elle acquiert une teneur propre, une réalité autonome jusqu'au point où ses

---

[13] «Nos autem utinam saltem non inepte ludamus. Sed iam nostra haec luminis qualiacunque futuri sint acturi praeludia, ipso bono, id est summo Deo feliciter inspirante, prodeamus in lucem» (*De Sole*, 965).

[14] «Caeterum quamvis Sol ab authore mundi longissime distet, cœlestia tamen omnia ad Solem unicum, quoniam rectorem in cœlo mensuramque divinitus redacta videntur» - *De Sole*, 13, 975. Sur les circonstances accompagnant la rédaction de ce court traité v. Raymond Marcel, *Marsile Ficin (1433-1499)*, Paris, Les Belles Lettres, 1958, pp. 522-525.

attributs peuvent être métaphoriquement prédiqués de l'objet auquel elle se rapporte[15].

Certes, pour passer de l'image à l'original, il importe de retrancher ce qui est inadéquat à la réalité supérieure: par exemple, pour penser Dieu en parlant du soleil il est indispensable de faire abstraction de la matérialité de cet astre (*In Dionys.*, 1020-1021 et 1056). Pourtant cette procédure, qui paraît si proche de la démarche ablative de Denys, n'aboutit pas au néant du silence, à la ténèbre du non-être. Il s'agit bien d'une épuration, mais le sculpteur de Ficin arrête son marteau avant de briser le dernier morceau de pierre qui lui reste entre les mains. Sous les couches successives de la matière il découvre l'unité la plus simple et Dieu qui s'y cache. Par delà sa lecture dionysienne, l'image du sculpteur est puisée par Ficin dans les *Ennéades*, 1, 6, 9 qui offrent moins l'illustration d'un renoncement à l'immanence que celle d'une introspection, d'une perfection de l'homme appelé à trouver Dieu en soi et dans le monde. La matérialité de la création est moins un lest qu'il importe d'abandonner dans son ascension vers la transcendance, mais plutôt la «statue» même de Dieu qui resplendira dans sa parfaite luminosité une fois libérée des voiles qui l'encombrent.

C'est dans cette perspective qu'il importe de comprendre les fragments où Ficin parle de la présence de Dieu dans le monde. Comme la volonté et l'intelligence de l'artiste se dessinent nettement dans certaines de ses œuvres, de même le visage du Créateur resplendit quelque part dans la matière avec bien plus de ressemblance que n'en possèdent les reflets des autres moteurs. Cette image, c'est l'âme humaine qui, par son immortalité, réfléchit le plus parfaitement son Auteur (*In Plat. Theol.*, X, iv, 70). Et c'est pourquoi tout l'effort de l'âme consiste à ressembler exactement, à devenir Dieu, un désir qui lui est aussi naturel que le vol l'est à l'oiseau. En outre, puisque la lumière divine resplendit dans les êtres, l'intellect s'efforce de les saisir tous en se transformant en leurs images. Ce désir insatiable ne pourra être satisfait que lorsque l'âme aura abandonné son enveloppe corporelle. Une telle aspiration prouve cependant que, bien qu'il revête toutes les

---

[15] Sur ce processus de la subtanciation de l'image symbolique v. Paul Oskar Kristeller, pp. 90-97. V. aussi Michele Schiavone, *Problemi filosofici in Marsilio Ficino*, Milano, Marzorati, 1957, pp. 111-115 sur les liens de ce type de sémiotique avec l'estime portée par Ficin à la magie naturelle.

formes possibles, l'intellect cherche en dernière instance à atteindre l'origine divine des êtres (*In Plat. Theol.*, XIV, i et ii, 247-258).

L'âme humaine ne désire pas un bien ou une vérité particulière, mais tous les biens et toutes les vérités intégralement. Ce désir traduit son aspiration vers le divin, puisque Dieu est le sommet de tous les biens particuliers des choses («*in omnibus denique summitas uniuscuiusque boni*», *In Dionys.*, 1035). Comme la lumière solaire est dans Saturne sa solidité, dans Vénus sa grâce et dans Mercure son agilité, de même Dieu est le ferme soutien de l'essence, dans la vie Il est sa vigueur et dans l'intellect sa perspicacité.

Bien et Un suprême, Dieu est au-delà de l'Etre. Lumière, il resplendit cependant dans le bien particulier de chaque être, il en constitue la simple unité. Entre ces deux extrêmes il n'existe aucune dialectique du tout et du rien, mais plutôt une continuelle médiation assurée par la gradation des différentes réalités ontologiques.

L'une des conséquences de la christianisation de l'univers néo-platonicien par Denys était la conversion de l'échelle ontologique des émanations s'éloignant progressivement du centre divin en des hiérarchies des créatures qui, bien qu'inégales entre elles, étaient toutes infiniment distantes de la transcendance de Dieu. Or, il est frappant de constater l'insistance avec laquelle Ficin réintroduit le concept de gradation dans son commentaire sur les écrits dionysiens. Ainsi, lorsqu'il parle du «déshabillage» de la statue humaine à la recherche de l'unité divine qui se cache dans le créé, le commentateur florentin ne manque pas de détailler les degrés consécutifs de cette analyse: séparer le corps de l'âme, éliminer les passions corporelles de celle-ci, épurer la raison de toute imagination, exclure les raisonnements discursifs de l'intellect, rejeter la multiplicité des formes intellectuelles de l'unité de l'âme et enfin éliminer toute condition spirituelle animale (*In Dionys.*, 1020). La précision et la longueur de cette énumération manifestent la multiplcation des stades intermédiaires qui s'échelonnent entre l'inaccessible divinité et l'univers sensible à la portée de l'homme. De même que la recherche de l'Un dans la matière, une gradation similaire régit la pénétration du divin dans ses créatures. De nouveau, Ficin propose une progression distribuée sur sept états de l'être par lesquelles Dieu irradie l'univers de sa bonté. En effet, tout comme la lumière solaire se répand par les étoiles fixes, les six planètes, la lune, le feu, l'air, l'eau pour atteindre enfin la terre, de même Dieu, ce «*sol ipse solis*» répand ses rayons bénéfiques par sept degrés: les anges, les âmes rationnelles, sensitives, végétatives, les corps célestes, les corps élémentaires et enfin la matière elle-même[16]. Il semble impossible que Ficin ait pu douter en la création directe de la *Genèse*. Pourtant son langage émanantiste le pousse à accentuer les différences dans la causalité selon les échelons de l'être concernés. Ce langage soumet la conception ficinienne de la participation aux contraintes imposées par la gradation ontologique et marque ainsi une différence sensible par rapport à l'utilisation de ces mêmes notions par exemple dans la tradition scolastique[17].

Il en découle un univers unifié par la paix divine et régi par le principe de continuité et de médiation[18]. Si la tradition dionysienne radicale, qui est, comme nous allons le voir, celle de Cusanus et de Bovelles, s'efforce à exaspérer les polarités afin de donner ensuite plus de puissance explosive à leur coïncidence, Ficin semble atténuer leur opposition, ménager des intermédiaires qui, de l'infini au fini, assurent la communication par des dégradés successifs. Pour ceux qui veulent préserver le caractère paradoxal de l'enseignement dionysien, Dieu dépasse la coïncidence des opposés, précisément parce qu'une telle coïncidence unit ce qui ne peut en aucune mesure être identifié. Ficin, en revanche, respecte le postulat dionysien de l'éminence divine, mais plutôt, semble-t-il, parce que l'unité transcendante concilie, accueille en sa parfaite simplicité, tout élément conflictuel: «L'unité divine est assez efficace pour unir en soi même les choses qui sont contraires entre elles»[19]. Plus même, la contradiction n'est pas désarmée seulement dans la transcendance. Dieu, qui dans son amour prend soin de ses créatures, les dispose de la meilleure façon possible. A travers une cascade d'agents naturels qui constituent les causes secondaires, la divinité maintient la

---

[16] «Sol per septem rerum gradus lumen usque quaque diffundit, per stellas fixas, per Planetas sex eodem semper tenore fulgentes, per lunam lumine variam, per ignem, per aerem, et per aquam, atque per terram. Similiter sol ipse solis, summus Deus , ipsum bonum, per septem gradus beneficos radios ubique distribuit. Per angelos, per animas ratione praeditas, per animas sensu viventes per animas vegetales, per cœlestia corpora, per corpora elementaria, quae ex materia constant, perque materiam» - *In Dionys.*, 1052. V. aussi p. 1027, de même que *In Plat. Theol.*, III, i, 128-132.

[17] V. Paul Oskar Kristeller, p. 122.

[18] V. *In Dionys.*, 1120, de même que Paul Oskar Kristeller, pp. 99-102.

[19] «Divina vero unitas est tam efficax, ut contraria etiam inter se in unum in se conciliet» (*In Dionys.*, 1017).

cohésion des éléments disparates et souvent antagonistes de l'univers, concilie les contraires (*conciliet invicem repugnantia*), afin qu'ils ne se détruisent pas, mais qu'ils soient dirigés vers les meilleures des fins. L'ordre harmonieux de l'univers devient ainsi un postulat ontologique primordial, puisque sa cohérence même le montre comme effet de la providence divine[20].

Une telle ontologie de l'unification résulte en une sorte d'optimisme épistémologique chez Ficin. Si le désir de Dieu est, comme le souligne le philosophe florentin, un désir naturel, donc inscrit dans la création par son Auteur même, il serait injuste qu'un tel désir soit frustré (*In Plat. Theol.*, XIV, v, 264-5). Certes, Ficin respecte le dogme de la transcendance de la quiddité divine. Pourtant ses principes de continuité et de médiation ontologiques rapprochent en quelque sorte la divinité de l'horizon de la connaissance humaine.

Ainsi, en suivant la *République*, VII, 517B-C, Ficin rappelle que Dieu - qui est l'idée du Bien - peut être «à peine» perçu. Il n'oublie cependant pas d'ajouter que sans le connaître, l'homme est privé de tout savoir et de toute possibilité d'action (*In Plat. Theol.*, XII). C'est pourquoi toute connaissance des choses est, de par sa nature même, une connaissance de Dieu. Cette relation est de nouveau le mieux illustrée par la métaphore solaire.

Lorsque nous voyons les couleurs et les formes des objets, nous percevons en réalité la lumière qui les illumine. Il en est de même de la lumière divine qui nous permet de comprendre les raisons de toutes les choses dont Dieu est la source et qui en fait «sont Dieu». Il nous semble que nous comprenons divers objets, lorsqu'en réalité c'est le rayon divin les portant à notre intelligence que nous connaissons. A présent, nous ne comprenons cette lumière divine qu'en fonction des diverses raisons qui en émanent. Il en sera ainsi jusqu'au moment où nous la percevrons dans toute sa pureté, indépendante des idées, autrement dit lorsque nous verrons Dieu en tant que Dieu. Notre connaissance actuelle n'en est pourtant pas moins précieuse, et cela surtout parce que l'intellection des idées est en fait un contact substantiel de l'intelligence et de la raison divine, contact pendant lequel l'unité de l'intelligence et celle de Dieu se rejoignent. Si nous n'en avons pas pleinement conscience, c'est parce que lorsqu'elle contemple les raisons des autres objets, notre intelligence

---

[20] *In Plat. Theol.*, II, xiii, 119-122. V. aussi Paul Oskar Kristeller, pp. 67-71.

croit se voir elle-même au lieu de comprendre qu'elle les voit en Dieu. Nous ressemblons ainsi aux enfants qui se laissent porter par l'illusion de se voir eux-mêmes au fond de l'eau où ils se mirent, en oubliant l'éclat du soleil qui leur fait voir leurs silhouettes. Ainsi entre l'expérience sensible, la contemplation des idées et l'union avec Dieu s'établit une graduelle continuité où tout acte cognitif se sacralise comme contemplation du divin[21]. Curieusement, l'infini qui sépare Dieu de ses créatures n'est pas un dramatique obstacle éloignant l'homme de la divinité. Au contraire, il devient chez Ficin lui-même source d'espoir, en fournissant la preuve de ce que l'union avec Dieu est possible pour l'homme, puisque même l'ange n'est pas moins éloigné du Seigneur.

Or cette union ne relève pas de la raison spéculative mais de l'amour. Ficin souligne avec force, dès l'ouverture de son commentaire, que Denys, ce sommet de la philosophie platonicienne et de la théologie chrétienne, ne recherche pas la lumière divine par la force de son intelligence mais par une affection ardente de sa volonté. Seul l'amour peut nous permettre de jouir de Celui qui est à poursuivre au-delà de l'intellect: «Jouir de Dieu (...) n'est pas se tourner par l'intellect dans la direction du bien, mais être transporté par l'amour»[22]. En s'inscrivant consciemment dans la longue tradition de l'«ancienne» philosophie, et en amplifiant considérablement un thème qui, bien que présent, n'est certainement pas central chez Denys lui-même, Ficin célèbre la vertu «transitive» (*traductoria*) de l'amour transportant les âmes vers le bien suprême et unique. Ni l'opinion ni la science, mais l'union amoureuse est la seule voie menant vers le Principe premier, car si l'homme peut connaître les choses qui lui sont inférieures, il doit vouer son amour à ce qui le surpasse[23]. Ainsi, lorsque Denys explique le parcours du mystique par l'image de la purgation et de l'ascension de Moïse sur le mont Sinaï, Ficin n'oublie pas d'ajouter que c'est l'ardeur de l'amour divin qui nous

---

[21] Sur la continuité entre différents types d'intellections v. Paul Oskar Kristeller, pp. 221, 229-230, 252-254.

[22] «Deo frui ... non est per intellectum versari circa bonum, sed amore transferri» - *In Dionys.*, 1019.

[23] «Similiter nec opinione, nec scientia, nec intelligentia quantum libet excessa, primum cognosci posse putato, sed unitate solum amatoria tandem posse percipi divinitus illustrata» - *In Parm.*, 78, 1187. V. aussi *In Dionys.*, 1068. Comme le note Paul Oskar Kristeller, l'homme s'assimile l'objet de sa connaissance par l'intellect, tandis que par la volonté il s'abandonne à l'objet de son amour (pp. 272-273).

épure graduellement en nous libérant des affections et des imaginations des choses corporelles. La nescience qui, chez Denys, attend le fidèle au terme de cette montée est, selon Ficin, un silence *amoureux*. En effet, l'inflexion du commentaire est de ce point de vue si nette, qu'elle permet de conclure qu'aux affirmations et aux négations discutées par l'Aréopagite, le philosophe florentin superpose encore l'amour comme stade suprême de la connaissance du divin. Tel semble être le sens de ses remarques sur la fameuse description du Dieu «tout dans tout et rien dans rien»:

> De cette façon, l'esprit se rapproche plus près de Dieu par les négations que par les affirmations supérieures. Il se rapproche de Lui le plus près enfin, lorsque, après cette sorte de négations, la recherche propre étant finalement abandonnée, il pénètre tout entier par l'amour dans la lumière divine. Illuminé et uni, il jouit alors entièrement et d'une façon miraculeuse.[24]

Tout cela, car Dieu ne peut être perçu comme «raison» (*ratio*) que par le philosophe. Pour l'homme religieux, Il est amour (*In Dionys.*, 1106). Il n'est donc pas étonnant que l'amour, tel la chaleur du Soleil visible, est ce principe divin de toutes les choses, l'effet de la bonté par laquelle le Créateur «procrée» l'univers[25]. Ainsi sous-tendant le mouvement ascensionnel de l'homme vers Dieu, aussi bien que la fécondité créatrice de celui-ci, l'amour fonde la cyclicité des retours et des processions de l'univers néo-platonicien de Ficin. Il est la chaîne homérique unifiant le monde et, conformément à l'image que l'un des orateurs du *Commentaire au Banquet* emprunte à Denys, il est le cercle emportant les biens des créatures et le Bien suprême en une perpétuelle rotation[26].

Il n'est donc point étonnant que Ficin attribue à Denys le choix du «Bien» comme le meilleur nom de la divinité[27]. Certes, le philosophe

---

[24] «In eiusmodi negationibus mens propius accedit ad Deum, quam per affirmationes superiores, proxime tandem, quando post eiusmodi negationes propria tandem investigatione dimissa, in divinum lumen toto se prorsus amore traducit, mirisque modis illuminata et unita perfruitur» - *In Dionys.*, 1105.

[25] *In Dionys.*, 1068, 1042.

[26] *In Dionys.*, 1071; *Comm. du Banquet*, II, ii, 146.

[27] «Praeterea probat ipsum bonum esse accommodatissimum primo rerum principio nomen» - *In Dionys.*, 1034.

florentin hérite les réserves de la scolastique (on peut dire quelque chose *apud Deum*, mais rien de sa quiddité); il a aussi trop de respect pour l'autorité quasi apostolique de Denys, pour ne pas reprendre ses thèses essentielles sur la transcendance de Dieu par rapport aux possibilités de la nomination humaine. C'est peut-être pourquoi il finit par avouer que «*Bonum*» n'est pas tant le nom propre de Dieu, que le «surnom» de son divin pouvoir (*divini muneris cognomentum - In Dionys.*, 1127)[28]. Il n'en est pas moins vrai que l'insistance sur la vertu unificatrice de l'amour et la conception du Dieu Un-Bien semblent poser une sorte de résistance à l'apophatisme dionysien. Cela est perceptible même dans les légères inflexions de la traduction du texte de l'Aréopagite. Ainsi, lorsqu'il doit commenter, après tous ses prédécesseurs, la fameuse formule dionysienne d'un Dieu ineffable (*innominabilis, innominatus, carentis nomine*) et en même temps célébré par tous les noms (*ex omni nomine*), Ficin atténue visiblement le caractère absolu de cette expression paradoxale, cherche une accommodation entre ses polarités extrêmes en proposant leur compromis «partiel»: «*Hoc igitur scientes theologi, Divinitatem, partim tamquam nomine carentem, partim ex omni nomine celebrant*»[29].

Les noms affirmatifs de Dieu ne signifient donc certainement pas sa nature, mais l'«acte producteur» du monde, la procession des créatures. Est-ce pourtant peu si l'on attribue à Dieu les noms des perfections dont il est la source? Dieu est omninommable précisément comme le «sommet» des bontés de ses œuvres. Certes, ce ne sont là que les appellations des dons divins distribués graduellement dans la Création. Néanmoins, dans l'univers ficinien irradié des rayons de la bonté divine, unifié par sa simplicité et où s'étale la continuité nuancée des degrés de l'être, il semble que dire les perfections, c'est percevoir les reflets qui sont bien les rayons de la lumière divine elle-même.

Le relatif optimisme sémiotique de Ficin résulte en fin de compte de son insistance sur la constante communication amoureuse entre Dieu et ses créatures, version christianisée de l'émanation et du retour néo-platoniciens. Ainsi, de même que le thomisme, le ficinisme désarme la charge négative contenue dans le *Corpus dionysianum*, malgré le respect

---

[28] Des réserves similaires sont à retrouver chez un autre lecteur platonicien de Denys, Jacques-Marie Amboise, *De rebus creatis et earum creatore*, Lutetiae, apud Federicum Morellum, 1586, p. 79.

[29] *Noms divins*, 1, 5, 596A; *In Dionys.*, 1034. V. aussi *In Dionys.*, 1090.

dont son auteur jouit aux yeux de l'Aquinate et du philosophe florentin. Le Dieu de Ficin n'est pas Néant, tout comme Il ne l'est pas pour Thomas d'Aquin. Mais la similarité entre ces deux commentateurs de Denys s'arrête là, puisque les raisons de leur refus de la négativité sont diverses. Pour Thomas Dieu n'est pas le Non-Etre, car Il est l'Etre même; pour Ficin, Dieu dépasse le domaine ontologique dans sa Bonté suprême. Dès lors le néo-platonicien florentin n'a plus besoin de recourir aux distinctions conceptuelles qui doivent, chez le Docteur Angélique, garder la théologie scientifique de sombrer dans la Ténèbre du silence mystique. Il suffit, pour Ficin, de se laisser pénétrer par le rayonnement de la Bonté, de le capter dans les créations, de le réfléchir dans le jeu divin des métaphores où la négation et l'affirmation s'accommodent l'une de l'autre. Les théologies négatives de Thomas et de Ficin diffèrent considérablement entre elles, elles divergent toutefois encore plus des lectures radicales de la pensée dionysienne élaborées par Cusanus et par Bovelles.

CHAPITRE IV

CONJECTURER DANS L'INFINI
NICOLAS DE CUES

De prime abord bien des choses semblent rapprocher Ficin et Cusanus: un commun intérêt pour la tradition néo-platonicienne, une relative proximité dans le temps et dans l'espace. Les deux philosophes semblent se croiser, mais sans toutefois se connaître. D'une part Ficin est trop jeune pour avoir pu influencer Cusanus: celui-ci meurt en 1464, c'est-à-dire un an après l'achèvement par le Florentin de sa traduction de Mercure Trismégiste, son premier grand travail pour Cosme de Médicis. De l'autre, Ficin ne mentionne nulle part le théologien allemand. Lorsqu'on examine de plus près les interprétations de la pensée dionysienne élaborées par les deux philosophes, on comprend aisément ce silence[1].

En effet, Cusanus ne tente nullement d'atténuer la charge négative de l'héritage dionysien: tout au contraire, il en fait le centre même de sa philosophie, une pensée mue d'une constante fuite en avant, mais qui, condamnée à rester infiniment distante de son objet transcendant, ne pourra s'y unir que lorsque la spéculation intellectuelle se fondra dans le mystère de l'Esprit.

En 1463, un an avant sa mort, Nicolas de Cues décide de léguer à la postérité l'expérience qu'il a acquise dans sa chasse de la sagesse. Son *De venatione sapientiae* s'ouvre sur l'image des animaux de proie dotés de sens et d'organes adaptés à trouver leur nourriture, image qui illustre les capacités de l'homme pourvu de logique et capable de satisfaire

---

[1] Toutefois, depuis Cassirer, on a tenté de comparer la pensée de Cusanus et celle de Ficin. Ces essais de mise en parallèle aboutissent à la constatation de la disparité des deux penseurs: v. Eugenio Garin, «Cusano e i platonici italiani del Quattrocento», *Nicolò da Cusa. Relazioni tenute al convegno interuniversitario di Bressanone nel 1960*, Firenze, G. C. Sansoni Editore, 1961, pp. 75-97; Pauline Moffitt Watts, «Pseudo-Dionysius the Areopagite and Three Renaissance Neoplatonists. Cusanus, Ficino and Pico on Mind and Cosmos», *Supplementum Festivum. Studies in Honor of Paul Oskar Kristeller*, éd. James Hankins, John Monfasani, Frederick Purnell, Jr., Binghamton, New York, Medieval and Renaissance Texts and Studies, 1987, pp. 279-298.

naturellement son désir de savoir. Or, il est évident que seul Dieu peut apaiser notre faim intellectuelle. C'est vers Lui que se tourne l'esprit, dirigé par le principe de physique aristotélicienne que Cusanus choisit pour scruter les régions de la sapience: «ce qui est impossible à faire, n'a pas été fait» («*que est quod impossibile fieri non fit*»). Il s'ensuit que tout ce qui a été fait présuppose une puissance d'être fait (*posse fieri*), qui, à son tour, requiert un Dieu créateur[2]. Lorsque le chasseur parcourt les différents «camps de la sagesse» qui, tels le camp de la docte ignorance, celui de la possibilité actualisée ou celui du non-autre, renvoient directement aux œuvres précédentes du cardinal, il entre en des régions méconnues des anciens philosophes. Serait-ce que, par une sorte de renversement ironique du principe physique de départ, ce qui n'a pas été encore accompli demeurerait impossible à accomplir?

En effet, la «meilleure chasse» que l'on puisse capter est le fragment des *Noms divins* de Denys, centré sur la fameuse qualification du Dieu *in omnibus omnia et in nullo nihil* (7, 3, 870C-872B). Cusanus y revient constamment au cours de son traité. Pour illustrer ce gibier quelque peu problématique, il conseille de tracer un segment de ligne AB (*De venatione*, chap. 34). Cet exercice géométrique tend à visualiser nos possibilités de cerner la «grandeur» qui, antérieure à «la possibilité d'être fait», donne la mesure de la vérité de Dieu et de toute créature[3]. On remarque aisément que la ligne AB peut être prolongée indéfiniment: aussi longue soit-elle, on peut toujours en trouver une autre, plus longue encore. Par conséquent, seule une ligne telle qu'on ne puisse pas en trouver de plus longue aurait pu être la «grandeur» éternelle elle-même. Elle seule aurait pleinement actualisé la possibilité de la grandeur, toute ligne finie, tel que le segment de ligne AB, étant fatalement en deçà de

---

[2] «Nisi igitur ad scientiam dei qua mundum creavit pervenerimus, non quietatur spiritus» - *Trialogus de possest*, 38 (cité d'après l'édition de Jasper Hopkins, *A Concise Introduction to the Philosophy of Nicholas of Cusa*, Minneapolis, University of Minnesota Press, 1978). Je suis Jasper Hopkins en traduisant le titre de ce traité par «de la possibilité actualisée».

[3] «Precedit igitur magnitudo posse fieri cum non possit aliud fieri quando est omne id quod esse potest», in *Werke*, éd. Paul Wilpert, Berlin, Walter de Gruyter et Co, 1967, p. 565.

cette potentialité[4]. La «grandeur» éternelle précède donc infiniment la «possibilité d'être fait» qui, elle-même, est antérieure aux lignes concrètes auxquelles nous avons accès. Mais en même temps la grandeur éternelle qui actualise pleinement sa possibilité, ne peut être ni plus grande, ni plus petite que toute grandeur et toute petitesse. Elle est donc la cause de toute grandeur et de toute petitesse, de même que leur mesure la plus adéquate. Il s'ensuit que, dans une paraphrase de la formule dionysienne, elle est «tout et rien du tout dans toutes les choses grandes et petites, car toutes les choses grandes et petites sont postérieures à la possibilité actualisée qu'elle-même précède»[5].

En outre, à ce qui est antérieur à la «possibilité d'être fait» ne convient pas le nom de «grandeur», puisqu'il s'agit non de la forme des choses grandes, mais de la cause absolue de toutes les formes. Il ne lui convient donc aucun nom, bien que son nom n'est pas différent de tout nom nommable. Il en est ainsi parce que cette grandeur éternelle qui restera à jamais ineffable est désignée aussi dans tout nom d'une chose particulière.

Ainsi, en rappelant le Dieu absolument présent dans sa création et absolument transcendant, le Dieu omninommable et ineffable de Denys, le *De venatione sapientiae* reprend, après bien d'autres œuvres du cardinal, ce qui semble être le principe fondamental de son épistémologie et de sa sémiotique: l'échec de toute tentative humaine de connaître et de nommer l'essence. Toutes les choses en acte ne sont que des images de Dieu dont elles portent la ressemblance[6]. Toutefois les perfections créées ne sont que des similitudes disproportionnées (*similitudines impro-portionales*) de leur absolue actualité en Dieu. Le monde est, certes, un

---

[4] Comme le remarque Jasper Hopkins l'utilisation cusienne du *posse* associe, indéfiniment, la potentialité métaphysique aristotélicienne et la possibilité logique (p. 18).

[5] «In omnibus magnis et parvis omnia: et simul nullum omnium cum omnia magna et parva sint post posse fieri quod ipsa antecedit», *De venatione*, chap. 34, in *Werke*, p. 566.

[6] Dans le *Compendium*, 1, Cusanus souligne que les choses ne nous sont données que comme signes de l'être («Deinde negari nequit quin prius natura res sit quam sit cognoscibilis. Igitur essendi modum neque sensus neque imaginatio neque intellectus attingit cum haec omnia praecedat, sed omnia quae attinguntur quocumque cognoscendi modo illum priorem essendi modum tantum significant. Et hinc non sunt ipsa res, sed similitudines: species: aut signa eius», in *Werke*, p. 626). V. aussi *De possest*, 10.

livre écrit de la main divine, mais il est écrit dans une langue et avec des lettres inconnues. Comme un Allemand face au texte grec de Platon - et il est difficile de ne pas ressentir l'auto-ironie que Nicolas insuffle dans cette image - l'homme est condamné à reconnaître certaines ressemblances entre les caractères, tirer des conjectures fragiles de leurs combinaisons. Toutefois la quiddité du message lui échappe[7]. Il en est ainsi parce qu'on peut toujours trouver des images infiniment plus précises que les images données[8].

Il y a ici un paradoxe qui illustre bien la transformation subie par la théologie naturelle dans la philosophie cusienne. La fonction du créé est essentiellement sémiotique: les choses ne sont données que pour signifier Dieu. Mais en même temps ce rôle s'avère purement négatif: le signe n'est là que pour dire son insuffisance, pour nous inciter à le dépasser afin de nous tourner incompréhensiblement vers la vérité incompréhensible[9]. Cette déficience sémiotique s'explique par l'imperfection ontologique du monde. Le créé ne réalise jamais pleinement sa potentialité ontologique, seul Dieu est le *Possest*, autrement dit la possibilité actualisée, la possibilité en acte (*De venatione*, chap. 38)[10]. Le cercle concret ne pourra jamais pleinement réaliser la circularité intelligible; le soleil a beau être l'image de la cause universelle, il n'a avec elle, en fait, rien de commun (chap. 5 & 7). Il est donc clair que les similitudes et les images nous sont données avant tout pour que nous prenions conscience de ce que l'original qui se reflète en ces miroirs leur est infiniment supérieur[11]. Cela ne veut pourtant pas dire que la création soit le ré-

---

[7] *De Genesi*, 4. V. Fernand Hallyn, «Le livre du monde chez Nicolas de Cues», in *Le Sens des formes. Etudes sur la Renaissance*, Genève, Droz, 1994, pp. 247-256.

[8] *De docta ignorantia*, 1, 11, 30. Une seule exception concevable pour Cusanus, mais qui en fait confirme la règle: le Christ comme image du Père. V. aussi *De beryllo*, 19. Sur le rôle du Christ comme nexus des paradoxes de Cusanus v. H. Lawrence Bond, «Nicholas of Cusa and the Reconstruction of Theology: the Centrality of Christology in the Coïncidence of Opposites», in *Contemporary Reflections on the Medieval Christian Tradition. Essays in honor of Ray C. Petry*, éd. George H. Shriver, Durham, N.C., Duke University Press, 1974, pp. 81-94.

[9] V. *Compendium*, 13-14; *Apologia*, 11.

[10] V. aussi *De Beryllo*, 13-14.

[11] «In bonitate enim sua notionali cognoscit eius bonitatem cuius est ymago maiorem quam concipere aut cogitare possit, sic intuendo in suam magnitudinem omnia intellectualiter ambientem: cognoscit exemplarem dei sui magnitudinem ambitum que

quisitoire de la déchéance originelle de l'homme travaillé par l'angoisse du salut. Au contraire, il s'ensuit de là le dépassement continuel de l'intellect humain, avide de trouver ce qui puisse combler son infini désir: un Dieu, tel qu'on ne puisse pas trouver de plus grand. Néanmoins un tel Dieu sera hors d'atteinte tant que l'on n'embrasse la docte ignorance, cette nescience salvatrice qui sape à la racine toute possibilité de savoir rationnel[12]. En conséquence, puisque l'essence et même le *quia est* de Dieu nous échappent, les essences et le *quia sunt* des choses sont totalement ignorées[13]. L'intellect humain qui possède juste les espèces formelles des choses est nettement disjoint de Dieu qui en détient les formes essentielles[14].

Parallèlement à ce handicap épistémologique, nous sommes touchés par l'incapacité sémiotique: «dans la mesure même où la raison de l'homme n'atteint pas à la quiddité des œuvres divines, les mots sont également impuissants»[15]. Car, les noms ayant été imposés par le premier homme selon sa raison, et la raison humaine étant incapable d'atteindre

illius est imago excedere, quia ipsius non est finis, ita de reliquis cunctis» - *De venatione*, chap. 17, in *Werke*, p. 541.

[12] *De venatione sapientiae*, chap. 12, in *Werke*, pp. 533-534.

[13] Dans un traité antérieur, le *Complementum Theologicum*, 2, Cusanus décrit le mouvement de notre intellect comme la progression à jamais incessante du *quia est* vers le *quid est* qui est la perfection de la connaissance. Ce mouvement infini suit une ligne dont la rectitude et la circularité coïncident. Il en est ainsi parce que le «pourquoi» de l'investigation (*quia est*) qui est la foi, se retrouve dans son point d'aboutissement révélateur de l'essence (*quid est*): «Est autem motus mentis quasi per lineam rectam pariter et circularem. Nam incipit a quia est seu fide: et pergit ad videre seu quid est. Et licet distent quasi per infinitam lineam: tamen motus ille quaerit compleri et in principio reperire finem et quid est scilicet ubi quia est et fides. Hanc enim coincidentiam quaerit: ubi principium motus et finis coincidunt. Et hic motus est circularis. Unde mens speculativa: rectissimo motu pergit ad coincidentiam maxime distantium», in *Opera*, Parisis, in aedibus Ascensiansis, 1514, f° xciii r°.

[14] *De venatione sapientiae*, chap. 29, in *Werke*, pp. 558-559: «Sicut enim visus in sua virtute et potentia non habet nisi visibiles species seu formas, et auditus audibiles, ita et intellectus in sua virtute et potentia non habet nisi formales species. Deus vero solus in sua virtute et potentia causali continet omnium rerum essentias et essentiales formas...»

[15] Ed. Maurice de Gandillac, p. 252. «Si de vi vocabuli diligentius scrutandum est arbitror vim illam que in nobis est omnium rerum exemplaria notionaliter complicantem quam mentem appello nequaquam proprie nominari, *quemadmodum enim ratio humana quidditatem operum dei non attingit, sic nec vocabulum*», *Idiota de mente*, 2, 58, in *Werke*, pp. 238-239. V. aussi, chap. 33, in *Werke*, pp. 564-565.

les essences des choses, il est toujours possible de trouver des noms plus précis. Quiconque connaîtrait le nom de l'essence de la chose en détiendrait la science parfaite. Plus même, savoir avec précision le nom d'une seule chose se résume forcément à les connaître toutes, puisque cela équivaudrait à atteindre Dieu qui est la précision même[16]. Mais puisque cette connaissance ne nous est pas donnée, notre débat sur la quiddité des choses est en quelque sorte purement verbal, car la diversité conflictuelle qui le génère ne se situe pas dans les essences mêmes, mais dans leurs multiples figurations[17]. De là s'ensuit la nécessité de nier tout nom conféré par l'homme à la divinité.

En évoquant ce principe de la théologie négative, Cusanus se réfère au commentaire des *Noms divins* de Thomas d'Aquin. Le point de départ des deux penseurs semble être identique: les noms de Dieu manifestent les processions des perfections divines dans les créatures, perfections que Dieu lui-même transcende. Les conclusions qui en sont tirées prennent pourtant deux orientations différentes. Selon Thomas, il s'agit non de décrire l'essence divine, mais de louer le Seigneur par les noms des perfections dont il est la cause. Cusanus, en revanche, souligne que notre recherche de la sagesse ineffable aboutit au silence:

> Cependant notre recherche de la sagesse ineffable, antérieure à celui qui impose les noms et à toute chose nommable, est à retrouver plus dans le silence et la vision, que dans la verbosité et l'audition.[18]

Le langage négatif est donc pour Cusanus le corollaire de la chasse à la sagesse. Ce qui est particulier pour la pensée du cardinal est l'exas-

---

[16] *Idiota de mente*, 3, 69 (in *Werke*, pp. 242-243): «Nam deus est cuiuscumque rei precisio, unde si de una re precisa scientia haberetur omnium rerum scientia necessario haberetur, sic si precisum nomen unius rei sciretur: tunc et omnium rerum nomina scirentur, quia precisio citra deum non est, hinc qui precisionem unam attingeret deum attingeret qui est veritas omnium scibilium», dans l'éd. de Maurice de Gandillac, p. 260.

[17] «Unde in substantifica ratione rerum non est dissentio, sed in vocabilis ex variis rationibus varie rebus attributis: et in configuratione essentie rei que similiter varia est, omnis est disputantium diversitas ...», *De venatione sapientiae*, chap. 33, p. 564.

[18] «Sed hec nostra inquisitio ineffabilis sapientie que praecedit impositorem vocabulorum et omne nominabile potius in silentio et visu: quam in loquacitate et auditu reperitur...» - *De venatione sapientiae*, in *Werke*, p. 565. V. aussi Thomas d'Aquin, *Comm. div. nom.*, 5, 1, surtout pp. 345-347.

pération de cette poursuite de la transcendance. Il s'agit d'arracher de toute chose concrète ses déterminations particulières - qui sont en fait des négations -, de faire sauter ses limites pour tendre vers l'Etre éternel et indéfini (*esse interminum seu eterminum sive aeternum*)[19]. Il y a là un effort non seulement de surimposer au sensible la négativité qui est le propre de la raison, de concevoir cette chaleur sans chaleur, le parfum sans parfum dont se souviendront les évangéliques français, tels que Guillaume Briçonnet et Marguerite de Navarre[20]. Il importe de pousser l'investigation le plus loin possible, vers le Non-Autre, antérieur à l'Un, l'Etre, le Vrai etc[21]. Car l'Un est autre que le multiple et l'Etre ne peut être autre qu'une chose qui est: ils sont incapables de nous diriger vers le Premier Principe de Tout. Ce rôle est le mieux rempli par le Non-Autre qui désigne Dieu comme la forme des formes, la limite des limites qui définit toute chose[22]. Est-ce à dire que nous sommes enfin parvenus à nommer adéquatement Dieu? Certainement non. Il ne s'agit que du nom de notre concept du Premier Principe, un nom dont l'absurde tautologie - le Non-Autre «n'est pas autre que le Non-Autre» - rappelle en même temps la circularité de la *negatio negationis* eckhartienne ainsi que toute la tradition qui s'efforce à dire négativement l'absolu. Car, comme le souligne Cusanus, poser le Non-Autre n'équivaut pas à considérer l'Identique. C'est, de nouveau, tendre vers l'au-delà de la parole et de la pensée, puisque l'Identique ne pouvant être autre qu'Identique, le Non-Autre le précède et le comprend.

Face à cette constante fuite en avant du discours, comment comprendre l'image de la chasse qui sous-tend le traité de Cusanus et qui semble évoquer la solide structuration de l'allégorisme médiéval? Cusanus prévient rapidement son lecteur de ne pas faire trop confiance à cette figuration: là aussi, il s'agit d'une «conjecture»[23]. Comme toute

---

[19] *De possest*, 68-71, éd. Jasper Hopkins, pp. 144-146.

[20] V. mon livre *«Signes dissimilaires». La quête des noms divins dans la poésie française de la Renaissance*, Genève, Droz, 1997, pp. 33-89.

[21] *De Li Non Aliud*, 4, 13-14, éd. Jasper Hopkins, *De li non aliud. Nicholas of Cusa on God as Not-Other*, Minneapolis, University of Minnesota Press, 1987. Ce traité est absent de l'édition de Lefèvre des œuvres du cardinal.

[22] *De Li Non Aliud*, 10, 40 ainsi que 22, 99. V. aussi *De venatione sapientiae*, chap. 14, in *Werke*, pp. 536-538.

[23] *De venatione*, chap. 7, in *Werke*, p. 527.

affirmation, elle prend son origine dans l'esprit de l'homme, tout comme le monde réel découle de la raison divine[24]. Quelles sont les possibilités qu'a la conjecture d'élucider la vérité des essences des choses? Pour répondre à cette question il importe de comprendre comment Cusanus conçoit le jeu spécifique de l'unité et de l'altérité. En effet, l'unité de la vérité inaccessible se fait connaître par l'altérité de la conjecture. Autrement dit: «La conjecture est une assertion positive, participant dans l'altérité à la vérité telle qu'elle est...»[25].

Or l'unité et l'altérité peuvent être représentées comme deux pyramides qui s'interpénètrent pour toucher par leur sommet la base de la pyramide adverse (fig.1). Il s'agit de la «figure paradigmatique» de Cusanus, où l'unité descend dans l'altérité et où l'altérité tend vers l'unité. Ces deux principes sont symbolisés par deux pyramides: celle de la «lumière formelle» appuyée sur la base de l'unité et celle de l'ombre, s'élevant à partir de la base de l'altérité[26]. Atteignant par les points de leur sommet les bases opposées, ces triangles s'entre-pénètrent formant ainsi une zone intermédiaire. C'est là, proprement, le domaine des créatures étendues entre l'Unité de Dieu et l'Altérité du Rien. Mais la «Figure Paradigmatique» n'est pas paradigmatique sans cause: elle sert non seulement à penser les rapports entre Dieu et le Néant, mais aussi ceux entre l'indivisibilité et son opposé, l'esprit et le corps, l'acte et la potentialité, l'art et son produit, etc. Cette représentation qui est la version cusienne de la procession et de la conversion néo-platoniciennes ne renouvelle cependant pas la pulsation radieuse d'un univers fait d'émanations et de retours vers le centre. Car les points où les sommets touchent les bases des pyramides adverses sont en fin de compte des «non-figures» géométriques, de même que l'unité n'est pas un nombre. Comme nous le savons, le cercle sensible n'atteindra jamais la précision idéelle du cercle intelligible. Notre intellect ne pourra jamais concevoir

---

[24] *De conjecturis*, 1-2.

[25] «Coniectura igitur est positiva assertio in alteritate veritatem uti est participans...» - *De conjecturis*, 1, in *Werke*, p. 140.

[26] *De coniecturis*, 11, chap. *De unitate et alteritate* suivi de son *Explicatio*, in *Werke*, pp. 133-138.

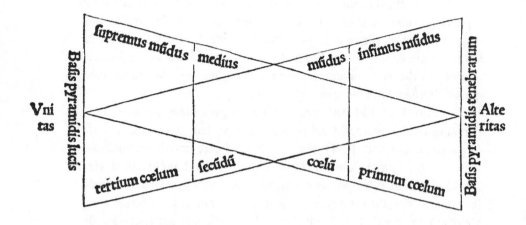

Fig. 1: Figura Paradigmatica. Cusanus, *Haec Accurata Recognitio Trium Voluminum, Operum Clariss. P. Nicolai Cusae*, éd. Jacques Lefèvre d'Etaples, Paris, Badius Ascensius, 1514.

l'intelligible «tel qu'il est», l'identité restera à jamais inaccessible, bien qu'elle puisse être indéfiniment approchée[27].

Or ce mouvement est graduel: les sens ressentent leur altérité dans l'unité de la raison. Elle-même, à son tour, se trouve étrangère à la radicale unité de l'intelligence. Le passage d'un niveau à l'autre n'a rien de la douceur radieuse propre au néo-platonisme. Il s'agit plutôt d'une dramatique transgression pendant laquelle les oppositions de plan inférieur se retrouvent, «compliquées», dans l'unité supérieure. Cela est

---

[27] Comme le souligne Pauline Moffitt Watts, l'homme de Cusanus, souverain dans son univers conjecturel, est condamné à affronter sa propre idée de la création et de Dieu, jamais la création et Dieu eux-mêmes (*Nicolaus Cusanus. A Fifteenth Century Vision of Man*, Leiden, E. J. Brill, 1982, p. 86).

particulièrement vrai de la raison, relevant de l'inférence logique et dépassée par l'intelligence, qui, elle, reste assimilable à la vision mystique de l'extase. La rupture est ici si radicale que Cusanus va jusqu'à comparer leur rapport à celui de Dieu et de l'intelligence humaine[28]. Il en résulte une mystique certes, anti-rationnelle, mais en même temps foncièrement intellectuelle, où la spéculation abstraite est particulièrement valorisée par rapport aux ressources de la volonté et de l'affectivité humaine[29].

Cependant, aucune proportion n'existe entre l'intellect humain et Dieu. L'insistance avec laquelle Cusanus souligne ce principe compromet d'avance toute tentative de concevoir une analogie entre le créé et la transcendance: «Il est également inintelligible que Dieu puisse se manifester à nous à travers les créatures visibles, car ce ne peut être selon les modalités de notre propre entendement»[30]. En effet, notre entendement assume constamment des formes nouvelles, ce qui est évidemment exclu dans le cas de Dieu, la Forme des formes. L'infini, en tant qu'infini, échappe à toute relation comparative (*Doct. ign.*, 1, 1, 3)[31].

Répondant à l'attaque de son adversaire scolastique, Johannes Wenck, Cusanus réitère ce même principe: la vérité n'est pas atteinte par le moyen de similitude[32]. Il en est ainsi en vertu de l'infinie perfectibilité

---

[28] *De coniecturis*, 1, chap. *De sedunda untiate*, in *Werke*, pp. 127-129. Eugene R. Rice remarque comment Lefèvre suit Cusanus en distinguant la raison de l'intellect et en assimilant ce dernier à la foi («Lefèvre d'Etaples and the Medieval Christian Mystics», in *Florilegium Historiale. Essays Presented to Wallance K. Ferguson*, Toronto, Toronto University Press, 1971, p. 102).

[29] A ce propos, v. la polémique sur la nature intellectuelle ou affective de la théologie mystique présentée par E. Vansteenberghe, *Autour de la Docte Ignorance. Une controverse sur la théologie mystique au XVe siècle, Beiträge zur Geschichte der Philosophie des Mittelalters. Texte und Untersuchungen*, 2-4 (1915).

[30] «Neque potest intelligi, quomodo Deus per creaturas visibiles possit nobis manifestus fieri; nam non sicut intellectus noster...» - *Doct. ign.*, 2, 2, 103, éd. Maurice de Gandillac, p. 108.

[31] Dans l'introduction à son édition de la *Docte ignorance*, Jasper Hopkins note l'aversion de Cusanus pour le terme «analogie», Minneapolis, The Arthur J. Banning Press, 1981, p. 15.

[32] «Sunt enim omnes similitudines quas sancti potiunt: etiam divinissimus dyonysius penitus improportionales, et omnibus non habentibus doctam ignorantiam huius scilicet scientiam: quod sunt penitus improportionales potius inutiles quam utiles» - *Apologia doctae ignorantiae*, 35, in *Werke*, p. 114, éd. Jasper Hopkins, pp. 60-61. V. aussi

de la connaissance. A une similitude donnée on peut en juxtaposer
toujours une plus grande, tout comme on peut infiniment diviser un
segment de droite. Cette incapacité épistémologique semble découler de
la conception mystique d'un Dieu d'autant plus proche qu'il est ressenti
comme lointain (*Apol.*, 13)[33].

Mais une telle vision de la transcendance est fondamentalement
incompatible avec la logique, et tout particulièrement avec le principe
aristotélicien de la non-contradiction[34]. Johannes Wenck l'a très bien
compris en accusant la philosophie cusienne de mettre en péril l'existence de toute science et de celle d'Aristote en particulier. Dans sa
critique se reflète comme au négatif ce qui dans la pensée de Cusanus
restait inacceptable pour un théologien scolastique. Tout d'abord Wenck
souligne que toutes les autorités s'accordent sur la nécessité des images
symboliques dans notre processus de connaissance. Si, comme le veut la
Docte ignorance, nous percevions «incompréhensiblement l'incompréhensible» (*incomprehensibilia incomprehensibiliter apprehen-
deremus*) le principe de non-contradiction serait totalement compromis[35].
En outre, en reposant sur la coïncidence des contraires, la docte
ignorance supposerait une union essentielle des créatures et du Créateur,
une hérésie qui sent de loin l'influence néfaste d'Eckhart et qui n'est pas
sans rappeler les doctrines des beghards. D'autre part, Cusanus affirme
que la vérité précise, puisque infinie, ne peut être connue par l'entendement fini de l'homme. En le disant, il oublie que l'effet porte une
similitude avec sa cause, que la vérité précise est proportionnelle aux
vérités imprécises et que Dieu peut être connu «en image» dans la
ressemblance dont il a marqué les créatures.

De toute évidence, la logique de Wenck préfère étager entre le connu
et l'inconnu des stades intermédiaires, peser les différences et les
ressemblances, mesurer les proportions. Elle ne peut admettre que Dieu

---

Apologia, 28.

[33] Une conception qui fait penser au «Loin-Près» de Marguerite Porete, tellement
chère à Marguerite de Navarre.

[34] Comme le souligne Enrico Berti, ce principe est intentionnellement transgressé
par Cusanus («'Coincidentia oppositorum' e contraddizione», in *Concordia discors.
Studi su Niccolà Cusano e l'umanesimo europeo offerti a Giovanni Santinello*, éd.
Gregorio Piaia, Padova, Editrice Antenore, 1993, pp. 105-127).

[35] Johannes Wenck, *De Ignota Litteratura*, 21-30.

puisse être *en même temps* connu et inconnu, immédiatement présent et infiniment distant. C'est pourquoi, dans sa réplique, Cusanus insiste sur la distinction entre le domaine de la science et celui de la révélation mystique (*Apol.*, 14-15). La docte ignorance, effet d'un don divin que Cusanus a reçu avant de l'avoir approfondi par l'étude de la théologie négative de Denys et d'Augustin, appartient nettement à cette seconde sphère. Ni l'inférence, ni surtout le principe de non-contradiction ne sont détruits au niveau de la raison, où les opposés sont nettement démarqués. Même un chien raisonneur fait usage de ces instruments logiques. Mais dans le domaine de l'intellect, qui est le lieu propre de la docte ignorance, le raisonnement discursif cède devant la vision mystique, cette même vision dont saint Paul en extase a fait l'indicible expérience. Là, l'unité et la pluralité, le point et la ligne, le centre et le cercle coïncident. C'est précisément l'incompréhension de la coïncidence des contraires qui a empêché les autres commentateurs de comprendre pleinement la théologie dionysienne, de voir que par une impossibilité nécessaire elle mène droit vers la ténèbre qui est lumière[36]. Cet aveuglement est dû, naturellement, à Aristote qui n'a pas eu suffisamment de persévérance et de courage pour poser l'existence d'un principe antérieur aux réalités contradictoires. C'est pourtant là, dans cette privation de toute opposition que l'arc et la corde minimaux coïncident, que la dualité de l'aigu et de l'obtus se retrouvent dans la simplicité de l'angle droit. Pour y parvenir il aurait fallu cependant que le Stagirite sache contempler la vérité qui dépasse la raison discursive, qu'il atteigne l'Esprit, ce principe synthétisant le Père et le Fils[37].

En somme, Cusanus reproche à Aristote de ne pas avoir posé la privation comme antérieure, plus fondamentale que l'opposition de la matière et de la forme. La coïncidence des contraires n'est donc évoquée que pour être transgressée aussitôt vers une négativité primordiale. Par une telle démarche de sa pensée, Cusanus rend caducs les problèmes

---

[36] Tels sont les reproches que Cusanus adresse à Albert le Grand dans une note marginale qu'il ajoute au commentaire des *Noms divins* rédigé par le théologien de Cologne *(Cusanus-Texte, III. Marginalien: 1. Nicolaus Cusanus und Ps. Dionysius im Lichte zer Zitate und Randbemerkungen des Cusanus),* Heidelberg, Carl Winter, 1941, p. 102, cité par James E. Beichler, *The Religious Language of Nicholas of Cusa,* Missoula, Mont., American Academy of Religion and Scholars Press, 1975, p. 141. V. aussi *De Beryllo,* 21.

[37] *De Beryllo,* 25, ainsi que *De Li Non Aliud,* 88.

philosophiques tels que les futurs contingents ou la puissance absolue de Dieu, qui étaient de première importance pour ses contemporains. De nouveau l'objectif est d'ordre spirituel: pour devenir christoforme, le croyant doit vivre le mystère de la croix où l'humiliation maximale coïncide avec la suprême exaltation. Et de nouveau Johannes Wenck ne peut admettre une pensée qui «déifie toute chose, annihile toute chose, suppose que l'annihilation est déification»[38].

D'ailleurs Dieu le Non-Autre, qui - comme le souligne Denys - est l'opposition des opposés, reste à chercher au-delà du mur du Paradis où les contradictoires coïncident, ce mur de l'absurdité qui est tout et rien[39].

> Je dois donc, Seigneur, aller au-delà du mur de la vision invisible où je pourrais Te trouver. Or, ce mur est tout et rien en même temps.[40]

Dieu est au-delà de l'affirmation et de la négation, au-delà de toute opposition. Certes, un angle maximal cesse en quelque sorte d'être un angle s'assimilant à une droite: Denys ne dit-il pas que celui qui s'élève vers Dieu trouve plutôt rien que quelque chose[41]? Toutefois, Dieu dépasse en fait aussi bien l'Etre que le Non-être. Non seulement parce que dans l'ordre de la création, Dieu est antérieur au Non-être, tandis que

---

[38] *De Ignota Litteratura*, 35; *De docta ignorantia*, 3, 6, 220; *De Possest*, 31-32 où Cusanus souligne la nécessité de dépasser la sagesse de ce monde et de désespérer de ses propres forces. V. aussi Pauline Moffitt Watts, *Nicolaus Cusanus. A Fifteenth-Century vision...*, pp. 46-48.

[39] *Apologia*, 15. V. aussi *De docta ignorantia*, 1, 4, 12; 1, 16, 43; 1, 19, 57; 1, 24, 76; *De conjecturis*, 6 et 9; ainsi que *De Visione Dei*, 10, (éd. Jasper Hopkins, *Nicholas of Cusa's dialectical mysticism...*, Minneapolis, The Arthur J. Banning Press, 1985). L'abandon progressif de l'affirmation, et ensuite de la négation est sensible dans les notes que Cusanus ajoute au commentaire de Proclus sur le *Parménide* de Platon (tranduction de Guillaume de Mœrbeke, éditée par Carlos Steel avec les *marginalia* du Cod. Cusano 186, Leiden, Leuven, E. J. Brill, Leuven University Press, 1982).

[40] «Oportet igitur me, domine, murum illum invisibilis visionis transilire, ubi tu reperieris. Est autem murus omnia et nihil simul» - *De Visione Dei*, 12, 49.

[41] *Complementum theologicum*, 12, de même que *De docta ignorantia*, 1, 17, 51. Le polygone inscrit dans le cercle fournit une autre illustration. Si ce polygone devait être «maximal», autrement dit infini, il cesserait d'être un polygone et deviendrait cercle. De même l'intellect humain: s'il était capable d'actualiser toute sa potentialité, il deviendrait Dieu Lui-même. Comme on le sait cependant, aucune créature ne parviendra jamais à être le *Possest*, la potentialité actualisée: la quadrature du cercle ne sera jamais réalisée.

les créatures lui sont postérieures. Mais surtout parce qu'il est à chercher là où l'ignorance est science parfaite, le Non-être est nécessité d'Etre, et où le nom de toute chose est ineffable[42].

En effet, tout nom que la raison humaine puisse forger est potentiellement impliqué dans une opposition. Fatalement bloquée par le principe de la non-contradiction, la conceptualisation rationnelle s'avère infiniment insuffisante. Dès lors le rôle de l'intellect est de nous projeter dans cet au-delà de la pensée où même le silence s'avère impuissant. Même maintenir que Dieu est tout dans tout et rien dans rien demeure aussi d'une déconcertante imprécision. C'est pourquoi le discours de Cusanus s'enlise consciemment dans les contradictions multipliées par un effort inéluctablement vain de dire l'indicible:

> Cependant, on parle de Dieu d'une façon plus précise lorsqu'on affirme que Dieu réside dans la lumière inaccessible à l'intellect, au-delà de toute affirmation et de toute négation, au-delà de toute position et de toute dénégation, au-delà de toute opposition, de tout changement et de toute stabilité (comme je l'ai déjà amplement dit ailleurs). Et, puisque parler de la sorte de Dieu ineffable est parler par une parole qui est au-dessus de toute parole et de tout silence, en laquelle se taire est parler, cette parole n'est pas de ce monde, mais du règne éternel.[43]

Tout porte à croire que la vertu majeure des signes selon Cusanus est celle d'être abandonnés, comme tout ce qui est de ce monde, sur le

---

[42] «Ibi ignorantia est perfecta scientia, ubi non-esse est essendi necessitas, ubi ineffabile est nomen omnium nominabilium» - *De possest*, 53. Sur le Dieu de Cusanus en qui l'être et le non-être coïncident et qui, en même temps dépasse cette coïncidence, v. l'introduction de Jasper Hopkins à cette édition, p. 21. Sur Dieu transcendant le non-être, v. *De Li Non Aliud*, 12 et 24.

[43] «Praecisius tamen loquitur de ineffabili deo, qui ipsum super omnem affirmationem et negationem, super omnem positionem et abnegationem, super omnem oppositionem, transmutationem et intransmutationem inaccessibilem lucem intelligentiae inhabitare affirmat, ut de hoc alibi diffusius. Et quoniam sic loqui de deo ineffabili est loqui loquela, quae est super omnem loquelam et silentium, ubi silere est loqui, non est haec loquela de hoc mundo, sed est regni aeterni» - *De dato patris luminum*, 3, 107, éd. Jasper Hopkins, *Nicholas of Cusa's Metaphysic of Contraction*, Minneapolis, The Arthur J. Banning Press, 1983, p. 123. V. aussi *De docta ignorantia*, 1, 24, 76. Dans *De docta ignorantia*, 2, 13, 180 Cusanus évoque l'image biblique d'un Dieu qui parle à travers les choses, muettes par nature. V. aussi *Apologia*, 7-8, de même que *De visione Dei*, 6, 22.

chemin extatique qui mène le croyant à la vision directe du Christ. Cette *facialis ostensio* ne peut être atteinte qu'au prix du dénuement de tout symbolisme (*De possest*, 39). Le symbolisme mathématique, tellement favorisé par le cardinal, participe pleinement à cette dissolution des signes.

En effet s'il est impossible de concevoir Dieu, du moins pouvons-nous connaître le chemin qu'une telle conception devrait emprunter. Elle nous est clairement montrée grâce à la spéculation mathématique. Par les figures mathématiques finies, nous accédons aux figures mathématiques infinies, pour passer de là, par une transgression intellectuelle encore plus haute (*adhuc altius*), à l'Infini simple. Un segment de ligne concret permet d'envisager une ligne infinie, une ligne qui est simultanément le tout et le rien de la linéarité, à qui le nom «ligne» ne convient plus[44]. Il serait cependant vain de croire accéder à partir des mathématiques à la «vérité précise» des choses. Celles-ci nous sont connues à partir de l'«énigme» et du «miroir» des mathématiques[45]. Il ne s'agit pourtant que de «figures» produites par la raison humaine, radicalement différentes des formes essentielles, fruits de la création divine.

Cependant, si la connaissance des essences nous échappe, la «science énigmatique» n'est pas totalement vaine. Les entités rationnelles et formes artificielles sont les similitudes de l'intellect humain dont elles sont issues, tout comme les entités réelles et les formes naturelles le sont par rapport à l'intellect divin. L'intellect humain est la similitude de l'intellect divin créateur. Par conséquent, on peut affirmer que l'homme crée les similitudes des similitudes de l'intellect divin et en donne ainsi la mesure, quoique indirectement, par la puissance de ses propres œuvres. Le plus important est toutefois que l'homme a aussi une vue suffisamment perçante pour constater que l'«énigme» est juste une

---

[44] *De docta ignorantia*, 1, 12, 33; *De possest*, 25. Dans son épître dédicatoire des œuvres de Cusanus, adressée à Denis Briçonnet (frère de Guillaume), Lefèvre d'Etaples souligne les talents mathématiques du cardinal allemand (Eugene F. Rice, *The Prefatory Epistles of Jacques Lefèvre d'Etaples and Related Texts,* New York, London, Columbia University Press, p. 345). Le même dépassement de l'image peut être observé dans *De visione Dei*, 7, 23.

[45] «...ex aenigmate et speculo cognitae mathematicae», *De possest*, 43.

«énigme» de la vérité. Or est vérité ce qui ne peut être représenté par aucune énigme[46].

Tout comme dans le cas de l'ontologie et de l'épistémologie, de même dans le domaine sémiotique Cusanus agence savamment une contradiction dont il importe de ne pas détruire le paradoxal équilibre. La créativité culturelle de l'homme est le miroir de la création divine, à condition de ne pas perdre de vue le gouffre infini qui les sépare. Ainsi s'élance vers la transcendance une sémiosis qui, aussi illimitée soit-elle, n'atteindra jamais l'objectif auquel elle aspire. De signe en signe, d'image en image, toujours plus proche de l'original transcendant, mais toujours infiniment distant, le langage dit son aliénation par rapport au Non-Autre.

C'est pourquoi la symbolisation n'a pas de fin: *aenigmatum nullus est finis*. C'est pourquoi aussi, Dieu est «ineffablement nommable» (*innominabiliter nominabile*), omninommable[47]. Il l'est pour la même raison pour laquelle il est ineffable: parce qu'il transcende toute contradiction. Son nom n'est pas plus un nom individuel qu'un nom universel de tout et de rien. En fin de compte n'importe quel nom lui convient, à condition que l'on n'essaye pas de limiter son infinie potentialité[48]. Pour ce faire il faut transformer la nomination en tautologie. Pour avoir de Dieu une conception vraie, il faut considérer la Vérité même; pour le juger justement, il est indispensable de poser la Justice etc.: «Car bien qu'il dépasse toute signification, Dieu se signifie par toute signification quel que soit le mot qui l'exprime»[49].

Les noms divins sont donc, en quelque sorte, indifférents. Leurs divers degrés de bassesse ou de noblesse, leur littéralisme ou leur caractère métaphorique s'estompent devant l'«infinie puissance d'appellation de toutes les appellations»[50]. C'est l'«infinie puissance» donc, plutôt

---

[46] «Habet autem visum subtilissimum per quem videt enigma esse veritatis enigma ut sciat hanc esse veritatem que non est figurabilis in aliquo enigmate» - *De Beryllo*, 6, in *Werke*, p. 711.

[47] *De possest*, 58; *De docta ignorantia*, 1, 5, 13.

[48] «Non refert igitur quomodo deum nomines, dummodo terminos sic ad posse esse intellectualiter transferas» - *De possest*, 11. V. aussi 26 de même que *De Beryllo*, 27.

[49] «...deus in omni terminorum significtione significatur: licet sit insignificabilis» - *Idiota de sapientia*, II, in *Werke*, p. 227, éd. de Maurice de Gandillac, p. 234.

[50] *Idiota*, 3, 3 ainsi que *De docta ignorantia*, 1, 24, 79.

que la causalité thomiste ou la radiation de la bonté ficinienne qui fonde le caractère omninommable du Dieu de Cusanus[51]. Dieu n'est pas l'Etre, comme il n'est pas le Bien; il n'est même pas le Non-Etre. Non-Autre, le *Possest*...les négations s'accumulent, les «énigmes» se multiplient pour dire leur impuissance. Plus que toute autre lecture de la théologie dionysienne, la métaphysique de Cusanus fait appel à la créativité sémiotique de l'homme. Tout nom est l'image du Nom précis, si l'on oublie pas, toutefois, que l'image est toujours infiniment différente de l'original. La version cusienne de la théologie négative semble avoir profondément marqué les intellectuels français dans les premières décennies du XVIe siècle.

---

[51] Selon F. Edward Cranz, Cusanus utilise le «platonisme» de Denys et de Proclus, avec son assertion que Dieu est «au-delà de l'être» afin de purifier Dieu de l'identification augustinienne avec l'être. Il ne le fait cependant pas pour concevoir Dieu comme l'Un platoniciem , mais pour fonder sa conception de Dieu comme Puissance en soi («The Transmutation of Platonism in the Development of Nicolaus Cusanus and of Martin Luther», in *Nicolo' Cusano agli inizi del mondo moderno*, Firenze, G. C. Sansoni Editore, 1965, p. 97).

CHAPITRE V

«*NIHIL NIHIL EST*», LE NEANT DIT L'ETRE
CHARLES DE BOVELLES

Quelques dix siècles après le Pseudo-Denys, et un demi-siècle après Cusanus, le théologien français, Charles de Bovelles, consacre un de ses livres majeurs à la Ténèbre de Dieu - le *Divinae Caliginis liber* (1526). Lui aussi, il entreprend l'éloge des signes dissimilaires du divin (chap. 32-33). Conformément à l'argumentation de Denys, ils préviennent le fidèle de s'attarder dans la sphère du sensible et le renvoient à Dieu. La même question, mais présentée dans une optique légèrement différente, est abordée dans une lettre adressée au maître de Bovelles, Jacques Lefèvre d'Etaples. Il s'agit de savoir comment on peut parler de l'Eternité divine. Selon Bovelles, il est possible d'user des termes (*nomina*) qui désignent le temps d'une façon positive, mais en les rapportant à l'Eternité par une sorte de suppression, en les vidant de significations temporelles. On obtient ainsi les «similitudes dissem-blables» de Denys l'Aréopagite qui situent *excellenter et cuiusdam ablationis modo* les réalités sensibles et inférieures dans celles qui sont spirituelles. Et pour mieux encore illustrer son propos, Bovelles ajoute l'exemple du cercle qui, étant la finalité et la limite où convergent tous les polygones, consiste simultanément en un angle unique, en un nombre infini d'angles, de même qu'en leur totale absence.

Le motif de la coïncidence des contraires ainsi que l'exemplification du raisonnement par la spéculation mathématique sont ici à retenir comme les témoignages, parmi d'autres, de la dette de Charles de Bovelles envers Cusanus. Le philosophe français lisait Denys l'Aréo-pagite, la «ferme colonne des anciens théologiens», tout en ayant à l'esprit la métaphysique radicale du cardinal allemand[1]. Il n'était point en cela un

---

[1] Il reconnaît, par exemple, avoir emprunté à Cusanus la notion du «mur» de la ténèbre divine (*Divinae Caliginis...*, chap. 11). Il semble que Bovelles soit plus proche de la conception cusienne de la coïncidence des contraires que ne le suppose Maurice de Gandillac, «Lefèvre d'Etaples et Charles de Bouelles, lecteurs de Nicolas de Cues», in *L'Humanisme français au début de la Renaissance. Colloque International de Tours*

isolé. Tout au contraire, il appartenait à un milieu d'humanistes français unis par leur respect pour celui qu'ils considéraient comme le disciple de saint Paul, de même que par leur curiosité pour la mystique germanique en général et pour la théologie de Cusanus en particulier.

Jacques Lefèvre d'Etaples était certainement la figure centrale de ce cercle d'intellectuels. Tout comme Bovelles, il a poussé outre Rhin sa chasse des manuscrits. Parmi les fruits de ces voyages se trouve l'édition des *Noces spirituelles* de Ruysbroeck dans la traduction du fondateur des Frères de la Vie Commune, Gerard Groote[2]. Il y a là juste un indice de l'attention que Lefèvre d'Etaples et son milieu portait aux idéaux spirituels de la *devotio moderna*. Ceux-ci étaient propagés en France par des missionnaires flamands ainsi que par des écrits des Frères, telle que l'archipopulaire *Imitatio Christi* de Thomas a Kempis, longtemps attribuée à Gerson. Il est intéressant de noter que, pour réformer l'abbaye de Saint-Germain-des-Prés, le directeur spirituel de Marguerite de Navarre, Guillaume Briçonnet fait venir en 1513 trente religieux de la congrégation de Chezal-Benoît qui, elle-même, a été réformée auparavant par des émissaires des Frères de la Vie Commune. Dans les cellules libérées par les moines qui ont fui l'austérité de la nouvelle règle, s'installent les disciples de Lefèvre - Vatable, Roussel, Farel, Clichtove, Arande, etc. - qui ensuite rejoindront leur maître, l'évêque Guillaume Briçonnet, à Meaux pour former le groupe d'humanistes évangéliques dont l'influence idéologique rayonnera sur les lettres françaises de la première Renaissance[3]. Un autre butin rapporté du périple allemand par Lefèvre

---

(XIVᵉ stage), Paris, Vrin, 1973, pp. 155-171 et particulièrement p. 163.

[2] Augustin Renaudet, *Préréforme et Humanisme à Paris pendant les premières guerres d'Italie (1494-1517)*, Paris, Champion, 1916, pp. 600-601. Pour plus de détails sur l'influence de la *devotio moderna* et de la mystique germanique sur Lefèvre et les premiers humanistes français en général, v. C. Louise Salley, «Jacques Lefèvre d'Etaples: Heir of the Dutch Reformers of the Fifteenth Century», in *The Dawn of Modern Civilization. Studies in Renaissance, Reformation and Other Topics. Presented to Honor Albert Hyma*, Ann Arbor, University of Michigan Press, 1962, pp. 75-124; de même que Philip Edgcumbe Hughes, *Lefèvre, Pioneer of Ecclesiastical Renewal in France*, Grand Rapids, William B. Eerdmans Publishing Company, 1984, surtout p. 40 et suivantes.

[3] V. Marcel Gaudet, *La Congrégation de Montaigu (1490-1580)*, Paris, 1912, p. 38, cité par C. Louise Salley, p. 96; ainsi que Michel Veissière, *L'évêque Guillaume Briçonnet (1470-1534)*, Provins, 1986, pp. 81-85. L'arrivée de Lefèvre à Meaux date de 1521 (v. James Jordan, «Jacques Lefèvre d'Etaples: Principles and Practice of Reform

d'Etaples fut le recueil mystique illustré par les textes de Hildegard de Bingen, Elisabeth de Schönau, Mechthild de Hackeborn. A côté de l'instruction morale, les réformateurs évangéliques tels que Lefèvre, cherchent dans ces traités la révélation du sens spirituel des Ecritures corroborée par l'expérience authentique de l'extase[4].

Mais lorsque Lefèvre entreprend de tracer le projet idéal d'un programme d'éducation intellectuelle et spirituelle, par delà les sciences naturelles et l'éthique d'Aristote, par delà sa métaphysique, par delà même les Pères, il place Nicolas de Cues et Denys l'Aréopagite qui sont les meilleurs guides vers les hauteurs de la contemplation[5]. De toute évidence, Lefèvre croit fermement à la légende dionysienne. La publication des œuvres de l'Aréopagite représente donc pour lui le retour aux sources de l'Eglise primitive. Car, comme il avertit son «pieux lecteur» en lançant à Ficin un tacite reproche, Denys n'est pas un philosophe aristotélicien, épicurien, stoïcien, ni encore moins platonicien[6]. Il puise directement dans les sources de l'Ecriture; sa théologie est le *cibus solidus* de l'*Epître aux Hébreux*, 5, 14, cette «nourriture solide» destinée aux âmes mûres. Edité dès 1499, le *Corpus dionysianum* est donc au cœur de cette passion pour la théologie négative teintée de mysticisme

at Meaux», in *Contemporary Reflections on the Medieval Christian Tradition. Essays in Honor of Ray C. Petry*, éd. George H. Shriver, Durham, N.C., Duke University Press, 1974, pp. 95-115).

[4] *Liber trium virorum et trium spiritualium virginum...*, Paris, Henri Estienne, 1513. Pour une liste complète des mystiques publiés par Lefèvre et son cercle v. Eugene F. Rice, «Jacques Lefèvre d'Etaples and the Medieval Christian Mystics», in *Florilegium Historiale. Essays Presented to Wallance K. Ferguson*, Toronto, University of Toronto Press, 1971, pp. 89-124.

[5] *Politicorum libri octo...*, Paris, Henri Estienne, 1506, f° 123 v° - 124 r° (v. Eugene F. Rice, «Lefèvre d'Etaples...», pp. 90-91).

[6] «Et idcirco nolite eos audire qui eum nominant Platonicum. Sapientius cogitate. Est enim aliquid longe sublimius...» - l'épître liminaire à la *Theologia vivificans...*, l'édition de Denys l'Aréopagite par Lefèvre d'Etaples (v. *The Prefatory Epistles of Jacques Lefèvre d'Etaples and Related Texts*, éd. Eugene F. Rice, New York, London, Columbia University Press, 1972, p. 63. Lefèvre note que même Cusanus, pourtant le lecteur le plus perspicace de Denys, a commis cette erreur (p. 64) V. aussi Silano Cavazza, «Platonismo e riforma religiosa: la 'Theologia vivificans' di Jacques Lefèvre d'Etaples», *Rinascimento*, 22 (1982), pp. 99-149 et particulièrement pp. 117-120 sur la polémique implicite avec Ficin.

que vivent les intellectuels de l'entourage de Jacques Lefèvre d'Etaples[7].
Un de ses disciples, Josse Clichtove, qui commente aussi la théologie
négative de Jean Damascène éditée par le savant philologue, se charge en
1517 de rédiger une apologie de «saint Denys» dirigée contre ceux qui,
comme Valla et Erasme, doutent de l'authenticité des écrits de l'évêque
d'Athènes et de Paris[8].

En effet, rien ne nous seconde mieux dans notre cheminement vers le
sacré tabernacle de la pensée dionysienne que la théologie de Nicolas de
Cues. Telle est la conclusion de la lettre dédicatoire des œuvres du cardinal, adressée par Lefèvre d'Etaples en 1514 à Denis Briçonnet, frère de
Guillaume. Cusanus y est décrit comme le maître de la théologie intellectuelle qui, opposée à la théologie fondée sur la raison et celle
reposant sur les sens, aboutit au silence de l'ignorance suprême[9]. Cette
classification rappelle clairement la conclusion du *De Nihilo* de Bovelles
(1511), court traité sur le néant qui définit le mieux l'apport original de
Bovelles à la tradition de la théologie négative.

Cela n'est point étonnant, puisque Bovelles collabore avec Lefèvre
d'Etaples à l'édition des œuvres de Cusanus, dont la publication est
néanmoins le résultat du travail de toute une équipe d'érudits mandatés
par Lefèvre pour rechercher pendant plusieurs années les manuscrits
dispersés du cardinal[10]. Cet immense prestige dont jouissaient les textes

---

[7] Il s'agit de la version d'Ambroise Traversari. Eugene F. Rice cite 12 rééditions de
ce texte jusqu'en 1556.

[8] *Contenta. Theologia Damasceni. I. De ineffabili divinitate...*, Paris, Henri Estienne,
1507: 7 éditions jusqu'en 1548. Le commentaire de Clichtove est ajouté à la traduction
de Lefèvre d'Etaples dès la seconde édition de 1512. V. Jean-Pierre Massaut, *Critique
et tradition à veille de la réforme en France*, Paris, Vrin, 1974, pp. 179-229.

[9] «Ut intelligas, sapientissime pater, theologiam Cusae ad primam illam
intellectualem theologiam totam pertinere, et qua nulla magis iuvamur ad sacra Dionysii
Areopagitae adyta et eorum, qui generosius, augustius et sublimius de Deo philosophati
sunt, dicta conquirenda» - v. Eugene F. Rice, *The Prefatory Epistles...*, p. 346. Sur
l'influence de Nicolas de Cues sur le langage théologique de Lefèvre v. Guy Bedouelle,
Lefèvre d'Etaples et l'intelligence des écritures, Genève, Droz, 1976, surtout pp. 60-70,
où Bedouelle note que la tripartition de la théologie par Lefèvre vient du *Béryl*, IV, de
Cusanus. V. aussi Reinhold Weier, *Das Thema vom verborgenen Gott von Nikolaus von
Kues zu Martin Luther*, Münster, Verlag Aschendorff, 1967, pp. 12-60.

[10] *Haec Accurata Recognitio Trium Voluminum, Operum Clariss. P. Nicolai Cusae*,
Paris, Badius Ascensius, 1514, édition unique fournie par Lefèvre et que vient relayer
celle de Bâles, Henricus Petri, de 1565. V., par exemple, les lettres que Beatus Rhenanus

de Denys et ceux de Cusanus devait détacher en dehors du groupe d'intellectuels occupés à les publier. En effet, on retrouve constamment Denys et Cusanus dans les lettres échangées par l'évêque Guillaume Briçonnet et Marguerite de Navarre, de même que sur les pages des traités didactiques que le précepteur de François Ier, Jean Thenaud, adresse à son roi[11].

Au cœur du *De Nihilo* se trouve le récit de la création du monde. Paradoxalement, celle-ci est présentée de prime abord surtout comme un acte d'agression par laquelle Dieu détruit, repousse le Rien d'avant la création[12]. Comme le montre une gravure placée en frontispice du traité, Dieu est le verrier qui insuffle dans le globe de l'univers son esprit, gonfle la sphère du monde en forçant en quelque sorte le Néant vers les marges inférieures de l'image (fig.2)[13]. Avant la création, le Rien occu-

---

adresse à Reuchlin au nom de Lefèvre d'Etaples, et qui portent sur le prêt des manuscrits de Cusanus en vue de l'édition parisienne des œuvres du cardinal (Robert Walter, *Beatus Rhenanus. Citoyen de Sélestat, ami d'Erasme. Anthologie de sa correspondance*, Strasbourg, Librairie Oberlin, 1986, pp. 83-99).

[11] Sur l'impact de Cusanus sur la correspondance de Briçonnet et de Marguerite de Navarre v. Glori Capello, «Nicolò Cusano nella corrispondenza di Briçonnet con Margherita di Navarra», *Medioevo*, 1 (1975), pp. 97-128. Cusanus n'a jamais sérieusement douté de l'authenticité de Denys l'Aréopagite. Cependant, dans une note manuscrite, il s'étonne de ce que cet auteur ne soit cité ni par saint Ambroise, ni par saint Augustin, ni par saint Jérôme. Il se réconforte toutefois de retrouver mention de Denys chez Jean Damascène et le pape Grégoire le Grand (John Monfasani, «Pseudo-Dionysius the Areopagite in Mid-Quattrocento Rome», in *Supplementum Festivum. Studies in Honor of Paul Oskar Kristeller*, éd. James Hankins, John Monfasani, Frederick Purnell, Jr., Binghamton, New York, Medieval and Renaissance Texts and Studies, 1987, pp. 190-219, surtout, pp. 205-206).

[12] «Deus ab evo secundo exterminavit, depulit fugavitque nichil quod erat in evo primo statuitque eius loco aliquid sive universa» - éd. Pierre Magnard, Paris, Vrin, 1983, p. 62.

[13] Cette gravure est visiblement inspirée par la «similitude inadéquate de Dieu» (*remota similitudine deus*) proposée par Nicolas de Cues (*De Genesi*, III, 163, éd. Paulus Wilpert, in Nicolai de Cusa, *Opera omnia*, Hamburg, Felix Meiner, 1959, t. 4, pp. 117-118; *Idiota de mente*, 13, 146-147, éd. Maurice Gandillac, p. 315). Pour le théologien allemand, elle illustre la coïncidence de la volonté et de l'exécution dans l'acte de la création divine. Cette image est commentée par Pauline Moffitt Watts, *Nicolaus Cusanus. A Fifteenth Century Vision of Man*, Leiden, E. J. Brill, 1982, p. 147 et par Nancy S. Struever, «Metaphoric Morals: Ethical Implications of Cusa's Use of Figure», in *Archéologie du signe*, éd. Lucie Brind'Amour et Eugene Vance, Papers in Medieval Studies, no. 3, Toronto, Pontifical Institute of Medieval Studies, 1982, p. 323.

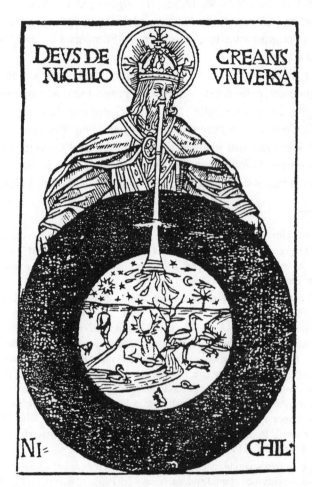

Fig.2: Frontispice du *De Nihilo* de Bovelles. *Que hoc volumine continentur; Liber de sensu; liber de nichilo; Ars oppositorum...*, Paris, ex officina Henrici Stephani, 1510.

pait toute la place que prennent maintenant les choses, et c'est pourquoi il a dû être anéanti par Dieu: pour que tout soit, «le Rien, le Non-Etre, ce qui n'est pas» a cessé d'être (p. 66).

Une telle présentation de la création suscite cependant une inquiétude bien justifiée. Séparés par la sphère de l'univers, Dieu et le Rien occupent les deux pôles antithétiques de la gravure du *De Nihilo*. Ces deux espaces sont aussi hiérarchisés: Dieu trône dans la partie supérieure de l'image, tandis que le Néant, visiblement en recul, est compressé dans ses confins inférieurs. Toutefois le globe de verre qu'est le monde demeure leur unique séparation, déterminant ainsi dans la gravure non seulement deux espaces extrêmes, mais aussi, en quelque sorte, équivalents. Le lecteur peut donc se demander si, privés avant le commencement des temps de la barrière de la création, Dieu et le Rien n'entraient pas en contact comme deux principes opposés, mais aussi comparables. Dans le texte de son traité, Bovelles met à profit d'une façon tout à fait intentionnelle les possibilités de la négation latine pour insister sur la valeur positive du «*nihil*». Le «rien» se rapproche alors dangereusement du «Rien»; l'adverbe ou le pronom de négation commence alors à fonctionner comme un substantif autonome à part entière, le néant acquiert une troublante substantialité.

Bovelles poursuit le même mode de raisonnement lorsqu'il compare l'implantation de l'être au sein du néant à l'actualisation de la matière par la forme (chap. 6). De prime abord, il semble que la création n'ait pas définitivement supprimé le Rien. En effet les créatures s'installent dans le néant comme dans un immense lieu vide, puisque l'être ne peut ni se confondre, ni se mêler à l'être. Le néant, n'étant rien, n'oppose à la création aucune résistance. Mais tout comme Dieu est être infini en acte, le néant est le non-être infini en acte. Il en résulte que le non-être du néant ne pourra jamais être converti totalement en être. Il ne pourra pas être rempli entièrement par la création, car une telle création *serait* infinie en acte, et donc égale à son Créateur.

Est-ce à dire que Bovelles se contredit lui-même en supprimant le néant par l'acte de la création pour ensuite le restaurer quelques pages plus loin? Pour répondre à cette question il faut revenir à la définition du Rien (*Quid nihil?*) qui ouvre le traité. Comment comprendre le «*Nihil nihil est*», titre du premier paragraphe de l'ouvrage et en même temps principe de sa lecture?

Comme le souligne Bovelles, il existe deux lectures de cette proposition. Selon la première, négative, le néant n'est nul être, autrement
dit «le rien est vraiment rien». Selon la seconde, positive, tout être est
quelque chose, ou, si l'on veut, «rien n'est rien»[14]. Ces deux interprétations sont «équipollentes» et également vraies[15]. Il en résulte que le
Rien n'existe ni dans les choses ni dans l'esprit, ni en Dieu, ni dans la
créature. Tout être est quelque chose (p. 40). Ainsi il est indifférent que
l'on affirme le néant avant la création ou que l'on le nie après: de quelle
façon que l'on l'exprime, avant la création il n'y avait rien; le tout a été
créé par cet acte de Dieu. Il s'agit donc toujours d'une seule et même
vérité, qu'elle soit formulée positivement ou négativement (*in sensu sive
positivo sive negativo*, p. 66)[16].

Ainsi, dès l'ouverture de son traité, Bovelles nous prévient qu'il n'a
pas l'intention de poser le Rien comme une substance autonome, une
antithèse réelle à l'Etre[17]. Il n'est pas question de concevoir une dualité

---

[14] «Aut enim dicens nichil esse nichil, profert nullum ens esse nichil, idest nullum
ens esse non ens sive nullum ens esse ens nullum. Aut quodvis ens ait esse ens sive
quodlibet ens esse aliquid, id est ens aliquod» (p. 40).

[15] «Equipollentes» désigne l'une des relations entre les propositions du carré logique.
Par exemple une proposition niée est équipollente de sa contradictoire (la proposition
qui se situe en diagonale dans le carré logique). Ainsi «il n'est pas vrai que chaque
homme court» est équipollent à «un certain homme ne court pas». V. par exemple Paulus
Venetus, *Logica Parva*, éd. Alan R. Perreiah, Washington, D.C., The Catholic
University of America Press, 1984, pp. 128-129. Selon Bovelles sont équipollentes
l'affirmation d'une négation et la négation d'une affirmation, de même que l'affirmation
d'une affirmation et la négation d'une négation (*Ars oppositorum (1511)*, éd. Pierre
Magnard, Paris, Vrin, 1984, pp. 54-56).

[16] «Sicut enim nichil fuit in primo evo, ita nichil non erit in secundo, id est sicut
omnia non fuerunt in primo evo fueruntque non entia, ita et omnia erunt in secundo
eruntque subsistentia et entia. Et quomodocunque sumpseris ipsum nichil sive ut
dicativum et positivum sive ut dedicativum et privativum, quocunque de eo
pronunciantur, eamdem utrique et equepollentem recipiunt veritatem» (p. 62). *L'Ars
oppositorum (1511)* (p. 54) offre une autre version de ce même raisonnement logique:
Dieu et le néant étant des opposés, leur respective identité avec eux-mêmes est
équivalente: «...id est si deus deus est, nichil esse nichil».

[17] Un phénomène similaire peut être observé dans le commentaire qu'Eckhart
propose au «*sine ipso factum est nihil*» (*Jn.*, 1, 3) (*Expositio S. Evangelii S. Joannem*,
53-55, éd. Alain de Libera, Edouard Weber O.P., Emilie Zum Brunn, Paris, Editions du
Cerf, 1989, pp. 115-119, ainsi que pp. 388-394). De prime abord, il peut sembler
qu'Eckahrt prenne le mot *nihil* comme un terme positif. «Sans lui rien n'a été fait»

de principes, une lutte ontologique entre les pôles opposés de l'existence. Si le Rien est vraiment rien, il ne peut entrer en concurrence réelle avec l'Etre. Dieu étant une sphère infinie dont le centre est partout et la circonférence nulle part, c'est en Lui, et non dans le Rien que la création trouve son réceptacle (chap. 7)[18]. Dieu remplit tout l'espace, ne laissant subsister aucun vide, aucune cavité où le rien puisse se loger pour fuir Son infinie omniprésence. Pourquoi donc avoir parlé du rien infini en acte que la création divine ne parviendra jamais à épuiser totalement?

La question se situe en effet au niveau du discours (chap. 8). Le Rien n'a aucune existence dans la nature, ni même - comme Bovelles s'empresse de le souligner au seuil de son traité - dans l'esprit (*mens*). En revanche il peut être affirmé, avec succès, dans le discours de la culture (*intellectus*, *ratio*, *ars*, p. 112). Il en est ainsi parce qu'entre Dieu et le néant il existe un rapport similaire à celui qui relie le nécessaire et l'impossible. Dieu, en tant que nécessaire, est prouvé à partir de n'importe quoi. Il suffit de poser une créature, pour en conclure à l'existence du Créateur. Plus même: en affirmant le néant, c'est-à-dire l'impossible, on aboutit au même résultat logique. En effet, si l'impossible, qui n'a aucune capacité d'être, existe, à plus forte raison existe le monde des créatures, et par conséquent Dieu lui-même: «...Dieu assurément est prouvé à partir du néant» (p. 104)[19].

Il en résulte une extraordinaire fécondité discursive du Rien. A partir du Néant on peut inférer toutes les choses, bien que réellement parlant,

---

deviendrait alors «sans lui a été fait le Rien». Dans la suite du commentaire il s'avère cependant que, dans un esprit augustinien, Eckahrt tient à neutraliser toute tendance à substantifier le néant. Sur les efforts de saint Augustin à priver le néant de réalité ontologique, v. Rosa Padellaro de Angelis, *Il problema del nulla nel pensiero cristiano*, Roma, Editrice Elia, 1974, pp. 40-51.

[18] Sur la fortune de cette image v. Dietrich Mahnke, *Unendliche Sphäre und Allmittelpunkt*, Halle, Max Niemeyer Verlag, 1937; Karsten Harries, «The Infinite Sphere: Comments on the History of a Metaphor», *Journal of the History of Philosophy*, 13 (1975), pp. 5-15. A l'origine de cette définition se trouve une phrase du *Liber XXIV Philosophorum*, [éd. Cl. Baeumker, *Beiträge zur Geschichte der Philosophie und Theologie des Mittelalters*, 2 (1927), p. 208].

[19] En inversant ce raisonnement on peut tout aussi bien affirmer que si Dieu n'existait pas, ni la création, ni même le néant n'existeraient: «Itaque et si non est deus, nichil non est...» (p. 106).

le Néant ne soit rien, aucune chose[20]. Tel n'est pas le cas de Dieu qui, bien que résidant dans l'Etre absolu, reste, du point de vue logique, étonnamment stérile. En effet, l'existence de Dieu n'est pas une prémisse suffisante pour en conclure à l'existence du monde, ni a fortiori, à celle du Rien. Cela est bien fondé théologiquement: la création est un acte volontaire de Dieu qui n'est soumis, Lui-même, à aucune nécessité. Ainsi l'affirmation ne fonde rien, tandis que la négation - autrement dit l'anéantissement de l'être ou bien la position du néant - assure logiquement tout. De même qu'on ne peut déduire l'existence de la création à partir de l'existence de Dieu, pareillement on ne peut inférer que le monde n'existe pas en partant de l'inexistence réelle du néant. En revanche il suffit de nier Dieu pour anéantir logiquement le monde entier; il suffit de poser le Rien pour en induire l'univers[21]. Tel n'est évidemment pas l'ordre de la nature. Là, la stérilité discursive de Dieu se mue en une magnifique puissance créatrice. A l'opposé, le Rien, quoique logiquement fertile, reste réellement improductif, puisqu'il n'existe pas dans l'ordre des choses naturelles.

Affirmer le Rien est donc, à proprement parler, non-naturel. Il en est ainsi parce que le lieu naturel de l'affirmation est avec Dieu, tandis que celui de la négation dans le Rien. Tel le feu qui aspire à rejoindre les hauteurs célestes où est sa place élémentaire, l'affirmation posée avec le Rien tend vers les hauteurs divines, son lieu naturel. En montant vers Dieu elle enflamme tout l'univers sur son passage et c'est pourquoi il suffit d'affirmer le Rien pour en induire l'existence du monde entier et de son Créateur (p. 127).

Joindre au néant l'affirmation, c'est donc faire violence à l'ordre des choses, violence comparable à celle que l'on fait au feu céleste entraîné par force vers la terre. Cet exemple montre clairement à quel point le discours humain s'oppose à la réalité des êtres. Pour Bovelles, le signe linguistique est arbitraire, profondément marqué par la nature contingente

---

[20] «E nichilo vero astruis omnia, cum sit nichil, omnium negatio et non esse» (p. 110).

[21] «Positio nulla statuit. Negatio cuncta asseverat. Si enim inquis deus non est nulla sunt et si est nichil omnia subsistunt. Si autem est deus, ut aliquid sit minime est necesse, et si non est nichil haud necesse ut sint nulla» (pp. 110-112). Il s'agit évidemment, dans la dernière phrase, d'une affirmation latine (effet d'une double négation) et qu'il faut traduire, en suivant Pierre Magnard, par: «et si le néant n'existe pas [autrement dit: «si tout est»] il ne s'ensuit pas nécessairement qu'il n'y ait rien».

du milieu géographique et historique et par la volonté défaillante des hommes[22].

En commentant le «*in principio erat verbum*» de l'évangéliste, Bovelles établit un parallèle entre l'âme humaine et la Déité. Mais l'analogie est bien différente de son modèle augustinien, car elle est proposée, en fin de compte, pour souligner la disparité entre ses deux termes. En effet, les trois personnes de la Trinité correspondent respectivement au concept, à la voix et à l'écriture. Cependant ces signes de culture sont inégaux car procédant les uns des autres selon une succession linéaire. Ils trahissent donc leur profonde aliénation par rapport à leur modèle Trinitaire[23].

L'on voit donc que pour Bovelles il n'est pas question de substantialiser le Néant. C'était pourtant le cas chez certains platoniciens médiévaux pour qui le Rien devait avoir une existence réelle puisqu'il en avait une dans le langage[24]. Dans son *De substantia nihili et tenebrarum*, Frédégise de Tours induit la substantialité du Rien à partir du fait que

---

[22] V. par exemple *Divinae Caliginis liber*, chap. 34, ainsi que Christian Schmitt, «Bovelles linguiste», in *Charles de Bovelles en son cinquième centenaire. 1479-1979*, éd. Guy Trédaniel, S.l., Ed. de la Maisnie, 1982, pp. 247-263 qui analyse le *De differentia vulgarium linguarum...*. V. aussi Jean-Claude Margolin, «Science et nationalisme linguistiques ou la bataille pour l'étymologie au XVIe siècle. Bovelles et sa postérité critique», in *The Fairest Flower. The Emergence of Linguistic National Consciousness in Renaissance Europe*, Firenze, Presso l'Accademia [della Crusca], 1985, pp. 139-165; Marie-Luce Demonet, *Les Voix du signe. Nature et origine du langage à la Renaissance (1480-1580)*, Paris, Champion, 1992, pp. 75-76, 98-102.

[23] «Distant attamen litteraria huiusmodi signa: a divinis personis: quod et separabilia abinvicem sunt: et inaequalitiatem recipiunt» - *Commentarius in primordiale evangelium divi Ioannis...*, Paris, J. Badius, 1514, f° iv v°.

[24] Les origines de ce débat sont à rechercher dans le *Sophiste* qui semble suggérer l'identification de la vérité logique avec l'être. Dès lors se poserait le problème des énoncés négatifs de type «x n'est pas». Pour le résoudre, Platon distingue le non-être absolu qui est le contraire de l'être (comme «petit» est le contraire de «grand») et le non-être relatif qui en est la négation (ex: «le non-grand»). Le premier étant inaccessible à la pensée, il est possible d'identifier le second avec l'altérité. Dès lors «x n'est pas» se confond avec «x n'est pas y». V. Paul Seligman, *Being and Not-being. An Introduction to Plato's «Sophist»*, The Hague, Martinus Nijhoff, 1974; Denis O'Brien, «Le non-être dans la philsophie grecque: Parménide, Platon, Plotin», in *Etudes sur le «Sophiste» de Platon*, éd. Pierre Aubenque, S.l., Bibliopolis, 1991, pp. 317-364. L'orthodoxie chrétienne évite évidemment de substantialiser le néant: v. saint Augustin, *Tractatus in Johannem*, I, xiii.

«rien» est un mot ayant sens, et que toute signification se rapporte à ce qui est signifié[25]. Associée avec le récit génésiaque, une telle conception tend à assimiler le néant à la matière première. Bovelles, en revanche, prend soin de distinguer celle-ci du pur non-être. La matière première est comme le croquis que le peintre fait avant de mettre les couleurs à son tableau. Située à la charnière entre le rien et le monde des êtres, elle se distingue par le manque de toute différence. Dans une perspective bien aristotélicienne, la matière, non-être en acte, est aussi un être en puissance par son aspiration à accéder au monde des choses[26].

La ténèbre divine n'est donc pas «réellement» une ombre, un manque de lumière. Elle est encore moins «un trou noir», substance maléfique et menaçante. La ténèbre de Dieu est tout au contraire une lumière inaccessible, et c'est précisément parce qu'elle est infiniment transcendante qu'elle est «ténèbre». L'affirmation du néant - qui n'est rien d'autre qu'une négation - n'est pas pour Bovelles un jeu stylistique: c'est la meilleure façon de dire l'Etre suréminent.

C'est sur ce fond de la disparité entre l'ordre essentiel des choses et l'ordre culturel du discours, associée avec l'insistance sur la fécondité logique du Rien, qu'il importe de comprendre l'opposition entre la théologie négative et la théologie affirmative que Bovelles emprunte au Pseudo-Denys (chap. 11). Dans son exposition, le théologien renaissant respecte le principe fondamental de cette distinction, tout en l'exprimant dans un langage bien plus systématique. Ainsi les deux démarches représentent deux mouvements inverses de la pensée. La théologie affirmative descend la hiérarchie ontologique à partir de Dieu jusqu'à la matière où elle cherche des ressemblances au Créateur. Elle atteint enfin le Rien, qui, à la différence de la matière, est un non-être aussi bien en acte qu'en puissance. Ayant ainsi outrepassé les limites ontologiques, elle adjoint le nom du néant à celui qui est l'Etre par excellence, révélé dans le buisson ardent. Conformément donc à l'héritage dionysien tous les

---

[25] «Item 'nihil' vox significativa est. Omnis autem significatio ad id quod significat refertur. Ex hoc etiam probatur nihil non posse aliquid non esse» - éd. Concettina Gennaro, Padova, Cedam, 1963, p. 127.

[26] *De nihilo*, pp. 41-45; *Questionum Theologicarum libri septem...*, Paris, J. Badius, 1514, f° xiv v°. Malgré cette dette de Bovelles envers la philosophie de l'école, il importe de souligner que l'objet de son intérêt est bien différent de celui de Thomas d'Aquin: sa métaphysique porte moins sur cette hiérarchie des êtres et sur l'Etre qui en est la cause, que sur tout ce qui se trouve en-deçà et au-delà, c'est-à-dire le non-être.

noms s'appliquent au Dieu ineffable *(Omnia illum induntur nomina qui ineffabilis est*, p. 124).

En revanche, la théologie négative monte à partir du néant pour nier successivement tous les êtres jusqu'à Dieu Lui-même[27]. Il va sans dire que les négations sont théologiquement supérieures aux affirmations. Outre qu'elles évitent le risque de disperser notre attention en la multiplicité des créations, de la divertir de la suréminente unité divine, leur extension logique est «plus générale, plus ample» que celle des affirmations. Dire d'un objet qu'il est «pierre», c'est circonscrire son concept. Dire en revanche qu'il ne l'est pas, c'est obtenir une signification, certes, négative, mais en même temps infinie. Or ce sont les noms infinis qui sont les plus adéquats à la divinité[28].

Ainsi le Rien l'emporte sur l'Etre comme nom divin. Non pas que Bovelles néglige les attributs positifs de Dieu. Tout au contraire, il en distingue cinq nécessaires: être, un, infini, éternel, trin[29]. Cependant la supériorité du Rien n'est même pas contestée par le «*sum qui sum*» biblique qui, selon Bovelles, n'exprime pas l'inexplicable quiddité

---

[27] Cette association de la théologie affirmative à la démarche descendante et de la théologie négative à la démarche ascendante correspond exactement à la *Théologie mystique*, 3, 1033C de Denys: «Dicis autem: quare totaliter a primo ponentes divinas positiones, ab ultimis inchoamus divinam ablationem? Quoniam, hoc quod est super omnem positionem ponentes, a magis ipsi cognato suppositivam affirmationem oportebat ponere; illud autem quod est super omnem ablationem auferentes, a magis distantibus ab ipso auferre» (dans la version de Sarrazin). En distinguant la théologie négative et la théologie affirmative, Cusanus insiste sur la nécessité qu'a cette dernière à *monter* vers Dieu dans le culte qui Lui est dû. Toutefois cette ascension se résout dans la même phrase en négations propres à la théologie négative: «Quoniam autem cultura Dei, qui adorandus est in spiritu et veritate, necessario se fundat in positivis Deum affirmantibus, hinc omnis religio in sua cultura necessario per theologiam affirmativam ascendit, Deum ut unum ac trinum, ut sapientissimum, piissimum, lucem inaccessibilem, (...) adorando, semper culturam per fidem, quam per doctam ignorantiam verius attingit, dirigendo; credendo (...) ut inaccessibilem lucem colit, non quidem esse lucem, ut est haec corporalis, cui tenebra opponitur, sed simplicissimam et infinitam, in qua tenebrae sunt lux infinita (...)» (*De docta ignorantia*, I, 26, chapitre intitulé: «De theologia negativa»).

[28] *Divinae caliginis...*, chap. 24-28. V. aussi Joseph M. Victor, *Charles de Bovelles. 1479-1553. An Intellectual Biography*, Genève, Droz, 1978, p. 176.

[29] *Questionum Theologicarum...* f⁰ ii v⁰. Il est à noter que Bovelles insiste sur l'absence de hiérarchisation entre l'être et un.

divine[30]. Dieu, qui est l'Etre, est le mieux désigné par le nom du Néant; Lui qui est nécessité, est le mieux conçu comme impossibilité. C'est par cette voie négative que son infinie transcendance est le mieux respectée[31].

Pourtant les théologies affirmative et négative ne forment à elles seules que le genre le plus élémentaire de science du divin car, d'une façon ou d'une autre, elles reposent sur le rapport entre le sensible, l'intelligible et Dieu (pp. 122-124). La théologie suprême n'est fondée ni sur l'observation du monde extérieur, ni sur la spéculation intérieure de l'esprit. Elle résulte de l'illumination divine et se manifeste dans l'extase par laquelle toute la vérité est révélée en un instant[32].

Cette vérité n'est pourtant pas un savoir positif et rationnel. Comme être infini, la divinité se dérobe à la compréhension et ne peut être circonscrite par l'esprit humain. Aucune détermination, mesure, ni quiddité ne peuvent être assignées à Dieu. Tel Socrate, l'homme ne peut que mépriser la présomption de la science, mépris récompensé par la conscience de sa propre ignorance. Cette conscience ne peut servir aucune théologie affirmative. Si tout ce que nous saisissons de Dieu est le douloureux sentiment de notre ignorance, il n'y a là rien sur quoi on puisse bâtir une science de la divinité: «Or savoir que l'on ne peut comprendre ce n'est pas du tout comprendre; savoir que l'on ne sait pas ce n'est pas savoir...»[33]. Contrairement à Thomas et conformément à l'enseignement de Cusanus, Bovelles souligne que la nescience à laquelle aboutissent les négations sur la divinité ne peut être considérée comme un savoir positif, aussi minime soit-il. La négativité de la démarche

---

[30] *Libellus de divinis praedicamentis*, f° lxxiii v° (édité avec le *Questionum Theologicarum...*).

[31] Il serait curieux de savoir dans quelle mesure les réflexions de Bovelles avaient pu être influencées par les spéculations des nominalistes sur les propositions «Deum non esse» ou «Deus non est», visant à savoir si l'existence de Dieu est démontrable logiquement. A ce propos, v., par exemple, Zenon Kałuża, «Le problème du 'Deum non esse' chez Etienne de Chaumont, Nicolas Aston et Thomas Bradwardine», *Mediaevalia Philosophica Polonorum*, 24 (1979), pp. 3-19; J. M. M. H. Thijssen, «The 'Semantic' Articles of Autrecourt's Condemnation. New Proposals for an Interpretation of the Articles 1, 30, 31, 57 and 58», *Archives d'Histoire doctrinale et littéraire du Moyen Âge*, 67 (1991), pp. 155-175. Je remercie M. William J. Courtenay de m'avoir indiqué ces sources.

[32] *De Nihilo*, pp. 92-5, 131; *Divinae caliginis...*, chap. 5, pp. 18-22.

[33] «Scire autem se comprehendere non posse minime comprehendens est; scire se nescire scire non est...» - *De Nihilo*, p. 94.

épistémologique n'est pas ici le fondement pour une construction intellectuelle épurée par le doute. La docte ignorance est bel et bien une ignorance qui, par son caractère intérieurement contradictoire, montre clairement la limite de la raison, et qui invite à être transgressée par l'extase mystique. Ainsi la ténèbre divine demeure infiniment au-delà de toutes les lumières humaines. Celles-ci ne sont qu'ignorance, tandis que l'ignorance est un vrai savoir: «...*quod scire ignorare est et ignorare scire*»[34].

Pour vraiment savoir, il faut ignorer. Car la «docte ignorance» qui en résulte est bel et bien une ignorance. Pourtant c'est bien une ignorance «docte» qui se situe au-delà et non en-deçà du savoir humain, de même que l'excellence du non-être divin excède la hiérarchie limitée des êtres, contrairement au Néant privatif qui n'aspire même pas à s'y élever. C'est pourquoi cette nescience est une connaissance par excellence; la suprême théologie est une mystique.

La docte ignorance réalise ainsi la coïncidence des contraires qui, unis en Dieu, renoncent à leur lutte. Les affirmations et les négations se fondent, les images similaires et dissimilaires fusionnent en d'alogiques paradoxes. Ainsi, à côté de la nomination cataphatique et apophatique on perçoit le troisième genre de noms divins: le silence[35]. Pour accéder à ces abords de la ténèbre divine, il faut être emporté par l'ivresse spirituelle. Elle fut le lot de saint Paul ravi par l'Esprit dans l'union avec Dieu, union où toute parole est superflue.

La docte ignorance pose donc la coïncidence des opposés afin qu'elle soit dépassée dans l'extase mystique. En fait l'union paradoxale des contraires ne forme que le «mur» de la ténèbre divine. C'est dans cette limite que convergent les antinomies, c'est là que l'on peut affirmer que Dieu est toujours et jamais, qu'il est «debout» et «assis»[36]. Mais Lui-

---

[34] *Libellus de divinis praedicamentis*, f° lxxiii v°.

[35] «Porro in tertia, ac postrema, divinorum nominum distinctione (...) offerenda est, tota ipsa nominum, arbitrarie institutorum congeries: per quam licet nosipsi, aut directae aut reflexae, vel contrariae significationis radio ad dei manuducamur orizontem: ubi tamen intermino illius orizonte transgresso divinae subimus interiora caliginis ubi tandem crepidini divini propinquamus silentii...» - *Divinae caliginis*, chap. 39.

[36] *Libellus de divinis praedicamentis*, 9, f° lxxvii v° - lxxviii r°: «Nam in deo negationes affirmationibus nequaquam adversantur: quandoquidem si citra murum divinae caliginis, in quae inhabitat deus: stat contrariorum et omnium oppositorum coincidentia: hanc deus concidentiam longe intimior et abditior praeambit».

même, il est au-delà de cette barrière contre laquelle se brise le discours humain, dans l'espace du silence proprement inaccessible. Car entre son infinité et le fini de l'homme aucune proportion n'est possible. Le polygone infini en acte a beau être un cercle, il en reste pourtant infiniment éloigné. Nous pouvons multiplier tant que nous voulons le nombre d'angles d'une figure concrète, consumer notre vie à en briser les côtés, le résultat de nos efforts sera encore infiniment imparfait. Plus même: que l'on imagine un polygone aussi près du cercle que cela est possible, il en sera encore aussi distant que l'est le triangle. Car l'infini étant égal à l'infini, toute créature, qu'elle soit ange ou matière à peine sortie du néant, est à distance égale - précisément, infinie - de son créateur (pp. 78-80).

Pour atteindre Dieu en sa ténèbre, pour percer le «mur» de la coïncidence des opposés, il faut donc opérer une rupture sémiotique: délaisser tout discours, même celui qui est contradictoire, au profit du silence. Cette auto-annihilation de la parole trouve ses correspondants épistémologiques et ontologiques dans l'extase et dans l'anéantissement de la créature. Toutes ces trois ruptures peuvent être logiquement représentées par la double négation dont la valeur est éminemment positive.

En effet la négation de la négation est, selon Eckhart, la «*medulla et apex purissimae affirmationis*»[37]. Cette réduplication grammaticale qui reprend le sujet dans le prédicat exprime la plénitude et la plus complète identité. Bovelles emprunte à Eckhart la louange de cette affirmation circulaire en retrouvant la somme de l'être dans le *sum qui sum* de l'*Exode*. Comme négation du néant, il la place pourtant à la racine de la théologie négative, au premier stade de la montée vers le divin. Dans la perspective logique qui lui est propre, il l'assimile à l'opposition redoublée (l'opposé de l'opposé) qui est unité[38]. Mais pour que la *negatio negationis* puisse mener à Dieu, il faut qu'elle soit effectivement une rupture avec l'immanence.

---

[37] V. les commentaires à l'évangile de saint Jean et à l'*Exode* cités par Pierre Magnard dans son édition du *De Nihilo*, p. 16. V. aussi l'introduction à l'édition du *De Sapiente*, éd. Pierre Magnard, Paris, Vrin, 1982, 21, ainsi que Wolfgang Wackernagel, *Ymagine denudari. Ethique de l'image et métaphysique de l'abstraction chez Maître Eckhart*, Paris, Vrin, 1991, p. 106.

[38] *Libellus de divinis praedicamentis*, f° lvviii v°; *Ars oppositorum*, p. 139.

Ainsi dans le domaine épistémologique, Bovelles distingue l'analogie et l'«assurection»[39]. Toutes les deux représentent des tentatives de connaître l'inconnu à partir du connu. L'analogie limite pourtant son application aux créatures, c'est-à-dire aux réalités de statut égal. L'assurection en revanche est une élévation de l'esprit qui tend vers les réalités spirituelles supérieures, incomparables au point de départ du raisonnement. Comme la quadrature du cercle, elle aide à prendre conscience de l'absence infinie de proportion. Mais pour franchir le gouffre ontologique qui se dessine ainsi, il est nécessaire d'abdiquer l'aide de la raison en espérant la révélation du ravissement extatique.

Une rupture similaire à celle qui sépare l'extase de l'assurection marque le jugement ontologique sur la créature. Etre fini en acte, elle reste en quelque sorte suspendue entre les deux infinis: l'Etre infini de Dieu, et le Non-être infini du néant (pp. 101-105)[40]. C'est pourquoi elle participe parfois de l'un, parfois de l'autre prédicat: tantôt elle est et tantôt elle n'est pas. Pourtant, lorsqu'elle est considérée de la perspective de Dieu, même cet être précaire lui est dénié. Car seul Dieu est vraiment, et par conséquent les créatures sont des «êtres qui ne sont pas»[41]. Recueillie dans l'infinie sphère divine, toute la création y occupe juste la place d'un point, d'un néant par lequel Dieu n'est aucunement affecté.

Un tel anéantissement de la créature n'est pas sans rappeler le regard que saint Augustin porte sur la fragilité de l'homme dont l'existence déficiente aspire à l'Etre même de Celui qui est. Pour le Père de l'Eglise, après la chute, l'âme humaine ressent une faim ontologique, un «vouloir être» («*esse uelle*») qui l'attire vers l'Etre absolu et vrai de Dieu. Si, au contraire, elle choisit la sensualité, le goût de la domination ou la curiosité, l'âme subit une diminution ontologique, bien qu'elle ne retourne jamais tout à fait au néant. Plusieurs auteurs renaissants seront

---

[39] *Commentarius in primordiale evangelium...*, f° xlix v°. V. Jean-Claude Margolin, «Le rationalisme mystique de Charles de Bovelles», *Nouvelle Revue du XVIᵉ siècle*, 13/1 (1995), pp. 87-103.

[40] V. aussi *Ars oppositorum*, pp. 134-135.

[41] «Creaturas autem esse entia quae non sunt» - *Libellus de divinis praedicamentis*, f° lxxiiii r° ainsi que *De Nihilo*, pp. 75 et 97.

tiraillés entre ce désir naturel «d'être plus» en Dieu («*magis esse*»), et la pesée pécheresse vers l'«être moins» («*minus esse*») de ce monde[42].

Convaincu de l'incompréhensibilité et de l'altérité de Dieu, saint Augustin sera souvent associé à «saint» Denys par les lecteurs médiévaux et renaissants[43]. Toutefois une différence capitale sépare la théologie négative augustinienne de celle élaborée par la tradition dionysienne. Même si, ayant à l'esprit la plénitude divine et le péché des hommes, saint Augustin souligne que la créature tombe vers le néant lorsqu'elle se détourne de son Créateur, il n'est pas prêt à inverser cette relation et exclure Dieu du domaine de l'être. Ce qui manque à la pensée augustinienne est le mouvement de dépassement continuel qui pousse les lecteurs radicaux de Denys à chercher la divinité au-delà de l'Etre, à parler du Néant divin[44]. Eckhart respecte ce paradoxe, tout comme le fera ensuite Bovelles. En plaçant le néant tour à tour dans la divinité et dans les créatures il souligne tantôt la transcendance divine tantôt l'insuffisance du monde des choses[45]. Une telle dialectique résultera en une exigence qui n'est point dictée par la seule métaphysique augustinienne: pour se fondre dans le Rien suressentiel de Dieu, l'homme doit, lui-même, s'annihiler. Pour saint Augustin, la créature s'anéantit en s'éloignant du Créateur. Dans la perspective paradoxale des lecteurs radicaux de Denys, l'auto-anéantissement de l'homme n'est que la suite

---

[42] V. Emilie Zum Brunn, *Le Dilemme de l'Etre et du Néant chez saint Augustin. Des premiers dialogues aux «Confessions»*, Paris, Etudes Augustiniennes, 1969.

[43] L'importance de saint Augustin pour Cusanus peut être attestée par la présence massive de ses ouvrages dans la bibliothèque cusienne (Pauline Moffitt Watts, pp. 13-14). La docte ignorance a été révélée divinement au cardinal allemand, pour être ensuite confirmée par la lecture de Denys et de saint Augustin (*Apologia Doctae Ignorantiae*, 13, éd. Jasper Hopkins, *Nicholas of Cusa's Debate with John Wenck*, Minneapolis, The Arthur J. Banning Press, 1981, p. 50. Le terme même de «docte ignorance» vient de saint Augustin (*Epistolae*, 130, 13; v. F. Edward Cranz, «The Transmutation of Platonism in the Development of Nicolaus Cusanus and of Martin Luther», in *Nicolo' Cusano agli inizi del mondo moderno*, Firenze, G.C. Sansoni editore, 1965, pp. 73-102, et surtout p. 81, n. 20).

[44] Vladimir Lossky, «Les éléments de 'Théologie négative' dans la pensée de saint Augustin», in *Augustinus Magister. Congrès International Augustinien. Paris, 21-24 septembre 1954*, Etudes Augustiennes, supplément à l'«Année Théologique Augustinienne», pp. 575-581.

[45] V. Vladimir Lossky, *Théologie négative et connaissance de Dieu chez Maître Eckhart*, Paris, Vrin, 1973, pp. 37, 74-76.

logique du mouvement de transgression continuelle qui le pousse à chercher Dieu au-delà du domaine ontologique, dans l'imitation du Christ, ce Dieu devenu Rien pour les péchés des hommes.

Ainsi, le retour vers Dieu n'est pas juste une croissance dans l'être. Il consiste en une négation qui, dédoublée, mène vers un résultat positif. Tel est le cas d'Eckhart, conscient de la douloureuse altérité des êtres créés. Si je prends dans ma main un charbon incandescent, dit-il, ce n'est pas lui, mais le «non» de son altérité qui me brûle. Ce «non» exprime le manque d'unité, la différence qui existe entre ma main et le charbon; c'est justement ce «non» des êtres séparés de leur Créateur qui brûlera à tout jamais dans l'enfer. C'est pourquoi pour se fondre dans la Déité, il faut accomplir une double négation: la négation du néant qui marque le créé. En abandonnant tout sauf Dieu, nous ne ferons qu'exclure, nier, ce qui est déjà fondamentalement marqué par la négation. Ainsi nous pourrons rejoindre celui qui est l'Un, la *negatio negationis*[46].

En faisant sciemment violence à la réalité «naturelle» des choses, la spéculation de Bovelles pose le Rien pour mieux dire l'Etre. Elle appelle Dieu Néant pour rompre avec le discours, dépasser le «mur» de la coïncidence des opposés qui entoure la divinité, pour démontrer à la créature sa nullité.

La docte ignorance, le goût pour l'exemplification mathématique du raisonnement, la *negatio negationis* ne sont que des indices épars qui renvoient le lecteur de Bovelles vers la pensée de Nicolas de Cues ainsi que vers la mystique d'Eckhart dont le cardinal allemand était le fervent défenseur. En fondant la sémiotique de l'ineffable et de l'omninommable sur la poursuite infinie d'un Dieu dont les appellations les plus négatives même ne sont que de simples conjectures et «énigmes» de la vérité, ce courant de tradition dionysienne exaspère la négativité contenue potentiellement dans les écrits de l'Aréopagite. Il s'oppose en cela non seulement aux lectures thomiste et ficinienne de Denys, mais aussi à deux autres courants intellectuels qui véhiculent, eux aussi, des éléments de théologie négative: l'hermétisme et la cabale chrétienne.

---

[46] V. sermons *In hoc apparuit caritas dei in nobis* (I *Jn.*, 4, 9) et *Unus deus et pater omnium* (*Ep.*, 4, 6) in Maître Eckhart, *Sermons*, éd. Jeanne Ancelet-Hustache, Paris, Seuil, 1974, pp. 74-79, 182-187.

CHAPITRE VI

DIEU PLUTOT «OMNINOMMABLE»
L'HERMETISME

Lorsque, dans son commentaire aux *Noms divins*, Ficin évoque le caractère ineffable et omninommable de Dieu, il ne manque pas d'apporter à la pensée dionysienne la confirmation d'un autre «ancien» théologien: Hermès Trismégiste («*Mysteria Dionysii sententia illa Mercurij ter maximi confirmantur*»). Bien que ce soit le Dieu ineffable qui attire sa particulière attention, Cusanus revient à plusieurs reprises sur le fragment hermétique qui attribue le nom divin à toutes les choses tout en qualifiant Dieu de tous les noms des créatures[1].

Ces références à Hermès Trismégiste, le roi, prêtre et philosophe, identifié aussi au dieu Thoth qui enseigna l'écriture aux Egyptiens, ne sont pas seulement dictées par l'esprit syncrétique de la Renaissance. En effet, les deux textes hermétiques essentiels - l'*Asclépius*, connu déjà par les Pères de l'Eglise, aussi bien que le *Pimandre* que Ficin révèle à l'Occident en 1463, en le traduisant sur un manuscrit fraîchement arrivé de Macédoine - contiennent des passages qui peuvent facilement être mis en parallèle avec la théologie négative de Denys. Cela concerne particulièrement ces fragments où Dieu Un et Tout, omniforme et père universel, est désigné comme innommable ou plutôt - et ce «plutôt» est certainement à retenir - omninommable (*innominus vel potius omninominus*)[2]. Un tel rapprochement entre le disciple supposé de saint Paul et le maître des secrets égyptiens, héritier des traditions orales hébraïques, ne pouvait que raffermir dans l'esprit de certains lecteurs renaissants la

---

[1] Ficin, *In Dionys.*, p. 1034. Cusanus, *De docta ignorantia*, 1, 24, 75; *Idiota*, 3, 2; *De Dato Patris Luminum*, 2, 102. Dans *De Beryllo*, 12, Cusanus attribue à Hermès la double thèse du caractère omninommable et ineffable de Dieu et dans une note marginale de son exemplaire de l'*Asclépius*, il note: «*nota racionem cur deus sit ineffabilis*» (cité d'après Pauline Moffitt Watts, *Nicolaus Cusanus. A Fifteenth-Century Vision of Man*, p. 57, n. 50).

[2] *Asclépius*, 6, 20: «hunc vero innominem vel potius omninominem siquidem is sit unus et omnia...» (chap. 7 dans l'édition de Ficin de 1576) et *Pimandre*, 5, 10 (*Corpus hermeticum*, éd. A. J. Festugière, Paris, Les Belles Lettres, 1960, t. 1, p. 321 et 64).

continuité de la *prisca theologia* et confirmer l'accord fondamental entre la philosophie des gentils et la théologie chrétienne.

Il n'est donc pas étonnant que les capacités prophétiques d'Hermès soient généralement reconnues. Cependant depuis Lactance et saint Augustin l'origine divine ou diabolique de ces dons restait objet de controverse[3]. En effet, à côté de «prémonitions» prétendument inspirées des vérités chrétiennes, les textes hermétiques contiennent des passages qui sont visiblement tributaires du polythéisme et de la théurgie païennes. Par conséquent alléguer l'autorité d'Hermès en matière de théologie négative devait être précédé chez les penseurs renaissants d'un travail d'interprétation des textes hermétiques. Les nuances et directions particulières de cette exégèse révèlent non seulement les différentes conceptions de l'hermétisme à la Renaissance, mais aussi les inflexions diverses que celles-ci faisaient subir à la théologie chrétienne et par conséquent à la réflexion négative sur Dieu.

Pour Ficin le corpus hermétique semble de ce point de vue particulièrement important[4]. Rédigée en 1463, l'année même où Cusanus écrit son *De venatione sapientiae*, sa traduction du *Pimandre* constitue en quelque sorte l'ouverture de sa carrière intellectuelle. Cela correspond à l'importance que Ficin attribue à Hermès dans la succession des anciens théologiens. Cette lignée spirituelle est initiée par Hermès, ou bien - selon une version renouvelée - par Zoroastre et elle aboutit à Platon. En effet, Ficin ne doute pas que le philosophe grec est venu recueillir auprès des prêtres égyptiens les restes de la tradition hermétique dont il a semé les traces dans ses dialogues. Une telle version de l'histoire inverse la chronologie d'une façon tout à fait similaire à l'opinion communément répandue à la Renaissance qui plaçait Denys à l'origine des idées de Plotin et de Proclus. Mais Ficin ne se borne par à reconnaître dans le *Corpus hermeticum* les échos - qu'il prend pour des signes avant-

---

[3] Lactance, *Divin. instit.*, I, 6; IV, 6, 9; VIII, 18; saint Augustin, *De civit. dei*, VIII, 13-26; XVIII, 39. V. Frances A. Yates, *Giordano Bruno and the Hermetic Tradition*, Chicago, The University of Chicago Press, 1964, ainsi que l'introduction par Brian P. Copenhaver à son édition des *Hermetica. The Greek 'Corpus Hermeticum' and the Latin 'Asclepius' in a new English translation, with notes and introduction*, Cambridge, Cambridge University Press, 1992.

[4] V. Raymond Marcel, *Marsile Ficin (1433-1499)*, Paris, Les Belles Lettres, 1958, p. 256; Michael J. B. Allen, «Marsile Ficin et le *Corpus Hermeticum*», in *Cahiers d'Hermétisme. Présence d'Hermès Trismégiste*, Paris, Albin Michel, 1988, pp. 111-119.

coureurs - du platonisme; il christianise aussi sa version du texte hermétique[5].

Le seul court *Argumentum* dont Ficin préface sa traduction du
Pimandre ne permet pas de conclure s'il s'agit là d'une adaptation
intentionnelle. En revanche le *Crater Hermetis* de Ludovico Lazzarelli
publié pour la première fois par Lefèvre d'Etaples en 1505, dans sa
seconde édition des *Hermetica*, ne laisse aucun doute sur les objectifs
interprétatifs de son auteur[6]. Lazzarelli entend louer Jésus Christ «soubz
le nom de Pimander» interprété par Hermès comme pensée et verbe de
Dieu (f° 166 r°). Il est évident qu'une telle approche nécessite une herméneutique bien particulière. Face à son interlocuteur qui s'étonne du
curieux accord entre les fictions poétiques et la vérité théologique,
Lazzarelli réplique en évoquant l'argument pédagogique de la faiblesse
de l'entendement humain, incapable de saisir la vérité nue (f° 142 v° -
144 r°). Grâce aux fictions poétiques, la théologie montre «de loing» le
chemin propre et naturel, mais cependant inconnu, qui mène vers la
divinité. Témoin la pensée d'Hermès Trismégiste qui, au prix d'une
allégorisation aussi arbitraire, représente pour Lazzarelli le dogme
chrétien. Témoins les prophètes qui ont abondamment usé de fictions.
Mais curieusement, c'est aussi Denys qui, en prévenant contre une
lecture littérale des images anthropomorphiques, cautionne aux yeux de
Lazzarelli une telle approche herméneutique. Ainsi la théologie
dionysienne du Dieu «inenarrable», incompréhensible dans sa substance,
et à laquelle le *Crater* se réfère constamment, devient une autorité sur
laquelle repose l'interprétation forcée des motifs étrangers à la pensée

---

[5] V. Ilana Klustein, «Marsile Ficin et Hermès Trismégiste. Quelques notes sur la
traduction du Pimandre dans la Vulgata de Ficin», *Renaissance and Reformation
/Renaissance et Réforme*, 3 (1990), pp. 213-222.

[6] La traduction française de ce texte accompagne l'édition du *Corpus hermeticum*
de Gabriel du Préau de 1549 (c'est la seconde édition, celle de 1557 qui servira ici de
référence). Lazzarelli traduit aussi le livre XVI du *Corpus* publié, en France, sous le titre
de *Diffinitiones Asclepi* par Symphorien Champier avec son propre commentaire de
l'*Asclepius: Liber quadruplici vita. Theologia Asclepij hermetis trismegisti discipuli
cum commentarijs...*, Lyon, Stephanus Gueynardus et Jacobus Huguetanus, 1507. Sur
Lazzarelli v. Paul Oskar Kristeller, «Marsilio Ficino e Lodovico Lazzarelli. Contributo
alla diffusione delle idee ermetiche nel Rinascimento», in *Studies in Renaissance
Thought and Letters*, Roma, Edizioni di Storia e Letteratura, 1956, pp. 221-243.

chrétienne comme autant d'allégories de l'orthodoxie[7]. Comme si l'éloignement du discours humain par rapport à son objet transcendant pouvait s'allier, ou même peut-être justifier, les lectures les plus saugrenues[8].

Une allégorisation aussi forcée que celle de Lazzarelli ne pouvait être acceptée sans critiques. Son traducteur français, du Préau, s'élève contre l'interprétation des idoles païennes animées par des esprits démoniaques comme autant de figures d'apôtres mus par l'Esprit Saint. Ce sont là, pour du Préau, des inventions chrétiennement bien intentionnées, «mais peut estre violées quant à la lettre» (f° 99 r°). Non pas que le texte hermétique soit ainsi totalement compromis par ces évidents exemples d'idolâtrie païenne. Plutôt, en se faisant écho des réserves de saint Augustin, le traducteur français de Lazzarelli entend souligner que les prophètes païens, tels Balaam ou les Sybilles, disaient parfois des vérités et parfois des mensonges.

Cette critique des allégorisations de Lazzarelli prend son origine dans les annotations que son premier éditeur français, Jacques Lefèvre d'Etaples ajoute aux *Hermetica*[9]. Le savant humaniste fait montre d'une attitude tout aussi équilibrée, associant le respect de l'«ancien théologien» et la claire dénonciation de son paganisme. Pourtant ses critiques qui jalonnent surtout le commentaire de l'*Asclepius* (pp. 1866, 1868-1870) se conjuguent à une volonté manifeste de «sauver» le texte d'Hermès, de l'interpréter de façon à le rendre acceptable à un lecteur chrétien. Ainsi, par exemple, l'animisme hermétique, difficile à accepter pour l'ortho-

---

[7] V. par exemple f° 131 v°, 137 r°, 150 v° - 151 r°, 155 v° -158 v°.

[8] Il est vrai cependant que Lazzarelli attribue l'agnosticisme radical à Platon, l'opposant à la connaissance par participation censée être représentée par Denys. Dans les «arguments» introduisant les chapitres successifs de son édition du *Corpus hermeticum*, du Préau utilise aussi la notion de «participation» pour tempérer les formulations trop panthéistes du texte hermétique (f° 38 v°, 82 r°, 85 r°).

[9] V. Marsile Ficin, *Opera omnia*, Basileae, 1576, p. 1876. Les annotations de Lefèvre d'Etaples ont été dès le XVIᵉ siècle faussement attribuées à Ficin (Symphorien Champier est ici une notable exception). Elles ont été donc publiées dans les *Opera omnia* du philosophe florentin. Le *Crater Hermetis* est publié en France en 1505, comme appendice à la seconde édition du *Pimander* de Lefèvre d'Etaples dédiée à Gauillaume Briçonnet. La première édition date de 1494. Sur ces «arguments» commentatifs v. le très complet article d'Isabelle Pantin, «Les 'commentaires' de Lefèvre d'Etaples au *Corpus Hermeticum*», in *Cahiers de l'Hermétisme. Présence d'Hermès Trismégiste*, pp. 167-183.

doxie de Lefèvre, est désarmé grâce à un subterfuge philologique: selon le théologien français, «animal» désigne chez Hermès juste les êtres capables de mouvement et non, ceux qui sont dotés de vie[10].

Il est donc permis de croire que, tout en se démarquant des erreurs de l'idolâtrie païenne, Lefèvre considère Hermès comme un important annonciateur des vérités chrétiennes. Témoin l'insistance particulière avec laquelle il retrouve dans les fragments choisis des traités hermétiques le pessimisme épistémologique et l'apophasie qu'il doit goûter par sa fréquentation de la pensée dionysienne[11]. En effet, c'est parallèlement aux publications des écrits du savant égyptien que Lefèvre édite la théologie «vivifiante» de l'Aréopagite.

Le respect et l'esprit critique ont infléchi la lecture de Lefèvre en l'incitant à adapter certains aspects du texte hermétique à la mentalité chrétienne, sans toutefois recourir à une allégorisation brutale comme celle de Lazzarelli. Ce processus d'acclimatation a gauchi le néo-platonisme originel de la pensée du Trismégiste, sans pourtant, semble-t-il, détacher sur les conceptions théologiques ultérieures de Lefèvre[12]. Pour qu'il en soit ainsi, il a fallu procéder à l'égard de la pensée d'Hermès comme les Pères de l'Eglise l'ont fait vis-à-vis de la culture antique païenne: sélectionnant les pousses faciles à prélever, les émondant pour mieux les greffer ensuite sur leur propre enseignement. Perçus dans cette perspective, les éléments de théologie négative véhiculés par les *Hermetica* pouvaient certainement être mis en valeur. A quel point cette approche sélective représente un équilibre fragile peut être jugé sur

---

[10] V. Isabelle Pantin, surtout p. 171 et suivantes, ainsi que Françoise Joukovsky, «Thèmes plotiniens à la Renaissance: Lefèvre et Champier commentateurs de textes néo-platoniciens», *Studi di letteratura francese*, 5 (1979) pp. 5-10.

[11] V. pp. 1839, 1844, 1850, 1852, 1865; ainsi que Isabelle Pantin, pp. 175-177.

[12] Malgré les justes réserves sur la linéarité de cette évolution (v. Isabelle Pantin, p. 168), il faut garder cependant à l'esprit que Lefèvre d'Etaples commence sa carrière par un traité de magie naturelle inspiré de spéculations cabalistiques et numérologiques sur le nom divin (traité qu'il ne publiera cependant jamais) pour la terminer par ses éditions et commentaires de l'Ecriture. Sur le *De magia naturali* de Lefèvre v. Eugene F. Rice, «The *De Magia Naturali* of Jacques Lefèvre d'Etaples», in *Philosophy and Humanism: Renaissance Essays in Honor of Paul Oskar Kristeller*, éd. Edward P. Mahoney, Leiden, E. J. Brill, 1976, pp. 19-29; Brian P. Copenhaver, «Lefèvre d'Etaples, Symphorien Champier, and the Secret Names of God», *Journal of the Warburg and Courtauld Institutes*, 40 (1977), pp. 189-211.

l'exemple du monumental commentaire du *Pimandre* rédigé par l'évêque François, comte de Foix de Candale.

Non pas que Candale tente d'allégoriser - à l'exemple de Lazzarelli - les passages compromettants du texte hermétique. Il les élimine en quelque sorte, en les attribuant au traducteur présumé de l'*Asclepius*, Apulée, connu par ses goûts pour la magie[13]. Ainsi, pur de tout opprobre, le Trismégiste peut être rangé parmi ceux qui, inspirés par la pensée divine, sont appelés «dieux» par le psalmiste. C'est d'ailleurs «en l'intention de Mercure» que le Christ évoque le *dii estis* de David (p. 123). Il n'est donc pas étonnant qu'après une telle sacralisation du texte hermétique plus aucune contradiction ne soit possible entre sa philosophie et la théologie chrétienne: la confession de foi de Mercure s'accorde parfaitement avec le *Credo*[14].

Fondée sur de telles prémisses interprétatives, la théologie négative du Trismégiste prend une orientation toute particulière. En commentant le fameux chapitre cinq du *Pimandre*, Candale note évidemment le caractère omninommable et ineffable de Dieu, en y ajoutant toutefois une remarque fort significative (pp. 216-217). En effet, Dieu peut être nommé de tous les noms de ses créatures, car il est l'être même de toutes choses, «il a ses essences en toutes creatures corporelles». Plus même: puisqu'il est le seul étant (p. 102), toutes les créatures ne sont «qu'en la partie, qu'elles tiennent de luy». Certes, en ayant en soi toutes les essences des choses, essences qui lui confèrent donc tous les noms des créatures, Dieu ne peut être ni compris ni composé d'elles. Force est cependant de remarquer que les formulations de Candale mènent son lecteur vers une présence essentielle du Créateur en ses œuvres, fort différente de la relation causale soulignée par Thomas d'Aquin ou du rayon de l'amour divin entrevu par Ficin.

En outre, une telle conception de l'essence des choses - définie comme «une continuelle constance immuable», don de Dieu fondant

---

[13] François comte de Foix de Candale, *Le Pimandre de Mercure Trismegiste de la Philosophie Chrestienne...*, Bordeaux, S. Millanges, 1579, préface de l'auteur. En chargeant Apulée de tous les griefs, Candale suit la tactique de Symphorien Champier (v. Brian P. Copenhaver, *Symphorien Champier and the Reception of the Occultist Tradition in Renaissance France*, The Hague, Paris, New York: Mouton Publishers, 1978, pp. 111-112).

[14] Il est symptomatique que pour Candale, tout comme pour Lazzarelli et contrairement à Ficin, Hermès est à placer avant, et non après l'époque de Moïse.

l'*habitus* inaltérable de la créature - permet aussi de nuancer l'apophatisme potentiel du texte hermétique. L'essence éternelle est bel et bien
opposée à la substance changeante des choses. Mais si Dieu ne peut être
exprimé par aucune «diction substantive», il peut, en revanche, être
nommé par une «diction adiective et essentiale» telle que «bon» (pp. 117-
118).

Mais c'est surtout dans ses versions «fortes» que la théologie négative
reçoit chez Candale des interprétations les plus révélatrices. En effet,
l'évêque hermétiste dresse un double obstacle à l'expression du divin.
Non seulement l'infini de Dieu mais aussi l'infinité de la pensée de
l'homme compromettent toute tentative de la parole humaine. Notre
intelligence ne peut exprimer tout ce qui est en Lui, pas plus qu'elle n'est
capable de verbaliser tout ce qu'elle peut, elle-même, connaître du divin.
Cette «infinitude des deux suiectz dependans l'un de l'autre», Dieu et la
pensée, ne constitue donc pas seulement un argument en faveur de la
théologie apophatique, mais pose l'homme et son Créateur dans une
relation de curieuse ressemblance.

De ce point de vue, la théologie proposée par Candale part de
nouveau de prémisses traditionnelles. Dieu a créé les hommes en son
image, mais tous ne sont pas dignes d'être appelés «semblables» au
Seigneur. L'image du Créateur n'est pas de nature corporelle; elle est
donc à chercher dans la partie raisonnable de l'homme, dans sa pensée
(pp. 25-27, 150). Toutefois, remarque Candale, ni les doctrines ni les
inventions intellectuelles ne nous sont communiquées sous forme
d'image et de figure. Nous les appréhendons directement, car dans le cas
de ce qui est incorporel l'image et l'original coïncident: le Christ, image
de Dieu, est identique au Père. C'est pourquoi «Dieu n'a image que sa
présence» (p. 28).

Si l'image de Dieu, inscrite dans l'intellect humain, est identique à sa
présence, il s'ensuit que l'homme est coessentiel de Dieu (p. 551). Plus
précisément, la «Raison humaine est le sainct Esprit en l'homme»; Dieu
est en nous en tant que notre essence raisonnable. Cette forme de
présence de Dieu en sa créature fonde la connaissance que nous avons de
Lui. Dorénavant, il est licite de maintenir que Dieu ne peut être connu
que de Lui-même puisque la raison humaine qui se tourne vers la
connaissance du divin est l'Esprit même de Dieu (pp. 729-730).

D'ailleurs la nature est, elle-même, une essence divine (p. 426). Bien
qu'en refusant l'unicité de l'intellect, Candale se distancie manifestement

de l'averroïsme, une telle insistance sur la présence du Créateur dans le monde le mène vers des formulations où l'admiration envers Hermès l'emporte visiblement sur sa fidélité envers l'orthodoxie[15]. Ainsi, dit-il, «créer» ne peut, comme d'ailleurs le prouve son étymologie latine, signifier «faire quelque chose de rien». Traiter avec le non-être serait bien indigne du divin créateur. Celui-ci a donc produit toute matière à partir de ses vertus intelligibles et spirituelles. Car seules ces essences divines sont véritablement, tandis que le Rien, pure privation d'essence, n'est pas. Il en résulte la vision d'un monde curieusement plein, inexorablement voué à l'être par l'irréversible décret divin qui lui a conféré ses essences. Celles-ci, étant des «vertus divines», attachent les choses à l'être au point d'en exclure totalement la privation ou l'inexistence:

> ...dirons qu'il ne seroit chose si temeraire de dire Dieu a faict ses creatures sans rien, car de vrai il les a faictes sans ceste privation qui est rien.   (p. 117)

Pour englober en un seul concept cet univers des choses condamnées à la perpétuelle identité («mesmesse»), Candale propose le «jamais» qui désigne le temps infini du monde, donc son essence, de même que la puissance de Dieu (pp. 426-434). Dans le monde, le «jamais» est l'âme de l'univers possédant toutes les puissances divines qui régissent les choses; en l'homme il est l'âme individuelle «laquelle est essence divine, tirée de l'âme de l'univers». Dans une autre formulation, le «jamais» est la *potentia ordinata*, cette puissance de Dieu qui, effet d'auto-limitation volontaire, est députée à la conduite des créatures. Bref, le «jamais» orne la matière d'immortalité.

Il n'est donc pas étonnant que lorsque Candale parle de l'équivalence entre la compréhension affirmative et négative du «Rien», le sens de ce fragment soit tout à fait opposé à la métaphysique du non-être du *De Nihilo* de Bovelles. Le passage en question est un commentaire des paroles du *Pimandre*: «rien est hors de luy et luy hors de rien» (p. 320).

---

[15] Sur la censure du commentaire de Candale à Hermès v. Frederick Purnell, Jr., «The Hermetist as Heretic: an Unpublished Censure of Foix de Candale's *Pimandre*», in *Supplementum Festivum. Studies in Honor of Paul Oskar Kristeller*, éd. James Hankins, John Monfasani, Frederick Purnell, Jr., Binghamton, N.Y., Medieval and Renaissance Texts and Studies, 1987, pp. 525-535.

Prise affirmativement, cette sentence signifie que Dieu est totalement séparé du rien, de la privation; son sens négatif se résume en la constatation que toute chose dotée d'essence est en Dieu, autrement dit rien n'est hors de Lui. Dans les deux cas le Rien est éliminé de la nature des choses. Cela rappelle fort les constatations préliminaires de Bovelles, à cette différence près que tout ce qui *est* semble pour Candale non pas «quelque chose», mais précisément l'essence divine elle-même. Et c'est peut-être pourquoi, ayant éliminé le Rien de la nature des choses, Candale ne va pas le poser, à nouveau, dans le discours et la culture. Cette élimination est pour l'évêque hermétiste définitive. Elle lui permettra de vaquer à la connaissance de cet univers des essences divines où la communication avec le sacré n'est point logiquement opposée, mais tout au contraire, parfaitement similaire à la circulation propre à la culture humaine.

Pourtant, si l'intelligible est de nature divine et par là même étranger à toute privation (p. 195), l'homme n'est pas divinisé pour autant. Il en est ainsi parce qu'à côté de la raison, l'homme est aussi volonté, et celle-ci est corrompue par le corps (p. 672). Il partage ainsi le sort de toutes les créatures, faites de «contrariété» entre leur partie corporelle et leur partie spirituelle. Comme elles toutes, il est composé de Dieu et de la matière (pp. 366, 677).

Et c'est dans cette dualité anthropologique que l'interprétation de Candale révèle le plus ouvertement ce qui est le caractère propre de la pensée hermétiste: la gnose. En effet, «le principal nom de Dieu pour l'homme, c'est sa cognoissance» (p. 192). La connaissance de Dieu est pour l'homme le vrai chemin du salut (p. 78). Dans cette tâche, Dieu n'a pas laissé sa créature démunie. Tout au contraire, dès la lettre dédicatoire de son commentaire, Candale s'empresse de souligner que le Seigneur ne pouvant être connu que de Lui-même, il a conféré à l'homme son essence raisonnable, autrement dit son Saint-Esprit, précisément pour être connu en cette «partie divine»: «C'est donc ceste raison mise en l'homme, qui est la principale partie pour cognoistre Dieu...» (p. 115).

Ainsi l'on peut légitimement dire que la connaissance de Dieu passe chez l'homme par la connaissance de soi, l'appréhension de sa propre pensée. Dans ce qui semble un lieu commun de l'humanisme, il importe toutefois de remarquer la différence majeure entre la gnose hermétique et le savoir dionysien. Celui-ci, repoussé dans la transcendance, n'est certainement pas inscrit *naturellement* dans l'intellect même de l'homme.

D'ailleurs la connaissance de soi semble importer peu à l'Aréopagite[16]. Chez les hermétistes tels que Candale en revanche, ce programme intellectuel se traduit directement en une exigence morale: pour percevoir l'essence divine qui est en nous, nous sommes appelés à vaincre nos concupiscences, à subjuguer notre corporalité (pp. 672-675). C'est alors que notre partie raisonnable, s'étant «confirmée» en la connaissance de l'image et ressemblance de Dieu «trouvera qu'elle cognoistra le mesme Dieu» (p. 102).

Il y a là une vision fondamentalement optimiste des possibilités épistémologiques de l'homme. Celui-ci ne doit point s'arrêter aux frontières tracées par les sens. Passant outre, il lui faut considérer les puissances intelligibles dont il est doté et qui, étant de nature divine, font qu'il est «sans aucun bord ou limite» (p. 478). Rien donc ne serait impossible à l'homme, s'il n'était empêché par le corps.

Candale, qui d'habitude est fort chiche de références à ses lectures, n'évoque nulle part le nom de Denys l'Aréopagite. En commentant une série de négatives par lesquelles Mercure décrit la vérité divine à son fils Tat, l'évêque hermétiste attribue la parenté de la théologie négative à Hermès Trismégiste. Dans cette perspective, les théologiens chrétiens qui, en parlant de Dieu, ont préféré les négations aux affirmations, sont donc présentés comme tributaires de cette source antique de pensée hermétique: «De ceste maniere depuis ont usé apres luy les plus grands et renommez de l'eglise de Iesus Christ, escrivants sur les sainctes letres» (p. 589). Mais Tat est irrité par l'obscurité des paroles de son père. Il ne comprend pas pourquoi il entend des propos si voilés, lui, qui pensait avoir déjà pénétré à fond les mystères de l'intelligible. Il semble que son impatience soit fort légitime. En effet la fonction de la théologie négative dans le commentaire de Candale semble, malgré d'apparentes similarités, se trouver à l'opposé de la place qu'elle occupe chez les partisans de la spéculation mystique tels que Bovelles et Nicolas de Cues. Elle n'est pas la prémisse fondamentale qui révèle l'abîme ontologique séparant l'homme de son Dieu. Elle n'est pas le facteur qui cristallise la disjonction épistémologique infranchissable entre le sujet de la connaissance et les essences et qui fonde ainsi le discours négatif de l'apophase. Dans

---

[16] Sur les différences entre la gnose hermétique et la science dionysienne v. René Roques, *L'Univers dionysien. Structure hiérarchique du monde selon le Pseudo-Denys*, Paris, Aubier, 1954, pp. 240-243.

l'hermétisme de Lazzarelli et de Candale, la théologie négative est plutôt une lointaine limite, constamment repoussée par les progrès de l'initiation gnostique. Elle n'est pas à l'origine de la réflexion méta-physique, mais se trouve en son appendice, à son aboutissement. Chez les hermétistes décidés à rester fidèles à l'enseignement du Trismégiste, la théologie négative remplit le rôle de garde-fou de l'identité essentielle de l'homme et de son Créateur, une barrière, somme toute, trop faible pour contenir le flot débordant de l'allégorisme, allégorisme libéré par la conviction que Dieu est présent dans l'homme en tant que sa pensée.

Non pas que cette version hermétiste de la *via negativa* soit moins radicale que ses interprétations mystiques. Les lectures que Lazzarelli et Candale proposent des textes hermétiques diffèrent largement de leur approche sélective proposée par Lefèvre d'Etaples qui, tour à tour, apaise les différences et condamne les thèses inadmissibles pour une conscience chrétienne[17]. Toutefois, bien qu'également radicaux, l'hermétisme de Lazzarelli et de Candale, de même que le mysticisme dionysien de Cusanus et de Bovelles prennent place aux deux extrêmes opposés par rapport au courant central scolastique et néo-platonicien de la culture[18]. Les deux solutions extrêmes usent volontiers de la dialectique du Tout et du Rien, mais, contrairement aux mystiques, les hermétistes radicaux préfèrent la Totalité au Néant. Les deux courants soulignent que Dieu est *omnia in omnibus*, mais les mystiques de l'apophasie insistent qu'Il est aussi *in nullo nihil*. Enfin, dans les deux cas, Dieu est omninommable et l'allégorisation peut se multiplier librement. Pourtant cette sémiosis illimitée sert à la mystique négative afin d'enrayer le discours dans la

---

[17] Les lectures de Lazzarelli et de Candale s'opposent aussi à l'interprétation du franciscain Annibal Rosselli qui prend le *Pimandre* comme prétexte d'un gigantesque volume alliant le caractère personnel du commentaire renaissant à la composition systématique de la somme médiévale. La négativité du discours sur Dieu y est neutralisée par l'héritage de la pensée thomiste. V. Annibal Rosselli, *Divinus Pymander Hermetis Mercurii Trismegisti cum commentariis...*, Coloniae Agrippinae, ex Officina Choliniana, Sumptibus Petri Cholini, 1630, la première édition est publiée à Cracovie, en 1585-1590.

[18] La réunion de ces deux types de pensée métaphysique et sémiotique en un seul concept, comme c'est le cas de l'«hermetic draft» d'Umberto Eco, semble donc abusive (v. Umberto Eco, *The Limits of Interpretation*, Bloomington and Indiana, Indiana University Press, 1991; ainsi que Umberto Eco, Richard Rorty, Jonathan Culler, Christine Brooke-Rose, *Interpretation and Overinterpretation*, Cambridge, New York, Port Chester, Cambridge University Press, 1992).

contradiction dont l'unique issue sera le silence de la transgression extatique vers la transcendance. Dans le cas de l'hermétisme, les allégories multipliées sont en fait une seule métaphore continuée qui, indifférente aux contradictions des signes, filera d'image en image la trame du secret pour ne laisser, comme cela sera le cas des sciences occultes, aucune *chose* qui ne soit *signe* de l'Œuvre. Il en résultera deux conceptions opposées de la culture: dans le cas de la théologie mystique négative les productions de l'intelligence humaine seront inexorablement vouées à l'artificiel, pouvant, tout au plus, mimer de loin par leur créativité, la création divine. En revanche là où l'hermétisme s'alliera avec une mentalité portée à l'alchimie et à la magie naturelle, l'art de l'homme tentera de se fondre dans la nature en se mettant au diapason des harmonies secrètes du monde[19].

---

[19] V. à ce propos la comparaison de l'œuvre du Saint Esprit et de l'œuvre alchimique dans le commentaire de Candale (p. 136). Sur cette conception occultiste de la culture v. *Remonstrances de la Nature à Lalchymiste errant: avec la response dudict Alchy. par I. de Meung*, in *De la transformation metallique, trois anciens traictez en rithme Françoise...*, Paris, Guillaume Guillard, 1561, f° 32 v° où Hermès est évoqué, de concours avec Jean de Meun, Geber et Lulle.

CHAPITRE VII

DIEU DANS LE LANGAGE, HERMENEUTIQUE ET METAPHORE
LA CABALE CHRETIENNE

Le culte voué à Mercure par Candale et par Lazzarelli doit certainement être considéré comme un cas extrême. Tant extrême, que les deux hermétistes étaient prêts à prendre le Trois Fois Grand pour la vraie source de la sagesse hébraïque. Pour s'en convaincre il leur suffisait de constater la similarité entre les révélations de Moïse et d'Hermès, tout en acceptant l'antériorité temporelle de ce dernier. Nourri dès son enfance de savoir égyptien, l'auteur du Pentateuque devenait ainsi le premier propagateur de l'hermétisme[1].

Pourtant la Renaissance préfère nettement l'ordre de filiation inverse. Dans le même volume où il traduit Lazzarelli, Gabriel du Préau admet l'existence d'un astrologue égyptien Athlas, frère de Prométhée, contemporain de Moïse et ancêtre d'Hermès Trismégiste. Ce passage, corroboré par l'autorité de saint Augustin, est en fait puisé dans l'*Argumentum* dont Ficin préface sa traduction du *Pimandre*[2]. La chronologie ainsi tracée faisait partie de l'argumentation augustinienne en faveur de l'antiquité - et donc de la supériorité - des prophètes bibliques sur les philosophes païens. Elle acquiert chez Ficin une importance nouvelle en conférant à Platon, qui conclut la lignée des sages païens, le lustre de l'antiquité égyptienne. Mais surtout elle met le philosophe grec en rapport avec le prophétisme du peuple élu. Conformément aux désirs de Ficin, Platon peut alors devenir le «Moïse parlant grec», tandis que la *prisca theologia*, baignée aux sources de la Révélation, pourra se muer en *philosophia perennis*, philosophie non

---

[1] V. la préface à la traduction de 1579 par Foix de Candale, ainsi que le *Bassin d'Hermès* de Lazzarelli dans la traduction de du Préau, fº 130 vº.

[2] Edition du Préau, a iiii. V. aussi *De civit. dei*, XVIII, 39, 315. Sur la présence de ce texte chez Ficin, v. Raymond Marcel, *Marsile Ficin (1433-1499)*, Paris, Les Belles Lettres, 1958, pp. 612-613, ainsi que pp. 616-619, 634-635.

seulement ancienne mais aussi éternelle, car partageant avec le christianisme les mêmes racines[3].

Ce qui, pour Ficin, révèle le merveilleux accord entre la philosophie grecque et le judéo-christianisme, demeure pour d'autres la preuve d'une occultation intentionnelle, orchestrée par la *Graecia mendax*, le témoignage du mensonge par lequel les Grecs ont déformé la sagesse volée auparavant aux Hébreux[4]. Tout comme la philosophie païenne de Proclus pouvait être perçue, par un curieux renversement de la chronologie, comme la perversion du message chrétien de Denys, de même, grâce au fantasme de la *translatio studii* réajustée selon les besoins, on pouvait considérer les Grecs comme les héritiers ingrats de Moïse.

Le parallèle n'est point arbitraire, car la pensée dionysienne a servi de puissant catalyseur et, pourrait-on dire, de filtre dans la réception du mysticisme judaïque par les théologiens chrétiens à la Renaissance. Comme exemple il suffit de citer le rôle joué par la hiérarchie céleste de l'Aréopagite dans la lecture de l'angélogie hébraïque effectuée par Jean Pic de la Mirandole. Non seulement le docte comte constate un clair parallélisme entre les deux doctrines - ce qui s'explique d'ailleurs par l'accord entre l'«ancienne discipline Mosaïque», les «monumens Egyptiens», la «Philosophie Platonique» et la «catholique verité» -, mais aussi il annonce ouvertement son intention d'emporter de la Synagogue tout ce qui peut être adopté par les chrétiens («enfans legitimes d'Israel») en rejetant toutefois ce qui demeure éloigné de la vérité évangélique[5].

---

[3] Sur la notion de *philosophia perennis*, v. l'introduction de Charles B. Schmitt à son édition du *De perenni philosophia* d'Augustinus Steuchus de 1540, New York, Johnson Reprint Corporation, 1972.

[4] Les deux perspectives sont clairement distinguées par Jean-François Maillard, «L'autre vérité: le discours émithologique chez les kabbalistes chrétiens de la Renaissance», in *Discours étymologiques. Actes du Colloque international organisé à l'occasion du centenaire de la naissance de Walter von Warburg*, éd. J.-Pierre Chambon et Georges Lüdi, Tübingen, Max Niemeyer, 1991, p. 3.

[5] V. la traduction de l'*Heptaplus* par Nicolas Le Fèvre de la Boderie, in *L'Harmonie du monde, divisee en trois cantiques. Œuvre singulier, et plain d'admirable erudition: Premierement composé en Latin par Francois Georges Vénitien, et depuis traduict et illustré par Guy Le Fevre de la Boderie ...plus L'Heptaple de Iean Picus Comte de la Mirande translaté par Nicolas Le Fevre de la Boderie*, Paris, Jean Macé, 1578, p. 847. Frances A. Yates parle de ce fragment en suivant les suggestions d'Eugenio Garin qui, abusivement, semble-t-il, implique dans son interprétation la théorie des sefirot (*Giordano Bruno and the Hermetic Tradition*, Chicago, The University of Chicago

Pour justifier partiellement Pic, il importe d'ajouter qu'une part de la responsabilité pour cette entreprise de christianisation incombe à Flavius Mithridates, Juif converti, qui était le principal fournisseur du comte en textes de mystique hébraïque. Comme le démontre avec précision la fascinante étude de Chaim Wirszubski, Mithridates modifie à plusieurs reprises ses sources juives en vue de leur lecture apologétique chrétienne. Il ajoute ainsi une expression faisant clairement allusion à Denys l'Aréopagite dans sa traduction du passage du *Corona Nominis Boni* d'Abraham Axelrad qui servira de source à la deuxième *conclusio secundum doctrinam sapientum hebreorum Cabalistarum* de Pic portant spécifiquement sur l'angélogie[6].

L'angélogie n'est qu'un exemple de question à laquelle les humanistes étaient tentés de rechercher une réponse, la connexion hermético-égyptienne aidant, aussi bien dans la mystique juive que dans le platonisme dionysien. Une autre, particulièrement importante, sera la théologie négative. Force est de se demander quelle est la place de la négativité des signes dans la pensée de ceux, parmi les lettrés renaissants, qui lisent tout aussi volontiers les traités de cabale que les écrits dionysiens. Avant d'aborder cette question, il faut cependant se rendre compte que, du point de vue du parallélisme, voire de l'interférence possible de ces deux traditions philosophiques dans les lettres renaissantes, aussi importante que le contenu de leurs doctrines respectives demeure la modalité supposée de leur réception.

Or, «réception» est précisément le nom de la cabale, courant de la mystique juive qui gagna une grande notoriété parmi les humanistes chrétiens et qui fut souvent perçu à travers l'enseignement dionysien généralement accepté. En concluant son *Commentaire...* de la «canzona de amore» de Girolamo Benivieni, Pic souligne que les anciens théologiens prévenaient leurs disciples contre une publication inconsidérée des secrets divins.

Press, 1964, pp. 122-123).

[6] *Pico della Mirandola's Encounter with Jewish Mysticism*, Cambridge - London, Harvard University Press, 1989, pp. 22-23. Le segment de phrase ajouté par Mithridates dans sa traduction est: «*et tales dicuntur hierarchia celestis*». Il est aussi à noter que la *Corona Nominis Boni* suggère neuf hiérarchies des anges, ce qui contraste avec le nombre dix habituellement cité par l'angélogie hébraïque, mais ce qui s'adapte parfaitement à la doctrine dionysienne.

Origène écrit que Jésus Christ a révélé maints mystères à ses disciples qui n'ont pas voulu les écrire, mais les transmettaient seulement oralement à ceux qui leur en paraissaient dignes. Denys l'Aréopagite confirme avoir observé cette pratique d'après nos prêtres qui recevaient par succession, l'un de l'autre, l'intelligence des secrets qu'il n'était pas licite d'écrire. Et Denys, expliquant à Timothée les multiples et profondes significations des noms de Dieu, de la hiérarchie angélique et ecclésiastique, lui ordonne de tenir ce livre caché et de ne le communiquer qu'au petit nombre de ceux qui sont dignes d'une telle connaissance. Cette discipline fut religieusement observée à l'imitation des anciens Hébreux, et c'est pourquoi leur science, dans laquelle est contenue l'exposition des mystères énigmatiques et cachés de la loi, est appelée Cabale, ce qui signifie «reception», car ils l'apprennent l'un de l'autre non par écrit, mais par une transmission orale.[7]

La similarité tracée ici entre la cabale, la tradition dionysienne et l'enseignement du Christ repose sur l'existence supposée d'une révélation orale, parallèle au savoir légué par la voie de l'écrit. Appliquée à l'Evangile, cette supposition mène immanquablement vers des conclusions fort hétérodoxes: elle présente l'Ecriture comme une révélation tronquée, privée d'une doctrine secrète essentielle, qui, elle, demeure réservée à un groupe d'initiés. Cette doctrine pourrait être la théologie de Denys, ce disciple de saint Paul, introduit aux arcanes d'un savoir que l'apôtre n'a visiblement pas voulu divulguer dans ses épîtres. Au second degré cependant, l'enseignement dionysien nécessite lui-même d'être complété, car il ne peut apparemment être compris qu'à la lumière de la cabale, cette tradition juive passée de génération en

---

[7] «Scrive Origene avere Iesu Cristo revelato molti misterii a' disceptoli, e' quali loro non volsono scrivere, ma solo a bocca, a chi loro ne parea degno, gli comunicarono; e questo Dionisio Areopagita conferma avere osservato di poi e' sacerdoti nostri, che per suscessione l'uno dall'altro ricevessi la intelligenzia de' secreti che non era lecito a scrivere; e Dionision a Timoteo, esponendo de' nomi di Dio e della gerarchia angelica e ecclesiastica molti profundi sensi, gli comanda che tenga el libre nascoso e non lo comunichi se non a pochi, che di tale cognizione siano degni. Questo ordine appresso gli antiqui ebrei fu santissimamente osservato e per questo la loro scienzia, nella quale la esposizione delli astrusi e asconditi misterii della legge si contiene, Cabala si chiama, che significa recezione, perchè non per scritti ma per successione a bocca l'uno dall'altro la ricevono» - pp. 580-581 dans l'édition d'Eugenio Garin *De hominis dignitate. Heptaplus. De ente et uno*, Firenze, Vallecchi Editore, 1942. V. aussi *Oratio de hominis dignitate*, p. 156.

génération. Moïse aurait reçu la cabale directement de Dieu sans vouloir toutefois la révéler dans le Pentateuque[8]. Par un curieux renversement qui doit plus à la foi religieuse qu'à la philologie, la clé du sens serait alors à chercher non pas dans ce qui est énoncé, mais, au contraire, dans ce qui ne l'est pas. Ou, pour pousser ce raisonnement encore plus loin, c'est précisément parce que la cabale, de même que la théologie dionysienne, ne peuvent aucunement être trouvées dans l'Écriture, qu'elles deviennent d'autant plus authentiques[9].

Ce fantasme de la réception ésotérique de l'enseignement dionysien et de la cabale permettra encore longtemps de considérer le mythique évêque d'Athènes et de Paris comme un cabaliste chevronné[10]. Il est toutefois évident que la sémiotique présupposée par la cabale et la théologie dionysienne, surtout interprétée par Cusanus et par Bovelles, demeurent incompatibles.

Denys rappelle à plusieurs reprises au destinataire de ses écrits, Timothée, de ne pas profaner son enseignement sacré en le divulguant auprès de la multitude. L'une de ces admonestations auxquelles Pic fait visiblement allusion se situe en conclusion du second chapitre de la *Hiérarchie céleste* où Denys formule la théorie des «signes dissimilaires». Énoncé dans ce contexte, le précepte du secret prolonge en quelque sorte la fonction des métaphores matérielles et inadéquates du divin employées

---

[8] V., par exemple, Claude Duret, *Thresor de l'histoire des langues de cest univers...*, Cologny, Matthieu Berjon, 1613, pp. 48-49.

[9] C'est, semble-t-il, la direction que prend l'argumentation de Paul Rici en faveur de la cabale: «Idcirco rudis nimium et inconsyderata argumentatio est, dicere: Apostolus Cabalam non tractat, neque de ea commemorat, ergo Cabalam respuit et contemnit. Quemadmodum turpe et longe execrandum est dicere: Quia Apostolus de sacrata Deipara Virgine, de individua Trinitate (videlicet ob gentium ruditatem) nihil, vel non satis explicat, ideo admittenda non esse. Quia insuper Apostolus, Ambrosius, Augustinus, Hieronymus, aut quisquam veterum Theologorum, de cœlesti et angelica Hierarchia nihil exacte enunciat, quam modo amplissima Dionysii volumina pandunt, propterea respuenda sint, quandoquidem plures sanctorum sapientumque fidelium, haec ipsa tanquam cœlestia oracula amplectuntur et fovent. Eadem utique Lege de rudiuscula et vana illa contra Cabalam argutia iudicandum» - *De cœlesti Agricultura*, in *Artis Cabalisticae*, éd. Joannes Pistorius, Basileae, per Sebastianum Henricpetri, 1597, pp. 124-125.

[10] Jean-Pierre Camus parle de «saint Denys, ce grand Cabaliste» dans ses *Diversités* de 1609 [t. 2, f° 111 f°, cité d'après Jean Dagens, «Hermétisme et Cabale en France depuis Lefèvre d'Etaples à Bossuet», *Revue de Littérature Comparée* 35 (1961), p. 11].

dans la Bible: dans les deux cas il s'agit de séparer le Saint des saints de la réalité tangible jugée indigne, il s'agit d'initier la contemplation tournée vers la transcendance, et stimulée par la constatation du caractère radicalement inadéquat des symboles du sacré.

Or, l'insistance de la tradition dionysienne sur l'inadéquation fondamentale des signes s'oppose à la tendance diamétralement opposée, caractéristique de la tradition cabalistique: la volonté de sonder les symboles à la recherche du savoir secret qui y est caché[11]. Cela est particulièrement visible dans la réception chrétienne de la cabale que Reuchlin définit comme une théologie symbolique, théologie, peut-on ajouter, qui se fonde sur l'intégration de l'Ecriture, du monde naturel et du divin conjointement avec la langue en un ensemble de systèmes de sens qui se répondent[12]. La langue dont il est ici question est évidemment l'hébreu. Pic le comprend très bien, car immédiatement après avoir souligné que les secrets divins ont été occultés devant les profanes, il cite un moyen sûr pour y accéder:

> Science certainement divine et digne d'être connue seulement de peu, le plus grand fondement de notre foi, dont le désir seul me pousse à l'étude assidue de l'hébreu et du chaldéen, sans lesquels il est impossible d'y parvenir.[13]

Et Pic conclut sur l'image du sphinx par laquelle les égyptiens signifiaient que les choses divines sont cachées sous les voiles énigmatiques et poétiques, tout comme l'avait fait Benivieni dans cette

---

[11] Les récentes recherches sur le mysticisme juif tendent à distinguer la cabale théosophique, essentiellement symbolique et cultivée en Espagne à la suite du *Zohar*, de la cabale extatique qui aurait perçu le symbolisme comme un obstacle à l'union avec Dieu (v. Moshe Idel, *Kabbalah. New Perspectives*, New Haven - London, Yale University Press, 1988, pp. 200-249).

[12] «...Cabalam aliud nihil esse nisi (ut Pythagorice loquar) symbolicam theologiam, in qua non modo literae ac nomina sunt rerum signa, verum res etiam rerum» - Johannes Reuchlin, *De arte cabalistica* [1517], f° li v°, éd. Martin et Sarah Goodman, New York, Abaris Books, 1983. Cette définition est donnée par Philolaus, le pythagoricien du dialogue.

[13] «Scienzia per certo divina e degna di non participare se non con pochi, grandissimo fondamento della fede nostra, el desiderio solo del quale mi mosse all'assiduo studio della ebraica e caldaica lingua, sanza il quali alla cognizione di quella pervenire è al tutto impossibile» - *Commento...*, p. 581 dans l'édition d'Eugenio Garin.

chanson d'amour que le philosophe s'est attaché à expliquer. De nouveau, le renvoi final vers le langage poétique semble fort significatif. Pour un lecteur de Denys l'Aréopagite, il pourrait évoquer le caractère poétique des «signes dissimilaires» de la Bible. Mais l'association tourne court car, si pour Denys les symboles du divin sont poétiques dans la mesure où ils n'expriment pas la transcendance, pour Pic, la poésie semble divine pour la raison précisément inverse, parce qu'elle décèle les mystères de Dieu[14].

Ce penchant à voir la poésie en général comme l'allégorie du divin, autrement dit cette tendance à surinterpréter le discours littéraire, la cabale chrétienne la partage avec d'autres courants ésotériques[15]. Sa spécificité est toutefois de l'asseoir sur l'extrême sémiotisation de la langue hébraïque elle-même. Les moindres éléments de cet idiome sacré seront ainsi considérés comme recelant d'infinis mystères de Dieu et de sa Création.

Telle est la conclusion que l'on peut tirer du *Sefer Yetsira*, source essentielle de nombre des textes cabalistiques, accessible aussi directement à la Renaissance dans deux traductions latines[16]. Dieu a créé le monde avec trois «livres»: les textes, les nombres et les prononciations[17]. Dès cette seconde phrase du traité il est possible de reconnaître les

---

[14] Sur le projet de la *poetica theologia* de Pic, v. Fernand Roulier, *Jean Pic de la Mirandole (1463-1494), humaniste, philosophe et théologien*, Genève, Slatkine, 1989, pp. 130-135; sur le platonisme du *Commento...* v. Antonino Raspanti, *Filosofia, teologia, religione. L'unità della visione in Giovanni Pico della Mirandola*, Palermo, Edi Oftes, 1991, pp. 213-226.

[15] Une tendance herméneutique similaire, mais qui a pour conclusion la spiritualisation de la nature, est visible dans le discours alchimique. Comme exemple v. la lecture alchimique du *Roman de la Rose* par Jacques Gohorry (v. mon article «L''alchimie' du *Roman de la Rose* et les limites de l'allégorie», in *Conjunctures: Medieval Studies in Honor of Douglas Kelly*, éd. Keith Busby, Norris J. Lacy, Amsterdam, Atlanta, Rodopi, 1994, pp. 343-357).

[16] La première est celle de Guillaume Postel (*Abrahami patriarchae Liber Ietzirah...*, Parisiis, vaeneunt G. Postello, 1552), la seconde est insérée dans la collection cabalistique de Pistorius (*Liber de creatione*, pp. 869-872, elle sera notre édition de référence). Pour une édition moderne on peut consulter celle de Aryeh Kaplan (York Beach, Maine, Samuel Weiser, Inc., 1993). Sur l'importance de ce texte, v. Gershom G. Scholem, *Les origines de la Kabbale*, Paris, Aubier-Montaigne, 1966, p. 33 et suivantes.

[17] «בספר וספר וספור» dans l'édition d'Aryeh Kaplan, ce qui est traduit dans l'édition de Pistorius par «*scriptis, numeratis, pronunciatis*».

thèmes qui seront par après habituellement associés avec la cabale: l'importance des lettres dont les permutations couplées avec les spéculations sur leurs valeurs numériques généreront d'infinies associations interprétatives; le problème de la vocalisation du texte écrit dont les diverses prononciations abondent en nouvelles significations[18]. Ce qui est pourtant encore plus significatif est la conjonction de la Création avec la langue et l'écriture - qui aux yeux des lecteurs chrétiens apparaîtra tout simplement comme la langue de l'Ecriture - autrement dit l'association de la cosmologie et de la sémiotique.

Ainsi, sans que cela soit autrement précisé, les phrases suivantes du *Sefer Yetsira* mettent en parallèle les trois «livres» de la création avec les «32 voies de la sagesse» qui sont présentées, elles aussi, comme les instruments de la création divine. Ces 32 «voies» se divisent en deux groupes de réalités auxquelles le reste du *Sefer Yetsira* est consacré. Le premier consiste en les dix sefirot décrites ultérieurement par la tradition cabalistique comme les émanations primordiales, les «vêtements» de la divinité. Comme expressions de Dieu, les sefirot seront rapidement considérées comme attributs divins et même assimilées à des noms du Créateur[19]. Le second est composé de vingt-deux lettres de l'alphabet hébreu qui, gravées, sculptées, combinées et transposées entre elles fondent diverses réalités matérielles: les éléments, les sens, les parties du corps humain, les directions spatiales, les constellations, les divisions temporelles...

Dès l'origine de la cabale apparaît ainsi le problème du statut des manifestations de la divinité que sont les sefirot et les lettres de l'alphabet: appartiennent-elles déjà au domaine du créé ou bien font-elles partie du divin? La tradition cabaliste juive ultérieure décidera en faveur de la seconde solution en plaçant ainsi le langage de Dieu de concours

---

[18] Sur la liberté interprétative qui s'ensuit de la combinatoire des lettres et de la multiplicité des prononciations v. Moshe Idel, pp. 213-216.

[19] V. Paul Rici, *De coelesti agricultura*, p. 121, théorème XXVIII: «Eiuscemodi decem Dei nomina, decem sephiros (id est, numerationes) vocant Cabalei, quarum singulis varia attribuunt cognomenta...». Pour un exemple commun de l'identification des sefirot avec les «vêtements de Dieu» v. Claude Duret, *Thresor...*, p. 180, référence signalée par François Roudaut, *Le Point centrique. Contribution à l'étude de Guy Lefèvre de la Boderie (1541-1598)*, Paris, Klincksieck, 1992, p. 194 n. 5.

avec les sefirot dans la sphère de l'émanation de l'essence suprême[20]. La cabale chrétienne résoudra ce problème à sa manière: c'est-à-dire en introduisant le Christ dans cette sphère de l'incréé. L'opération est en quelque sorte préparée par le *Sefer ha-Bahir*, le second texte fondateur de la cabale hébraïque. Ce traité anonyme insiste sur l'équivalence du «Commencement» et de la «Sagesse», précédés par la même préposition ב (*be*) au début du livre de la Genèse et au début du *Sefer Yetsira*, équivalence qui ne passera pas inaperçue pour Pic[21]. Il n'est pas non plus indifférent que le nom de «Sagesse» (*Hokmah*) sera attribué ultérieurement à la seconde sefira, émanée de la sefira initiale, la couronne (*Keter*) et que certains cabalistes auront tendance à identifier avec le premier principe, le Dieu caché lui-même. En outre, le chiffre 32, mis en valeur dans les «32 voies de la sagesse», est l'équivalent numérique du mot *Lev* (לב), autrement dit «cœur». Toutes ces indications permettront à Guillaume Postel, le premier traducteur du *Bahir* en latin, de voir dans la «Sagesse» cabalistique le Christ qui, de même que l'Esprit Saint, constituent les voies du «cœur» de l'univers[22].

Grâce à la mystique des lettres et des sefirot, la sphère de l'incréé peut devenir ainsi l'objet de la spéculation théologique. Il n'en est pas moins vrai que Dieu qui s'exprime dans ces manifestations est aussi le Premier Principe totalement inaccessible à la pensée et à ses différenciations. La cabale véhicule une théologie négative qui lui est propre et qui, nourrie elle-même d'influences néo-platoniciennes originelles, pouvait être récupérée par la théologie négative chrétienne. Comme le formule Nahmanide, cabaliste de l'école de Gérone du XIIIe siècle, Dieu peut être considéré sous l'aspect du «cœur», לב, autrement dit de la Volonté qui

[20] V. Gershom Scholem, «Le Nom de Dieu ou la théorie du langage dans la Kabbale mystique du langage», in *Le Nom et les symboles de Dieu dans la mystique juive*, Paris, les éditions du Cerf, 1983, p. 72 et suivantes. Sur l'influence néo-platonicienne et gnostique sur ces concepts cabalistiques v. Gershom Scholem, *Kabbalah,* Jerusalem, Keter Publishing House Jerusalem Ltd., 1974, p. 96 et suivantes.

[21] Sur le *Bahir* v. Gershom Scholem, *Les origines...*, p. 58 et suivantes. Scholem est aussi le traducteur moderne de ce texte. V. aussi les conclusions XXV et XXVI de Pico *secundum doctrinam sapientum Hebraeorum Cabalistarum* dont Chaim Wirszubski indique les sources (p. 41).

[22] «Unde Sapientia remisit suos ad Spiritum sanctum, viae illae sunt cor universi et fons vitae mundi Jesus» - la traduction de Postel a été éditée par François Secret, *Postelliana*, Nieuwkoop, B. de Graaf, 1981, v. particulièrement les paragraphes 63 et 3.

soutient la création, ou bien, dans une perspective inverse, comme Néant, בל, séquence des consonnes qui correspond à la préposition «sans» (בלי). Déjà le *Sefer Yetsira* parle des sefirot «*bli'ma*» («sans quoi [que ce soit]»), ce qui est rendu dans sa traduction latine par «dix propriétés outre ce qui est ineffable» - *decem proprietates, praeter id, quod est ineffabile*[23]. Selon une autre formulation, appelée à une plus grande fortune, l'inexprimable et l'inconnaissable Principe Divin qui est la source première des émanations sefirotiques est désigné par *En-sof*, littéralement «Sans-fin». Cette expression adverbiale sera précédée ultérieurement par un article défini, devenant ainsi une épithète de Dieu. En même temps, entendue soit comme l'Infini impersonnel, soit comme le Dieu infini, elle cristallise la lutte au sein de la cabale juive entre les conceptions théistes proprement judaïques et l'Un de la philosophie néo-platonicienne. L'attraction de cette dernière a été jugée suffisamment considérable pour autoriser même l'hypothèse d'influences possibles de la théologie négative de Jean Scot Erigène sur celle d'Azriel, l'un des représentants majeurs de l'école de Gérone[24].

Mais l'interpénétration mutuelle des sources chrétiennes et juives, favorisée certainement par leurs racines communes puisant chez Jean Damascène, Denys l'Aréopagite, Grégoire de Nysse, Clément d'Alexandrie, et plus loin, chez Plotin et Philon le Juif, importe pour la pensée renaissante avant tout dans la mesure où elle a permis aux humanistes de percevoir, ou plutôt d'admettre, une communauté essentielle d'intérêts entre la cabale et la théologie négative chrétienne qui appartenait à leur propre héritage intellectuel[25]. Ce phénomène de la

---

[23] Johann Reuchlin préfère ne pas traduire et écrit: «Decem numerationes Belima», «decem praeter quid, scilicet excepta dei quidditate», f° lv v° et lxiii r°. Sur Dieu-Néant dans la pensée cabalistique et particulièrement sur les débats à ce sujet dans l'école de Gérone, v. Gershom Scholem, *Kabbalah...*, pp. 88-98, *Les origines...*, pp. 454 et suivantes, de même que «Dieu de Plotin et Dieu de la Bible», in *Le Nom et les symboles de Dieu...*, pp. 27-32.

[24] Cette hypothèse est formulée à plusieurs reprises par Scholem (par exemple, *Les origines*, p. 462), mais, semble-t-il, elle n'a jamais été vraiment explorée.

[25] Sur cette communauté des sources patristiques et antiques réunissant la théologie négative du judaïsme et celle de la chrétienté, v. Harry Austryn Wolfson, «Negative Attributes in the Church Fathers and the Gnostic Basilides», in *Studies in the History of Philosophy and Religion*, Cambridge, Ma., Harvard University Press, 1973, t. 1, pp. 131-142. Je remercie le Professeur Norman Roth de m'avoir indiqué cette référence.

reconnaissance dans la tradition juive des motifs philosophiques familiers, reconnaissance qui, faut-il ajouter, ne se fait pas sans quelques manipulations, est clairement visible sur l'exemple de la conception de Dieu comme union des contraires.

A la fin du livre I du *De arte cabalistica* de Reuchlin, le «rabbin Simon», qui introduit ses visiteurs aux arcanes de la cabale, évoque l'infinité inconnaissable et indicible du *En-sof* (f° xxi r° - v°). Pour illustrer son propos il cite le traité *Sur la foi et l'hérésie* d'Azriel de Gérone qui identifie l'Etre et le Non-être dans l'Un divin. Une telle violation de la logique rationnelle nécessite une explication. Elle sera fournie immédiatement après par «un philosophe et archevêque allemand» selon qui la coïncidence des contradictoires dans l'infini échappe à l'emprise de la raison. Cette évocation de l'autorité de Cusanus par le «rabbin» du dialogue de Reuchlin est destinée à servir sa violente critique du raisonnement syllogistique en matière de théologie. Visiblement, Reuchlin pressent l'opposition que peut soulever de la part des scolastiques la christianisation de la cabale. Il proclame donc quelques pages plus loin le divorce entre la révélation divine et l'investigation humaine en se référant à l'isolement des degrés épistémologiques cusains: la foi est aussi séparée du savoir que l'intellect (*mens*) l'est de la raison (f° xxvi r° - v°). Cette fois-ci Cusanus n'est pas explicitement évoqué, mais ce principe essentiel de sa métaphysique est placé dans le sillage d'une citation des *Noms divins* de Denys l'Aréopagite qui conteste l'existence d'une relation logique nécessaire entre la cause et son effet. Ainsi la théologie négative dionysienne, et particulièrement son interprétation mystique par Cusanus, est choisie comme un terrain d'accueil privilégié de la cabale au sein du christianisme[26].

---

[26] C'est Gershom Scholem qui semble le premier à discuter le rapprochement d'Azriel et de Cusanus chez Reuchlin (V. par exemple, *Les origines...*, pp. 463-464). Sur la mise au service de la théologie cusienne par Reuchlin dans son entreprise de la christianisation de la cabale, v. Stephan Meier-Oeser, *Die Präsenz des Vergessenen. Zur Rezeption der Philosophie des Nicolaus Cusanus vom 15. bis zum 18. Jahrhundert*, Münster: Aschendorff, 1989, pp. 62-70. Stephan Meier-Oeser analyse avec pertinence les divergences séparant l'interprétation reuchlinienne de Cusanus de celle proposée par Lefèvre d'Etaples: l'insistance sur la foi au dépens de l'intellect, le recours aux sources extra-scripturaires, etc.

Or, cette acclimatation ne se fait pas sans que la théologie juive ne subisse de profondes altérations au cours du processus[27]. Ces changements, faut-il ajouter, n'épargnent pas non plus la tradition dionysienne et cusienne qui constituent la structure d'accueil. Tout au contraire, partout là où la cabale s'implante au sein de la théologie de Denys et de Cusanus, elle en modifie profondément la portée métaphysique et sémiotique. Denys et Cusanus cabalistes, réclamés volontiers par des ésotériques postérieurs tels que Athanasius Kircher ou Robert Fludd ont peu à voir avec les maîtres à penser de la mystique négative renaissante[28].

Le même exemple de la coïncidence des contraires peut servir comme illustration de ces phénomènes. En traduisant pour Pic de la Mirandole la préface du *De Secretis Legis* du cabaliste italien Abraham Abulafia, Mithridates y introduit une expression qui infléchit considérablement la portée de l'original et qui affectera certainement la réception de la cabale par le comte: «selon ce que disent les cabalistes en leur principes fondamentaux: tout est dans tout et rien n'est hors de soi» («*secundum quod dicunt Cabaliste in suis primis principiis quod quodlibet est in quolibet et nihil est extra se*»). Ce passage combine en fait deux auteurs différents: Azriel de Gérone et Cusanus. En effet, la formulation «*nihil est extra se*» est la traduction de la thèse d'Azriel pour qui rien n'existe en dehors de Dieu. Elle est puisée dans ses spéculations sur le *En-sof*[29]. Le traité d'Azriel occupe la partie précédente du même manuscrit de Mithridates, et le traducteur de Pic rend par «*extra se*» un suffixe hébraïque qui désigne manifestement dans l'original le Seigneur. En revanche, l'expression «*quodlibet est in quolibet*» - traditionnellement attribuée à Anaxagore - est aussi utilisée par Cusanus comme le titre de l'un des chapitres du second livre *De la docte ignorance*.

---

[27] Chaim Wirszubski l'a magistralement démontré en étudiant les ajouts textuels introduits par le traducteur de Pico, Mithridates, dans sa version latine des écrits d'Abraham Abulafia (pp. 100-105 et 238). En rapportant ces extrapolations je suis cette impressionnante analyse.

[28] Sur la mise au service de Cusanus dans la reconstruction de la *prisca sapientia* v. l'analyse exhaustive de Stephan Meier-Oeser, p. 124 et suivantes.

[29] Spéculations qui paraissent tellement proches du postulat de Jean Scot Erigène selon lequel Dieu est le seul à être véritablement. Cf., par exemple, *De natura rerum*, I, 72, 517d.

Il est certainement symptomatique que Mithridates associe Azriel de Gérone et Cusanus encore avant que ne le fait Reuchlin: la conjonction de la mystique juive et chrétienne se fait donc pour ainsi dire dans le passage de l'une à l'autre, avant même que les sources hébraïques n'atteignent les cabalistes chrétiens. Il est tout aussi important que ce soit l'un des courants les plus néo-platoniciens que le traducteur propose comme exprimant les «principes premiers» de la cabale.

Mais il est avant tout significatif pour l'étude de la théologie négative dans les lettres renaissantes que, par une telle extrapolation de sa traduction, Mithridates altère aussi bien ses sources juives qu'il modifie la portée originale de l'enseignement cusien. En effet, *«nihil est extra se»* perd ici la référence explicite à l'Etre suprême, le *En-sof* d'Azriel. Ainsi une formule réservée par le cabaliste juif pour qualifier Dieu devient applicable à n'importe quelle réalité. La réflexion métaphysique change son orientation verticale primitive en une orientation horizontale, s'éloignant ainsi de la théologie négative dont elle faisait partie dans le traité d'Azriel.

Il en est de même de la formule d'Anaxagore que Mithridates associe avec la citation d'Azriel en une sorte de coïncidence des contraires cusienne. En effet, dans la *Docte ignorance*, II, 5, 117-120, le cardinal attache en fait toute son énergie à réinterpréter le *«quodlibet est in quolibet»* de façon à ce que cette expression entre dans son propre système de pensée. Avant tout, il souligne que l'on ne doit point la comprendre comme l'affirmation de l'existence *actuelle* de toute chose dans n'importe quelle autre, pas plus qu'il ne faut l'entendre comme la similarité d'une chose quelconque avec une autre. Tout au contraire, c'est Dieu qui est dans tout, et c'est en Dieu que toutes les choses sont dans les autres. Il en est de même comme avec une ligne infinie, qui, en tant qu'infinie est en même temps triangle, cercle, et sphère. Puisque toute ligne finie prend son être de la ligne infinie, le triangle, le cercle, et la sphère sont aussi en la ligne finie. Mais elles n'y sont que ce que la ligne finie est véritablement, c'est-à-dire une ligne finie: le triangle y est une ligne finie, le cercle y est une ligne finie, etc. Autrement dit, il n'est pas vrai que le triangle soit *actuellement* un triangle dans la ligne finie, qu'un cercle y soit *actuellement* un cercle, etc. Par ce raisonnement Cusanus entend préserver sa conception de degrés de l'être séparés par des limites ontologiques abruptes, de même que sa vision de Dieu tout en tout, mais qui demeure en même temps infiniment transcendant. Il est clair qu'associée par Mithridates à la phrase d'Azriel (détournée, elle aussi, de son sens originel), la formule d'Anaxagore ne peut plus remplir la fonction qui lui est propre chez Cusanus.

Il en est peut-être ainsi parce que le contexte dans lequel Mithridates insère ces extrapolations n'est pas, comme c'est le cas de Cusanus, une réflexion métaphysique, mais plutôt la défense du caractère paradoxal de la méthode exégétique d'Abulafia, son *ars combinandi*, l'art de la combinaison des lettres de l'alphabet, particulièrement celles du Tétragramme et d'autres noms de Dieu[30]. Cette différence paraît capitale si on l'envisage du point de vue de la pensée cusienne où la réflexion sur les noms divins suit (comme c'est le cas dans le premier livre de la *Docte ignorance*) la spéculation métaphysique. Elle s'estompe toutefois considérablement dans la perspective cabalistique, où l'exégèse et, pourrait-on dire, la manipulation des noms divins *sont* déjà en elles-mêmes une seule et même entreprise métaphysique.

En effet, la conception des «32 voies de la Sagesse» montre déjà que la manifestation de Dieu, qu'il s'agisse des émanations ou de la création proprement dite, est comprise comme un processus linguistique où les combinaisons des lettres de l'alphabet hébreu jouent un rôle majeur. Or, comme l'énonce la toute première phrase du *Sefer Yetsira*, ce processus se résume à une inscription du nom divin: «Par les 32 voies de la sagesse, les plus merveilleuses et cachées, l'Eternel Dieu des Armées engrava son nom»[31]. Il s'ensuit que le monde naturel, de même que le langage apparaîtront comme les résultats du déploiement et de la décomposition du nom de Dieu. La sphère des sefirot n'est pas non plus épargnée par ce pansémantisme. A ces dix émanations divines seront assignés dix noms divins respectifs, conformément au principe selon lequel toutes les formes, telles des flammes ou des ramifications d'un arbre, prennent racine dans l'unique Nom de Dieu. Vue dans cette perspective, la Torah

---

[30] Sur cet art - *hokmat ha-zeruf* - v. Gershom Scholem, *Kabbalah...*, p. 180 et suivantes.

[31] «Triginta duabus vijs scientiae, maxime mirabilibus et occultis, יה Deus צבאר sculpsit nomen suum». En fait, dans les originaux hébreux «l'Eternel» et «Dieu des Armées» sont les premiers éléments de toute une série de noms divins occupant la position de l'objet de la phrase (en l'absence de «son nom» en cette position), tandis que le sujet du verbe «engraver» est un pronom personnel implicite. Sur le rôle fondamental des noms divins dans la mystique cabalistique v. un bref aperçu dans Gershom Scholem, «Le nom de Dieu ou la théorie du langage...», *Kabbalah...*, p. 107 et suivantes.

elle-même, qui aurait été originellement écrite sans séparation des mots, comme du feu noir sur fond de feu blanc, sera assimilée par les cabalistes à un tissu de noms divins[32]. Ou, selon une formulation encore plus radicale, la Loi révélée n'est rien d'autre que *le* Nom de Dieu.

Les conséquences d'une telle mystique des noms divins peuvent être d'ordre herméneutique et «pratique». Tels les miroitements des flammes qui composent la Torah, les permutations, réarrangements et combinaisons du texte donnent occasion à des interprétations potentiellement illimitées. En outre, puisque la Loi est conçue comme un ensemble de noms sacrés ponctuant la Création, leur mise en œuvre peut aisément résulter en des opérations magiques.

Les cabalistes chrétiens sont parfaitement conscients de ces potentialités. Le «rabbin Simon» du *De arte cabalistica* de Reuchlin invite ses interlocuteurs à voir dans les dix noms divins que sont les sefirot la solution du problème des attributs affirmatifs et négatifs de Dieu, problème qui préoccupe tout étudiant novice en théologie. Il n'oublie pas de rappeler la réduction de toute l'Ecriture aux noms divins et, en dernière instance, au Tétragramme, et se lance ensuite en une habile combinatoire des lettres qui identifie les trois premières sefirot respectivement au Père, Fils et à l'Esprit: à partir des deux lettres qui désignent le commencement - le א et le ב - se forme le nom du Père (אב); si l'on ajoute au ב le נ de la particule de négation אין désignant le Rien, on obtient le nom du Fils - בן; si au א et au נ on joint le י de même provenance, on obtient le nom de la troisième sefira: בינה (*Binah*)[33].

Tout cet intérêt pour les générations nominales ne diminue point l'attention de Reuchlin pour les motifs de la cabale qui peuvent s'accorder avec la théologie négative de provenance dionysienne[34]. Le

---

[32] C'est l'opinion de Joseph Gicatilla dont l'ouvrage *Saare Sedech Id Est Porte Iusticie* - l'une des sources de Pico - reçoit dans la traduction de Mithridates un sous-titre bien dionysien: *«de Divinis Nominibus»* (Chaim Wirszubski, pp. 56-57).

[33] *De arte cabalistica*, f° lxii v° - lxiii r°. Les références de Reuchlin sont ici composites: aussi bien le commentaire de Recanati, que l'épitomé des *Portae lucis* fourni par Paul Rici, de même que la radicale mystique des noms divins des *Portae Iustitiae* de Joseph Gicatilla.

[34] Ainsi Reuchlin mettra volontiers en relation le *sermo negativus* de Denys et הו, simple pronom personnel «Il» qui, promu au rang de «nom divin», rend bien par sa vacuité le caractère ineffable de Dieu: *De verbo mirifico* (1494), fac-similé, Stuttgart-Bad Cannstatt, Friedrich Frommann Verlag, 1964, pp. [54-56].

seul fait que le cabaliste chrétien définisse la doctrine hébraïque qu'il admire tant comme une «théologie symbolique» peut être une référence indirecte à Denys, introduite par le pythagorisme dont le *De arte cabalistica* se fait le promoteur. S'il en est ainsi, une telle définition de la cabale révèle symptomatiquement ce qui semble être la question majeure de sa réception par les lettrés renaissants.

En effet, en introduisant sa *Théologie mystique*, Denys affirme avoir écrit déjà une *Théologie symbolique*, traité qui ne nous est pas parvenu, mais qui, à supposer qu'il ait jamais existé, aurait été consacré précisément à la désignation de Dieu par les noms des êtres sensibles[35]. Dans la hiérarchie des œuvres dionysiennes cet écrit devait donc occuper la position opposée à celle de la *Théologie mystique*, qui est le plus succinct, car le plus apophatique des traités consacrés aux dénominations divines. Puisant dans les images sensibles - et par conséquent descendant encore plus bas que le domaine de l'intelligible auquel les *Noms divins* empruntaient les appellations telles que Bien, Etre, Intelligence, etc., - la *Théologie symbolique* aurait développé les images anthropomorphiques et passionnelles de Dieu. Il est évident que dans la perspective dionysienne ce sont là justement les images les plus inadéquates du divin. Est-ce à dire que la «théologie symbolique» de la cabale demeure pour Reuchlin juste un symbole qui renvoie à la transcendance par sa «dissimilarité» matérielle? Adressée à l'ensemble de la «cabale chrétienne», cette question pourrait être formulée quelque peu brutalement comme une alternative entre, d'une part, la conception d'une cabale-herméneutique du sacré, menant éventuellement vers la magie des noms divins, et de l'autre, la perception de la cabale comme simple métaphore, servant à véhiculer des contenus doctrinaux purement chrétiens, étrangers en soi à toute influence hermétiste ou judaïque. La théologie négative demeure la clé de ce problème: dans la cabale chrétienne conçue selon le premier modèle elle reste une sorte de limite, constamment repoussée sous la pression d'une épistémologie fondamentalement optimiste et d'une sémiotique exubérante, dans le second cas, en revanche, elle peut

---

[35] V. *De mystica theologia*, 3, 1033A-1033B. Dans la version de Sarrasin l'expression prend la forme suivante: «In symbolica autem theologia: quae sunt a sensibilibus ad divina Dei nominationes». Ficin parle des «a rebus quae sentiuntur appellationes ad divina translatae». Le terme de «métonymie» n'apparaît dans ce contexte qu'à la suite de l'édition grecque de Morel de 1562.

gagner l'importance que l'orientation philosophique donnée - par exemple cusienne ou thomiste - veut bien lui accorder.

Ramenée au cas de Reuchlin, cette alternative fondamentale prend la forme qui lui convient le plus fréquemment dans la réalité historique des textes: celle d'une position intermédiaire, plus ou moins difficilement localisable sur un continuum unissant les deux pôles extrêmes. L'invocation des 72 noms des anges mentionnée par le «rabbin Simon» de Reuchlin en est un bon exemple (f° lvii r° - v°).

Le nombre 72 est hautement significatif. Il correspond aux 50 «portes de l'intelligence» associées aux 22 lettres de l'alphabet hébreu. Les noms des anges peuvent être obtenus si l'on combine les lettres des vers 19, 20 i 21 de l'*Exode* XIV: pour ce faire il faut prélever une lettre dans chacun de ces vers, qui, symptomatiquement, comptent 72 lettres chacun[36]. Les symboles ainsi obtenus correspondent en outre au Tétragramme, dont la valeur numérique est, elle aussi, 72. Ainsi motivés, les noms des anges semblent être des incantations miraculeuses dotées d'un pouvoir magique.

Toutefois la suite des explications du «rabbin Simon» met en doute une telle interprétation. En effet, interrogé par ses curieux interlocuteurs sur la vocalisation des noms angéliques ainsi obtenus, le savant cabaliste du dialogue de Reuchlin s'empresse de préciser que leur exacte prononciation importe moins que leur valeur commémorative. Les noms des anges doivent avant tout stimuler notre esprit pour le tourner vers les choses divines. En réalité, notre imperfection nous empêchera toujours d'énoncer les noms des anges d'une façon adéquate. Il suffit cependant que la forme de ces symboles éveille nos sens et déclenche une réaction en chaîne, stimulant notre imagination, notre mémoire, notre raison, notre intellect, et en fin notre esprit qui, lui, s'adressera à l'ange auquel est destinée notre prière. L'invocation des anges décrite par le «rabbin Simon» ressemble donc plus à une thérapie de l'âme humaine qu'à une opération magique; elle témoigne plus d'une rhétorique préoccupée par la spiritualité des hommes que d'une ambition à maîtriser les esprits célestes.

Et comme pour dissiper tout doute qui puisse subsister à cet égard, le «rabbin Simon» illustre sa démonstration par l'image du marin qui, tirant

---

[36] Toute cette opération est expliquée par François Secret, *Les Kabbalistes Chrétiens de la Renaissance*, deuxième édition, Milano, Archè 1985, pp. 63-64.

sur l'amarre de son bateau, a la sensation de rapprocher le rivage de son embarcation, tandis que c'est l'inverse qui se produit. Nos prières, de même, ne mettent pas en mouvement les êtres célestes, mais plutôt nous élèvent nous-mêmes vers les hauteurs divines par les signes visibles des rites religieux.

Il importe de noter que le «rabbin Simon» emprunte l'image du marin non pas à la mystique juive, mais aux *Noms divins* (680C) du Pseudo-Denys, où elle sert à expliquer la nature de la prière chrétienne. La sémiotique cabalistique de l'invocation des noms angéliques est donc en quelque sorte tempérée, sinon corrigée par la théologie négative de l'Aréopagite[37]. Cette reconsidération de la cabale jette une lumière critique sur ce qui pourrait être considéré comme le cas majeur de magie cabalistique chez Reuchlin: le «verbe mirifique» auquel il consacre son premier traité (1494)[38]. Il s'agit de IHSUH ou Joshua, autrement dit du nom de Jésus, qui rend enfin prononçable le Tétragramme IHVH. Dans quelle mesure Reuchlin est-il fidèle aux postulats d'Origène pour qui l'invocation des noms divins hébraïques garde une efficacité propre, vertu qui se perd lorsque les chrétiens commencent à s'adresser à leur Dieu par le nom de «Zeus»[39]? Et dans quelle mesure Reuchlin demeure-t-il avant tout un apologiste du Dieu incarné, dont le nom, bel et bien prononçable, préside à tant de miracles attestés dans les évangiles[40]?

Que ce deuxième aspect de l'œuvre de Reuchlin soit d'importance majeure était déjà clair pour Lefèvre d'Etaples, nonobstant quelques doutes de nature philologique. Le patron des évangéliques français signale dans ses notes sur les psaumes que le nom de Joshua-Jésus est

---

[37] En commentant l'invocation des anges chez Reuchlin, Pierre Béhar ne mentionne pas l'intertexte dionysien. C'est peut-être pourquoi il la conçoit comme le rétablissement cabalistique de l'*unio mystica* rompue par le nominalisme, quoiqu'il remarque combien les informations que Reuchlin livre à propos des anges sont en fait limitées (*Les langues occultes de la Renaissance*, Paris, Ed. Desjonquères, 1996, pp. 40-45).

[38] A ce propos v. Charles Zika, «Reuchlin's *De Verbo Mirifico* and the Magic Debate of the Late Fifteenth Century», *Journal of the Warburg and Courtauld Institutes*, 39 (1976), pp. 104-138.

[39] *Contre Celse*, I, 24-25 évoqué dans *De verbo mirifico*, p. [51].

[40] Cette seconde lecture permettrait peut-être de réduire la dualité que Marie-Luce Demonet constate entre l'ouvrage grammatical de Reuchlin, fondé sur une conception arbitraire du signe, et ses œuvres cabalistiques (*Les Voix du signe. Nature et origine du langage à la Renaissance (1480-1580)*, Paris, Champion, 1992, p. 227).

certainement auguste et vénérable et qu'il renferme en soi le Tétragramme, mais que les Juifs l'orthographient avec un ע final et non avec un ה, en mettant ainsi en doute sa filiation avec le Tétragramme imprononçable[41]. Comme autorité sur la question de la transformation du Tétragramme en le Pentagramme christique, Lefèvre d'Etaples cite naturellement Reuchlin, en lui associant Jean Pic de la Mirandole et Cusanus[42]. Cela ne semble cependant pas signifier que le cardinal allemand soit annexé à la cabale chrétienne. Le fond commun à ces personnalités disparates est en fait fourni par saint Jérôme qui est le premier à avoir légué à la théologie chrétienne une liste de dix noms hébreux de Dieu, et qui, en associant pour la première fois le Tétragramme, le nom de Joshua et celui de Jésus, constitue la racine de la spéculation théologique sur ces appellations, spéculation déjà bien vivante parmi les théologiens chrétiens du Moyen Age[43].

S'il est donc vrai que Cusanus se réfère à la cabale juive dans un de ses sermons consacrés au nom de Jésus, il n'en est pas moins important qu'il encadre cette référence - qui a prêté à tant d'interprétations abusives par après - par l'autorité de saint Jérôme, épaulée par celle de Maïmonide[44]. Naturellement, ni l'un, ni l'autre de ces auteurs ne peuvent

---

[41] Jacques Lefèvre d'Etaples, *Quincuplex Psalterium* (Fac-similé de l'édition de 1513), Genève, Droz, 1979, f° 233 r° - v°. V. aussi à ce propos, François Secret, *Les Kabbalistes...*, pp. 136-139; Charles Zika, p. 133, n. 92.

[42] *Quincuplex Psalterium*, f° 105 r°. Sur la question des noms divins hébraïques chez Lefèvre d'Etaples, ainsi que sur la tradition chrétienne sur laquelle il se fonde v. le très exhaustif article de Brian P. Copenhaver, «Lefèvre d'Etaples, Symphorien Champier and the Secret Names of God», de même que Guy Bedouelle, *Lefèvre d'Etaples et l'Intelligence des Ecritures*, Genève, Droz, 1976, pp. 66 et 87.

[43] La liste des noms divins fournie par saint Jérôme est citée par Lefèvre d'Etaples en conjonction avec les noms apparus dans les psaumes (f° 233 v°); Reuchlin se souvient de saint Jérôme à propos de l'homophonie de la lettre ש et du mot hébreu signifiant «dent», ce qui indiquerait ainsi le caractère prononçable du nom de Jésus (p. [92]).

[44] «Quare in nomine 'Jehova' huius ineffabilitatis est secretum, quia nec transferri potuit, ut dicit Hieronymus et Rabbi Moyses.

Hoc nomen Deum secundum omnipotentiam signat. Unde de hoc nomine Tetragrammaton 'quattuor scilicet litterarum', antiqui omnia secreta posuerunt; et Judaei librum Cabbala habent de virtute huius nominis. Et non legunt Judaei hoc nomen nisi semel praecedentibus ieiuniis, et libros, in quibus hoc nomen est inscriptum, reverenter custodiunt. Et non reputant librum sanctum, ubi hoc nomen non reperitur.

Et dicit Hieronymus hoc nomen in bibliis Hebraeorum semper reservasse characteres suos antiquos, etc.» - *Nomen eius Jesus*, sermon XX, 7, 1-15.

être considérés comme des cabalistes, ce qui ne veut pas dire que les cabalistes aient résisté à la tentation de les incorporer à leur courant de pensée[45]. Chez Cusanus, toutefois, cette double référence signifie que le philosophe allemand inclut la discussion des noms bibliques de Dieu dans le chapitre «théologie affirmative» de sa réflexion[46].

En effet, tous les noms affirmatifs de Dieu, que ce soient les noms hébraïques ou ceux de la mythologie païenne, que ce soient les désignations abstraites telles que l'Unité ou la Justice, et même les noms de la Trinité - le Père, le Fils et le Saint Esprit -, désignent Dieu en vertu de son infinie puissance sur les choses créées. En tant que tels, les noms affirmatifs ne conviennent à Dieu que d'une façon «infiniment di-minutive», c'est-à-dire, ils ne lui conviendraient que dans le cas où une ablation infinie les purgerait de toute trace de leur lien avec les créatures. Mais les éloigner ainsi infiniment de l'immanence se résumerait à contredire leur propre nature, puisque ces noms ne sont affirmatifs qu'en vertu de leur référence au créé. Il s'ensuit donc qu'aucun nom affirmatif ne peut désigner Dieu adéquatement[47].

---

[45] Notamment le traducteur de Pic, Mithridates, qui suit la pratique d'Abulafia dans sa lecture cabalistique de Maïmonide (V. Chaim Wirszubski, p. 94).

[46] Tel est exactement le cas de la *Docte ignorance*, I, 24, consacré au «nom de Dieu» et à la théologie affirmative, et clos par une double référence à saint Jérôme et à l'auteur du *Dux Neutrorum*, c'est-à-dire à Maïmonide confondu symptomatiquement avec Raschi (une même confusion survenue dans le contexte d'une double référence similaire apparaît dans le sermon XXIII, *Domine, in lumine vultus tui*, 35, 14). Sur le traitement logique de la question métaphysique des noms divins par Maïmonide v. Harry Austryn Wolfson, «Aristotelian Predicables and Maimonides' Division of Attributes», ainsi que son «Maimonides on Negative Attributes», in *Studies in the History of Philosophy...*, t. 2, respectivement, pp. 161-194 et 194-230.

[47] «Est itaque ex hoc manifestum nomina affirmativa, quae deo attribuimus, per infinitum diminute sibi convenire, nam talia secundum aliquid, quod in creaturis reperitur, sibi attribuuntur. (...) Omnes enim affirmationes, quasi in ipso aliquid sui significati ponentes, illi convenire non possunt, quia non est plus aliquid quam omnia» - *De docta ignorantia*, I, 24, 78. La même problématique est formulée quelque peu différemment dans le sermon XX, *Nomen eius Jesus,* 9. Cusanus y distingue trois manières selon lesquelles une perfection puisse être attribuée à Dieu: premièrement, il s'agit d'une perfection qu'on ne rencontre pas dans les créatures; deuxièmement, il s'agit d'une perfection qui existe dans les créatures, mais selon un mode indéterminé; et troisièmement, il s'agit d'une perfection qui existe parmi les créatures selon un mode déterminé. Les noms hébreux et grecs se rangent dans la première manière d'attribution, de concours avec les termes tels qu'«omnipotent» ou «éternel»; dans la seconde le nom

Cette règle possède une exception notable: le Tétragramme, malheureusement ineffable[48]. Le nom du Père englobe en soi (*complicat*) tous les noms possibles: tout nom est nom, juste en tant qu'il est l'image de ce Nom de l'Infini Absolu. D'autre part, puisque toutes les langues et tous les discours sont le «développement» (*explicatio*) du Nom divin, il est certainement licite d'y chercher la lueur de l'innommable. Cette quête n'a pourtant rien de commun avec la combinatoire des lettres, ni avec les fantasmes étymologiques. Il s'agit en fait de la démarche ablative que Denys représente par la similitude du sculpteur équarriant un bloc de pierre ou de bois enfin d'en enlever toutes les «limitations» et d'en dégager la forme pure qu'il avait perçue dans son intellect. Tentative évidemment vouée à l'échec: le sculpteur peut creuser son matériau tant qu'il voudra, la pureté idéale du concept qu'il y cherche sera toujours altérée par quelque aspérité de la matière qu'il travaille. Il ne pourra jamais percevoir Dieu dans la réalité des discours et des noms qui sont accessibles à l'homme.

Par ailleurs, puisque le nom divin nous échappe, les noms précis des créatures, qui en sont les similitudes, nous restent aussi inconnus[49]. Plus même, tous les noms des choses que nous connaissons, parce qu'ils sont

---

même de «Dieu» dans différentes langues nationales (*theos*, *deus*, etc.), de même que les termes tels que l'Intellection; dans la troisième les métaphores de Dieu: lion, agneau, lumière, etc. Un tel partage semble moins radical que la dualité entre la théologie affirmative et la théologie négative qui conclut le premier livre de la *Docte ignorance*: les noms de la première manière - parmi lesquels sont comptés les noms hébreux - conviennent proprement à Dieu. Toutefois ils expriment des perfections qui ne sont pas à trouver parmi les créatures. Cusanus ne dit pas dans le discours fort laconique de son sermon, comment le langage humain arrive à exprimer l'idée de ces perfections transcendantes.

[48] Par ailleurs, outre que le Tétragramme est ineffable, il ne peut pas être vraiment considéré comme un «nom», car il ne désigne pas une substance dotée de qualités, pas plus qu'il n'est un verbe à la forme temporelle, ni un pronom, etc. (Sermon XX, 7, 15-20).

[49] «Sic, qui sciret, unde esset creatura, ille secundum hoc nomen imponeret. Sed quamdiu ignoratur nomen Dei, a quo omnia, necesse est et ignorare nomen creaturae, quod est similitudo nominis Dei» - sermon XLVIII, *Dies sanctificatus*, 20, 5-9. V. aussi sermon XXIII, *Domine, in lumine vultus tui*, 30-33.

dictés par le monde sensible (comme, par exemple, *«homo»* de *«humus»*) ne sont pas capables d'exprimer leur quiddité[50].

C'est donc dans ce contexte général de la réflexion sur l'inadéquation des noms affirmatifs de Dieu que doit être placée l'allusion que Cusanus fait à la présence du ש signifiant la «prononciation» dans le nom de Jésus-Jeshua. Grâce à ce motif emprunté visiblement à saint Jérôme, le cardinal oppose «Jésus», le *Verbum Dei elocutum*, à l'ineffable Tétragramme[51]. Ce nom qui, conformément aux paroles évangéliques, demeure au-delà de tout autre nom, constitue le point culminant de la quête de Dieu parmi les appellations dont dispose l'homme. En même temps il représente la solution des apories contre lesquelles cette recherche butte constamment.

Il en est ainsi car le Fils, «Verbe abrégé», est le Nom du Père, il est l'infinie Egalité avec le Père [52]. Son nom donc est le seul qui puisse nous mener vers le connaissance du Père[53]. Toutefois, cette connaissance ne résulte pas de l'art combinatoire des lettres, mais - et Cusanus insiste à plusieurs reprises sur ce point - il s'agit d'un acte de foi qui, seul, peut ravir l'homme, tel saint Paul transporté au troisième ciel, dans la sphère de l'intellect.

L'exemple de l'association du nom de Jésus-Joshua avec le Tétragramme montre clairement que toute spéculation sur les noms divins, fussent-ils hébraïques, n'est point l'indice d'une herméneutique

---

[50] V. à propos de l'étymologie *homo* <= *humo* les remarques ironiques de Quintilien (I, vi, 34). En commentant Isidore de Séville, François Cornilliat remarque avec pertinence que cette étymologie n'est pas confondue avec la définition de l'objet comme substance (l'homme en tant qu'animal pensant). Tout au contraire, en reposant sur un «accident» (en l'occurrence la relation de l'homme à son origine), cette étymologie vise le défaut de substance en l'homme, et donc convient particulièrement aux objectifs de la prédication chrétienne (*«Or ne mens». Couleurs de l'Eloge et du Blâme chez les «Grands Rhétoriqueurs»*, Paris, Champion, 1994, pp. 107-108).

[51] Sermon XLVIII, *Dies sanctificatus*, 30, 1-5. Cusanus discute le nom du Christ à plusieurs reprises (sermons XX, XXXI, XXXII, XXXIII), toutefois il semble que ce soit là l'unique occurrence de ce motif.

[52] «Nolite igitur in alio nomine salutem quaerere neque sequimini magos aut sortilegos, sed in hoc 'Verbo abbreviato'...» - sermon XXIII, *Domine, in lumine vultus tui*, 38, 1-4.

[53] «Scimus tamen ex statim praemissis non esse nomen Patris aliud quam Filium suum. Non enim potest aliud nomen reperiri, quod nos ducere possit in Patris notitiam, nisi illud Verbum sive nomen infinitum, quod est infinita Aequalitas Patris» - sermon XXIII, *Domine, in lumine vultus tui*, 30, 1-6.

cabalistique. Cela est particulièrement vrai de l'emploi apologétique de ce motif chez Cusanus et, ensuite, chez Lefèvre d'Etaples, dont la fidélité à la lecture radicale du corpus dionysien devait constituer un puissant antidote à la métaphysique émanantiste et à la sémiotique combinatoire de la cabale. Plus même, il semble possible de risquer l'hypothèse selon laquelle le «cabalisme» compris comme l'exaspération des possibilités du signifiant en vue d'une multiplication des sens allégoriques demeure en quelque sorte inversement proportionnel à la théologie négative dionysienne. Pour illustrer cette relation, il est intéressant de comparer les rapports entre la cabale et la théologie négative chez Jean Thenaud et Nicolas Le Fèvre de la Boderie.

A vrai dire, il faudrait parler plutôt de pseudo-cabale dans le cas de Jean Thenaud. «Pseudo», car les éléments de mystique hébraïque empruntés à Reuchlin, Pic et Rici (Thenaud avoue lui-même ne pas connaître l'hébreu) servent uniquement comme métaphore véhiculant des contenus doctrinaux résolument chrétiens. Que ces vérités religieuses soient profondément enracinées dans l'interprétation cusienne de la théologie négative de Denys, conditionne à son tour la conception du signe avancée par Jean Thenaud, sémiotique qui semble propre aux milieux évangéliques français du début du siècle.

En effet, Jean Thenaud - cordelier que l'on a pu considérer comme la préfiguration historique du frère Jean rabelaisien - remplit depuis 1508 auprès de la famille royale des Angoulême les fonctions de fournisseur de textes didactiques, moraux et religieux. Il est aussi le protégé, du moins au début de sa carrière, de François du Moulin de Rochefort, précepteur de Marguerite et de François, futurs monarques de Navarre et de France, personnage important qui multiplia les efforts pour attirer Erasme en France et qui introduisit Jacques Lefèvre d'Etaples auprès de Louise de Savoie[54].

C'est aussi à sa qualité de vulgarisateur que François Ier devait faire appel en demandant à Thenaud en 1519 une *Cabale métrifiée* et, visi-

---

[54] Sur Jean Thenaud, v. J. Engels, «Notice sur Jean Thenaud» *Vivarium* 8 (1970), pp. 99-122; 9 (1971), pp. 138-156; 10 (1972) pp. 107-123. Sur l'association avec Frère Jean, v. Marie Holban, «Autour de Jean Thenaud et de Frère Jean des Entonneurs», *Etudes Rabelaisiennes* 9 (1971), pp. 49-65. Sur le cabalisme de Jean Thenaud v. François Secret, pp. 153-156. Sur les services rendus par Thenaud aux Angoulême v. l'excellente étude de Anne-Marie Lecoq, *François Ier imaginaire. Symbolique et politique à l'aube de la Renaissance française,* Paris, Macula, 1987.

blement insatisfait par cette première livraison, une *Cabale et l'estat du monde angélic ou spirituel* en prose, deux ou trois années plus tard[55]. Ce second ouvrage adopte dans sa majeure partie la forme d'un dialogue entre un savant «rabbin» et le «Pèlerin» qui représente Thenaud lui-même. Selon une précision liminaire de l'objectif du traité, l'essentiel de la doctrine cabalistique consiste en l'interprétation et en la «revolucion» des noms divins, de même qu'en la connaissance des noms, «scelz et caractheres» des anges. Evidemment, conformément à la traditionnelle référence à Origène, la langue hébraïque, parce que sacrée, joue un rôle primordial dans la connaissance de ces noms et leur éventuelle mise en pratique miraculeuse. A l'objection du Pèlerin qui remarque que toutes les langues doivent être saintes puisqu'elles admettent toutes la possibilité des miracles, le savant hébreu réplique par la distinction de deux types de sacré (f° lxiii r° - v°). Le premier, d'institution humaine, caractérise ce qui est dédié par le prince à Dieu ou à la république. A ce sacré prophane s'oppose le sacré résultant de la présence de Dieu ou de ses «vertus», un sacré d'origine divine donc, qui est la source non point d'illusions et d'enchantements, mais de vrais miracles. C'est ce deuxième sacré qui caractérise la langue hébraïque.

Par conséquent, lorsque Thenaud entreprend de retranscrire et d'attribuer au «rabbin» de son propre dialogue le passage du *De arte cabalistica* de Reuchlin consacré aux noms des anges et aux cérémonies religieuses, il est obligé de donner à ce développement une inflexion bien plus «magique» que ne l'a fait l'humaniste allemand (f° lxxxix r° - v°). Certes, fidèle au modèle reuchlinien, le «rabbin» de Thenaud n'oublie pas de souligner que l'invocation des noms des anges et les cérémonies de la synagogue ne sont pas destinées à «emolir dieu», mais à nous faire reconnaître notre bassesse et à nous élever en contemplation. Il n'oublie point non plus l'image dionysienne du marin tirant sur l'amarre de son bateau. Pourtant, lorsque le Pèlerin lui demande si les 72 noms angéliques produits par la combinatoire des lettres sont d'institution divine, le «rabbin» n'hésite pas à répondre par l'affirmative. Révélant ainsi du sacré transcendant, ces signes non seulement élèvent les esprits

---

[55] Respectivement ms. fr. 882 de la Bibliothèque Nationale et ms. 5061 de l'Arsenal. C'est dans ce second ouvrage que Thenaud avoue ne pas connaître l'hébreu (*Epistole a la tressacree et imperialle maieste du roi...*) et qu'il se réfère explicitement aux cabalistes chrétiens (f° lviii v°).

des hommes, mais leur permettent de communiquer avec les anges. Il est ainsi possible au docte hébreu de dire que «ce par quoy nature faict la magie est la voix de dieu» et de conclure par une thèse magique de Pic de la Mirandole[56].

Il est cependant curieux de constater que la structure métaphysique dont cette «cabale pratique» est l'expression ne porte en elle aucune trace de la mystique juive. Elle est en revanche largement tributaire de la théologie dionysienne, informée par la pensée cusienne.

Dans la troisième partie de son ouvrage, Thenaud expose longuement la composition du monde angélique, qui, avec les mondes céleste, élémentaire et humain (ce dernier étant l'union de tous les précédents) forme la totalité de l'univers. L'effet de ces spéculations est un schéma consistant en quatre triangles s'interpénétrant deux par deux par leur sommet et formant ainsi deux couples de figures superposées (fig. 3)[57]. Comme le montrent les explications de Thenaud et ses références à Denys, le triangle suprême représente la Trinité qui domine les neuf ordres angéliques distribués dans les sommets des trois triangles inférieurs. Les recoupements des paires de triangles en vue de former deux «quatrangles» dans leurs intersections n'est cependant point, comme on a pu le supposer, la transformation de l'étoile hébraïque, mais un clair rappel de la «Figure Paradigmatique» exposée par Cusanus dans son *De conjecturis*, I, 11, et symbolisant les relations mutuelles entre l'unité et l'altérité[58]. L'originalité de Thenaud consiste à avoir marié la figure paradigmatique cusienne et les hiérarchies angéliques de Denys, en conférant ainsi au néo-platonisme de ces dernières une note dialectique

---

[56] «Non significative voces plus possunt in magia quam significative quelibet enim vox virtutem habet in magia in quantum dei voce formatur, quia illud in quo primum magicam excercet natura vox est dei» - cette version de Thenaud (f° lxxxix r°) est en fait la compression des fragments des *conclusiones magice* 21, 20 et 19 de Pic (v. Giovanni Pico della Mirandola, *Conclusiones*, éd. Bohdan Kieszkowski, Genève, Droz, 1973, pp. 79-80).

[57] Une autre version de ce schéma se trouve dans la *Cabale métrifiée*, f° xiv r°. Elle a été reproduite par Anne-Marie Lecoq, p. 452.

[58] L'hypothèse de l'influence hébraïque est avancée par Anne-Marie Lecoq, p. 403.

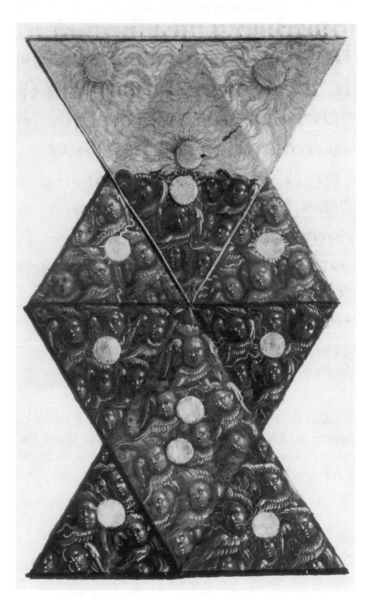

Fig. 3: Des dix cieulx et comment ilz sont figurez. Jean Thenaud, *Cabale et l'estat du monde angélic ou spirituel*, Bibliothèque de l'Arsenal, ms. 5061, f° li v°.

et intellectuelle apportée par la pensée du cardinal[59]. Cette association de
Denys et de Cusanus renforce la négativité de l'univers métaphysique de
Thenaud qui prend son origine non dans les émanations de l'arbre
sefirotique, mais dans le triangle trinitaire «qui outrepasse tout ens et
figure»[60]. Surtout, elle ramène la «cabale» du titre au statut de
«superstition». Elle l'identifie à la lettre de l'Ancienne Alliance,
efficacement remplacée par quatre signes nouveaux: le nom de Jésus, la
croix, les sacrements de l'Eglise du Christ, de même que le «iustice legale
/ Ou resplendit la dignite royalle» de la monarchie française:

> ...il ne fault pas si curieusement
> Mettre en avant ne appliquer vainement
> Noms anciens lettres cerimonyes
> Ny estimer qu'en telles fantasies
> Pour le present ayt divine unction
> Vie vertuz ou acceptation
> Ne sacrement Car celle synagogue
> Entierement et tout son epilogue
> Et les effectz de sa perfection
> Sont translatez puys lincarnacion
> De iesu christ en quatre dignes choses
> Ou les vertuz de la foy sont encloses.
>   *Epistole...* liminaire à la *Cabale et l'estat du monde...*

En effet, dans le cadre fictionnel du traité de Thenaud, le rabbin cabaliste
est présenté au Pèlerin grâce aux bons offices de Dame Curiosité.
Cependant l'exposé de ses «cérémonies» de synagogue est coupé par la
Dame Simplicité qui mène le Pèlerin à l'église du Saint Sépulcre à

---

[59] En fait, c'est au commentaire de la *Théologie mystique* dionysienne de Jean Eck
que semble revenir l'honneur d'avoir associé pour la première fois les pyramides de
lumière et d'ombre, de provenance cusienne, et les hiérarchies angéliques de Denys. Le
schéma d'Eck est reproduit dans l'article de Georgette Epiney-Burgard, «Jean Eck et le
commentaire de la *Théologie mystique* du Pseudo-Denys», *Bibliothèque d'Humanisme
et Renaissance*, 34 (1972), p. 21.

[60] V. *Cabale metrifiee*, f° 6 v°. La théorie des sefirot est aussi exposée par le «rabbin»
de Thenaud, mais plutôt comme une série de noms divins (v. *La Cabale et l'estat du
monde angélic...*, f° lxxix r° - lxxx v°).

Jérusalem[61]. Cette église est en fait une immense bibliothèque d'auteurs ecclésiastiques chrétiens, explicitement opposés aux philosophes et poètes païens. Avant toutes autres sont réprouvées les superstitions et fantaisies des hébreux et, symptomatiquement, celles des «platonistes» que Simplicité leur associe intimement[62]. Le Pèlerin y connaît non seulement une transformation intellectuelle, mais aussi, semble-t-il, une conversion spirituelle. Surtout, il y découvre «le livre escript dedans et dehors ferme et clos de sept scaulx» de l'Apocalypse, le rôle qu'Ezéchiel n'a pu lire et par lequel tous les prophètes ont prophétisé: c'est le «formulaire» de tous les livres de théologie, «Le livre de dieu abreuie». Christ *Verbum abbreviatum*, il est en même temps le livre révélé et son propre «acteur» qui révèle toutes les sciences bien mieux que ne le fait la superstitieuse cabale. Car:

> Il enseigne sans lettres ne labeur en ung instant tout ce qui peut estre sceu on ciel en la terre et es enfers aussi la vraye saincte et celeste cabale sans transmutacion equipollence ou nombre de lettres...
>
> (f° lxxxxvii v° - lxxxxviii r°)

Par cette éloge du Verbe christique la cabale est donc attaquée dans ce qui forme aux yeux de ses lecteurs chrétiens le cœur de sa sémiotique: l'exploration des possibilités numériques et combinatoires du signifiant. Encore dans la *Cabale metrifiee*, Thenaud se plaît à montrer que par cette sorte d'herméneutique il est possible d'accéder à partir des signes divinement institués non pas au sacré transcendant, mais à d'autres signes, ceux-là bien profanes:

> ...qui veult enchercher leurs figures

---

[61] F° lxxxxv r° - cx v°. Dame Curiosité reprend son discours dans la dernière partie du traité (f° cxi r° - cxvi v°). Il semble cependant que la fin de cet ouvrage de Thenaud tourne court, car elle n'expose pas le quatrième signe annoncé par l'épître liminaire: la justice royale.

[62] F° lxxxxv r°. La cabale et le platonisme sont souvent associés, par exemple, au f° lxxiii v°, où le docte rabbin de Thenaud prend comme caution de ses dires Marsile Ficin. Cette conjonction semble suggérer que Thenaud est beaucoup plus critique envers le néo-platonisme qu'on ne l'a pensé jusqu'ici. Il arrive aussi au rabbin de critiquer explicitement ce courant de pensée, ainsi, lorsqu'il refuse à doter les sphères célestes d'âmes (f° xl r° et suivants).

Veoir les pourra en toutes escriptures
Et trouvera aussi bien mandeville
Poge lucan perse homere ou virgille
Dedans la bible ou dedans les decretz:
Moyse les noms tant sacrez et secretz
Dedans villon ou alain chartier
Que ceulx cy font a chercher au psaultier...

(f° xxvii v° - xxviii r°)

Le langage humain n'est pas une émanation divine, mais une réalité bien séculière. La combinatoire du discours consiste juste en l'agencement des lettres de l'alphabet, ce qui, loin d'entrer en harmonie avec le geste créateur de Dieu, peut faire découvrir dans la Bible les récits de la littérature comique ou épique ou bien permettre d'apercevoir la poésie lyrique comme palimpseste des noms divins.

Non pas que Thenaud s'abstienne lui-même de recourir aux ressources offertes par l'anagramme et par les jeux graphiques. Tout au contraire, «neanty» dans sa nouvelle humilité intellectuelle et spirituelle, il est guidé par Dame Simplicité en haut du Mont Calvaire, où il accède à la révélation de la «vraie cabale». Dans son extase il voit les lettres dispersées de l'alphabet - latin, *nota bene* - se recomposer pour former le signe vraiment rédempteur: la croix, dans laquelle, grâce aux subterfuges idéogrammatiques de Raban Maure, s'inscrivent les hiérarchies du monde angélique, les constellations du monde céleste et la richesse du monde élémentaire. Mais Thenaud est bien conscient que les graphismes de Raban Maure ne sont pas, en eux-mêmes, plus sacrés que *l'ars combinatoria* de la cabale hébraïque. Tout au contraire, la manipulation des lettres est dans les deux cas une activité également profane. Car, pour Thenaud et les lecteurs de Denys et de Cusanus qui appartiennent à sa génération, la révélation du sens sacré ne consiste pas en l'exploration des signifiants, également «dissimilaires» et «conjoncturels», mais en un acte de foi et en une conversion intérieure issus d'une transgression mystique.

La «cabale» de Thenaud est donc une métaphore vidée de son sens originel par la théologie négative de Cusanus qui «abrège» le foisonnement interprétatif des noms divins en le Verbe christique. Le traitement que Nicolas Le Fèvre de la Boderie réserve à la cabale et à la théologie négative semble exactement opposé. Avec son frère Guy, Nicolas est l'un des disciples et légataires de Guillaume Postel, connu non seulement pour ses travaux d'hébraïste, mais aussi pour ses délirantes prétentions au rôle de Pape Angélique et multiplicateur de «la souveraine rousée divine de la substance de Iesus Christ»[63]. Ce titre bizarre, Postel le déduit de l'«étymologie» hébraïque de son propre nom qu'il croit retrouver dans les *Problemata* cabalistiques de François Georges de Venise. L'ouvrage majeur de ce dernier, *L'Harmonie du monde*, est traduit en 1578 par Guy de la Boderie. Son frère Nicolas lui donne une fascinante préface intitulée *Le Cœur לב LEB, ou les 32 sentiers de la sapience. Discours fort utile pour entendre et exposer les sainctes Escriptures.* Il s'agit d'un court traité d'herméneutique biblique parcourant 32 sentiers interprétatifs. Toutes ces méthodes sont présentées comme communes à l'exégèse juive, grecque et latine, à l'exception toutefois des quatre dernières, fondées sur la combinatoire et la numérologie des lettres hébraïques. Comme l'indique clairement la référence au «Cœur» du *Sefer Yetsira* et du *Bahir* affichée dans le titre du traité et dans une citation liminaire, l'herméneutique hébraïque, et plus précisément cabalistique, n'est pas dans cette concordance un terme simplement équivalent à ses correspondants grecs et latins. Elle représente l'enracinement originaire de l'interprétation dans la Sagesse divine, autrement dit dans la sefira Hokmah, de même qu'elle est, sous forme de l'anagogie cabalistique, le point culminant de toutes les méthodes exégétiques.

Avant de juger le rôle joué par la théologie négative dans l'herméneutique de Nicolas, il importe de souligner le caractère fondamentalement asystématique de sa pensée. En principe Nicolas s'attache à retracer un itinéraire intellectuel précis: embarquant son lecteur au «sens literal et historien», il côtoie la plaine de «la doctrine morale» pour se lancer «en pleine mer» dans l'allégorie. Celle-ci est «divisée en quatre bras principaux, sçavoir est, historial, mondain ou Philosophique, figuré et symbolique», dont chacun est «distribué en plusieurs golfes et destroicts«. Le sens «historial» se divise «en tropologie, contemplatif et Anagogie, qui a deux embouchures, sçavoir est, la theologie affirmative et la negative»; le sens mondain comprend les sens naturel, céleste et intellectuel; le figuré est distribué en les sept incarnations historiques du Saint-Esprit dans l'Eglise à partir de la

---

[63] V. François Secret, «L'émithologie de Guillaume Postel», in *Umanesimo e esoterismo*, Padova, Cedam - Casa Editrice Dott. Antonio Milani, 1960, pp. 392-394.

Synagogue judaïque jusqu'à la Jérusalem nouvelle. Enfin le sens symbolique et «fourché« en quatre sens mathématiques d'une part et en l'anagramme, le «Siruf ou combination», le notaricum et la Ghematria de l'alphabet hébreu de l'autre. Toutefois cette apparence de système ne peut sauver le lecteur du désarroi face à la tempête dans laquelle se mêlent les courants marins de cette herméneutique.

Ainsi par exemple, la morale paraît de prime abord être un paisible point d'encrage dans la première distribution. Toutefois immédiatement après Nicolas trouve qu'elle «seroit ditte des Hebrieux מדרש *Midrasz* suivant l'ordre et division qu'ils observent, n'estoit que voisine de l'intelligence Allegorique, ce vocable semble aucunement la confondre avec elle, et transporter sa signification et proprieté à celle qu'on nomme en Grec τροπολογία...» (c ij v°). Ainsi entraînée par la dérive des ressemblances, la Morale se retrouve subordonnée au genre «Allegoric historial«, et cela seulement pour être comparée à la «doctrine Scolastique» en vertu de son caractère didactique chez les talmudistes. En effet, conformément au principe d'Anaxagore *omnia in omnibus et singula in singulis*, auquel les deux frères La Boderie reviennent avec prédilection, l'harmonie du monde apparaît ici comme une «convenance de tout» (a iiij r°, c vi v°, i i v°). Il n'est donc pas étonnant que les taxonomies exégétiques qui doivent fournir encore une preuve de ces universelles ressemblances soient constamment mises en échec par les chevauchements des classifications et les superpositions des termes introduits[64].

Si la «convenance» universelle des choses compromet donc d'avance les tentatives renouvelées de systématisation entreprises par Nicolas, les séries conceptuelles qu'il déploie sont moins des distinctions logiques et hiérarchisées que plutôt des excursions diverses dans un même espace exégétique difficile à cerner: la «mer» qu'est l'allégorie. En principe, Nicolas la considère selon le point de vue rhétorique comme une «perpetuelle metafore», autrement dit une métaphore filée entre deux

---

[64] Marie-Madeleine Fragonard, qui essaye d'établir un tableau classificatoire fondé sur le résumé final fourni par Nicolas, constate ce phénomène surtout à propos de l'anagogie. Il semble toutefois qu'il s'agisse ici d'un principe fondamental de la pensée qui sous-tend aussi d'autres concepts introduits par l'auteur du *Cœur* («'Les trente-deux sentiers de sapience' de Nicolas Le Fèvre de la Boderie: une théorie de l'interprétation polysémique au XVIe siècle», in *Mélanges sur la littérature de la Renaissance: à la mémoire de V.-L. Saulnier*, Genève, Droz, 1984, pp. 217-224).

isotopies dont elle met en corrélation plusieurs paires de termes respectifs (c ij v°). Mais immédiatement après, en rappelant d'un seul souffle l'énigme de saint Paul, la chaîne d'Homère et l'échelle de Jacob, le théoricien de l'exégèse ajoute à cette trope une motivation métaphysique: «la doctrine du sens allegorique prend son origine et source du mariage du Ciel et de la terre». Il est clair que c'est cette «origine et source« que les navigations herméneutiques de Nicolas prendront comme point de mire.

Et c'est pourquoi il est nécessaire de voguer en «la haute eau», remonter les «courans et fleuves» ainsi décrits pour mettre cap sur l'abîme de Sapience. Cette remontée vers la source est l'Anagogie qui «repoulie», «reconvoye» toutes les choses en Dieu. Or l'anagogie est précisément la Cabale des Hébreux. Elle est la fondation de la science des sefirot, les dix noms et dimensions divines, «auxquelles, comme soubs dix predicaments universels, les raisons de toutes choses se rapportent» (c iij v° - c iiij r°)[65]. Elle marque aussi la limite où s'arrête la théologie affirmative. Au-delà existe encore la théologie négative qui nie tout ce que nous affirmons de Dieu, mais Nicolas ne lui accorde qu'une phrase rapide avant de reprendre son propos sur la Cabale.

Cette tendance à voir la théologie négative comme une sorte de limite extérieure de l'herméneutique est confirmée dans le traitement que Nicolas réserve à la lettre de Denys adressée à Titos qu'il cite partiellement et commente immédiatement après[66]. Il s'agit, comme on s'en souvient, de l'un des textes dionysiens fondamentaux expliquant la conception des signes dissimilaires. Encadrée par l'image absurde de l'ivresse de Dieu, cette épître expose la conception de l'Ecriture comme une coupe où la Sagesse divine a mêlé les nourritures solides et liquides. Elle prend visiblement modèle sur l'*Epître aux Hébreux*, V, 12-14, qui fournira à Lefèvre d'Etaples le titre de son édition des œuvres de Denys. La distinction entre les nourritures spirituelles solides et liquides établit une opposition entre deux modes de perception des mystères divins: le premier, reposant sur la communication simple et indivisible, est une parfaite identité entre les choses divines et les sens intellectuels; le second symbolise l'écoulement par lequel ces vérités se répandent dans

---

[65] Sur l'association de la cabale et de l'anagogie v. Johannes Reuchlin, *De arte cabalistica*, f° xv v°.

[66] Cf. c iiij r° - v° et Pseudo-Denys, *Epître* IX, 1108B-1109A.

la diversité et la mutiplicité des choses pour se rendre accessibles aux
«nourrissons» que sont les non-initiés. Dans la pensée de Denys, cette
opposition des deux types de connaissance présupposés par la Bible
correspond à la parfaite transcendance de Dieu qui «n'est rien en rien«
(1109D), mais dont l'univers visible rend aussi les mystères manifestes.
Elle évoque aussi deux approches des théologiens qui traitent tantôt ceci
«purement et simplement» tantôt cela d'un point de vue «politique et
légal«, ceci «d'une manière supérieure et parfaite» et cela «en homme et
indirectement». Il est clair que le point de vue humain est celui de la
théologie symbolique spécialisée dans les images sensibles et forcément
inadéquates telles que l'ivresse divine.

Or, en commentant cette phrase, Nicolas redistribue la dichotomie
fondamentale de Denys parmi les quatre catégories de la théologie
affirmative qu'il vient de discuter, effaçant ainsi l'opposition dionysienne
entre une théologie symbolique de nature propédeutique et une
connaissance «parfaite», nourriture solide, libre de toute symbolisation.
Nicolas comprend les considérations civiles et légales comme ayant trait
à l'allégorie, «le but de laquelle (...) est de poursuivre la police et
gouvernement du Monde»; ce qui est appréhendé «purement et
simplement» révèle pour lui de la «Tropologie et Scolastique» qui repose
sur des arguments et démonstrations dédaignant le verbiage rhétorique;
les explications «humaines» ont trait à l'interprétation morale et con-
templative, car elles se rapportent bien à l'homme comme un composé
du corps et de l'âme; enfin, ce qui est perçu d'une façon supérieure et
parfaite vise le sens anagogique. En démultipliant les catégories, Nicolas
détruit donc complètement la dialectique paradoxale dionysienne entre
l'immanence divine et son absolue transcendance. Plus même, en
rangeant trois parmi les quatre méthodes interprétatives ainsi distinguées
du côté de l'immanence, il perturbe le merveilleux équilibre des sens que
Denys retrouve dans la coupe de l'Ecriture.

Mais surtout, la perception supramondaine et parfaite semble désigner
dans l'épître de Denys l'appréhension la plus directe du divin, ce stade
de l'interprétation dans lequel l'image sensible composant le symbole a
été déjà dépassée. En identifiant ce type de connaissance théologique à
l'anagogie, qu'il vient de définir comme l'aboutissement cabalistique de
la théologie affirmative, Nicolas réaffirme effectivement l'importance de
l'image sensible du symbole. Celle-ci n'est point pour La Boderie la
figure monstrueuse qui doit avant tout proclamer sa foncière ina-

déquation, la «nourriture liquide», aliment destiné à ceux qui ne peuvent se passer des réalités matérielles. Ecartée dans la dichotomie dionysienne du côté de l'interprétation humaine, elle devient pour le cabaliste chrétien le véhicule légitime du sens transcendant.

Visiblement la théologie négative se perd parmi les assimilations de la pensée de Nicolas. Son herméneutique laisse peu de place aux conjectures cusiennes ou aux doutes du Pèlerin de Thenaud. Comprise comme une inscription de la langue dans le cosmos, l'allégorie est ici une manifestation du «mariage» du ciel et de la terre, cette communion du discours et de la nature dans le sacré que Nicolas conçoit comme fondamentale à l'ordre de l'univers et qu'il entend visiblement réaliser par ses théories exégétiques. Communion, faut-il ajouter, qui est à l'exact opposé du sentiment d'aliénation du discours qui sous-tend la théologie négative radicalisée par la pensée cusienne[67].

Les différents rôles que Jean Thenaud et Nicolas Le Fèvre de la Boderie accordent à la théologie négative dans leurs conceptions de la cabale déterminent ainsi deux sémiotiques radicalement opposées. Pour le serviteur des Angoulême les signes en général, et les signes poétiques en particulier, sont caractérisés par l'arbitraire et, peut-être, l'aléatoire. La cabale apparaît ainsi comme un véhicule rhétorique des vérités religieuses, instrument oratoire que Thenaud utilise à contre-cœur et visiblement forcé par la requête royale, mais qui, également étranger au sacré comme tout autre signe profane, peut bien servir à l'exposé didactique. Cette attitude marquée par la négativité semble prévaloir, à différents degrés cependant, parmi les humanistes évangéliques français de la première moitié du XVIe siècle.

Pour Nicolas Le Fèvre de la Boderie, en revanche, le mécanisme même de la signification, et particulièrement la transposition allégorique réalise le principe métaphysique fondamental: le «mariage» des domaines aussi lointains que sont le ciel et la terre. Dès lors la théologie négative a beau être reconnue comme le revers d'une herméneutique exubérante

---

[67] Ainsi s'explique aussi pourquoi ce traité d'exégèse scripturaire sert d'introduction non pas à une édition de la Bible, mais à celle de l'*Harmonie du monde* de Georges de Venise. Comme l'affirme l'épître liminaire de son frère Guy, le livre du cabaliste italien est modelé sur «le monde universel», c'est-à-dire aussi bien sur le monde naturel que sur «l'Archetype, monde intelligible, supreme tabernacle», etc. Tel les orgues où souffle le Saint Esprit, cet ouvrage harmonisant le Ciel et la Terre pourrait donc être comparable à l'Ecriture inspirée.

des signes du sacré, elle n'en sera qu'un versant obscur et, somme toute, négligé. Il en est ainsi parce qu'en vue du «mariage» qui reste - cabalistiquement - à retrouver ou à réaliser, ce qui compte n'est pas l'aliénation du signe, mais sa communion avec l'Absolu. Bien que dissemblables, les signes demeurent efficaces, non pas à travers une dramatique transgression de leur monstruosité, mais grâce à l'analogie profonde qui relie le corps et l'esprit, l'homme extérieur et l'homme intérieur, la lettre qui occit et le sens spirituel vivifiant, l'actif et le passif, le mâle et la femelle et, bien naturellement, le Ciel et la terre (c iij r°). Les pyramides formant la figure paradigmatique cusienne étiraient leur divergence à l'infini, car elles ne touchaient les bases opposées que par les points de leurs sommets, c'est-à-dire par Rien. Chez Nicolas Le Fèvre de la Boderie, les principes opposés sont reliés par un réseau de 32 sentiers interprétatifs où tout exégète, aussi exigeant soit-il, trouvera bien son chemin.

L'opposition des sémiotiques propres à Jean Thenaud et à Nicolas Le Fèvre de la Boderie montre en outre clairement l'intérêt que représente l'étude de la théologie négative pour l'histoire intellectuelle. Bien que la réflexion dionysienne sur les noms divins ait été souvent assimilée à la cabale, la théologie de l'Aréopagite peut en fait servir de test permettant de discerner diverses attitudes des penseurs chrétiens vis-à-vis de la mystique juive. Il en est ainsi parce qu'à l'aube des temps modernes la théologie négative est, elle-même, multiple: filtrée à travers la scolastique thomiste, le néo-platonisme ficinien, et la mystique radicale de Cusanus et de Bovelles.

«TRESAULTS SACREMENTS» ET «MOTZ DE GUEULE»

Le Dieu Néant. Cette pensée hante les lecteurs de Denys l'Aréopagite. Elle constitue une sorte de gouffre de la réflexion philosophique: certains s'attachent à l'ensevelir sous une épaisse couche de concepts ou de métaphores; d'autres s'y engagent résolument, répondant au défi intellectuel qu'elle représente.

Tout commence avec l'affirmation que Dieu transcende non seulement les êtres particuliers, mais aussi l'Etre même. Suressentiel, il dépasse le sensible et l'intelligible. Incompréhensible, il est ineffable, et c'est pourquoi le mieux est de le désigner par des symboles monstrueux, dont la négativité libère notre pensée du poids encombrant et dangereux des affirmations. Mais à côté de la démarche ablative ascendante, le néo-platonisme chrétien de Denys offre à ses interprétateurs aussi la descente dans le monde des créatures. Dieu est tout dans tout et rien dans rien, *in omnibus omnia et in nihilo nihil*, à condition, toutefois, que l'on n'oublie point que c'est la négation qui est la plus apte à préserver l'absolue transcendance divine.

Thomas d'Aquin s'en souvient, ce qui ne l'empêche point de préciser la formule dionysienne dans le sens qui convient à sa théologie scientifique. Dieu est rien dans rien essentiellement, il est tout dans tout comme cause première. L'insistance sur la causalité permet de concevoir la participation des êtres créés à l'Etre Créateur, tandis que l'analogie autorise la nomination affirmative du divin. La distinction entre la *res significata* et le *modus significandi* empêche cette sémiotique prudemment optimiste de se détacher complètement de la tradition dionysienne. Dieu ne peut être dit Non-être, bien au contraire, il est l'Etre, le plus pleinement actualisé et par là le plus désirable. Tout au plus, il n'est pas selon le même «mode» que les choses.

Ficin parvient aussi à désamorcer la charge négative de la pensée dionysienne, mais d'une tout autre façon. De même que saint Thomas, le philosophe florentin refuse de concevoir le Dieu Néant. Le non-être, exclu de la transcendance, est réduit au rien relatif introduisant l'altérité dans le monde des choses. Si Dieu transcende l'Etre, c'est comme l'Un-Bien. Dès lors les négations et les affirmations s'accommodent les unes aux autres, tandis que les comparaisons indiquent le chemin de retour vers le Bien suprême, «sommet» des bontés de ses œuvres. Ainsi la dialectique paradoxale du Tout et du Rien fait place au jeu conciliateur de la métaphore, mieux adaptée à révéler le sens d'un univers dont les échelons ontologiques sont traversés par la pulsation amoureuse de la lumière divine.

La lecture de Denys offerte par Cusanus est diamétralement différente. Les images nous sont données juste pour nous en faire désirer d'autres, infiniment plus précises, quoique toujours inadéquates, puisque est vérité ce qui ne peut être représenté par aucune énigme. S'enlisant dans ses infinies conjectures, le discours de la raison ne peut pallier à la faiblesse de nos facultés cognitives, car il s'attache à agencer les contradictions pour les abandonner au niveau supérieur qu'est l'intellect. Celui-ci n'entretient d'ailleurs aucune relation proportionnelle avec l'infini divin, compromettant ainsi d'avance toute possibilité d'analogie. La recherche du savoir se résout en l'ignorance mystique, la nomination aboutit au silence, puisque même la coïncidence des contraires échoue au pied du mur qui cache la Ténèbre divine. Tout cela, car Dieu dépasse le Tout et le Rien, l'Etre aussi bien que le Non-être.

La mystique intellectuelle de Cusanus met pleinement à profit la charge négative de la pensée dionysienne. Bovelles poursuit cette piste interprétative pour en tirer implacablement les conséquences logiques. Plus que tout autre, il insiste sur la fécondité du Néant, absent du monde des choses, mais dont l'affirmation sert le mieux à dire l'Etre suréminent. Ainsi est mis en relief ce qui constitue le fondement de la réflexion dionysienne sur les signes: la divergence radicale entre le discours de l'homme est la nature du créé. Cette dissemblance est savamment entretenue, cultivée, afin que les analogies s'élancent en assurrections, pour que la spéculation logique se résolve en extase. A cet auto-anéantissement du discours correspond l'annihilation de l'homme. Les évangéliques français qui seront tentés par la mystique l'inviteront à reconnaître sa nullité à l'égard de Dieu, à imiter le Christ, devenu Rien dans le sacrifice de la Passion.

Cusanus et Bovelles élargissent jusqu'à l'infini l'abîme qui sépare l'homme de la divinité en soumettant la communion mystique à l'épreuve d'une dramatique transgression des limites ontologiques. L'héritage d'une théologie si radicalement négative paraît difficilement conciliable avec certaines données des textes hermétiques, de même qu'avec la spéculation cabalistique sur le langage. Pourtant ces deux traditions «ésotériques» sont très tôt l'objet d'un vif intérêt de la part de certains lecteurs de Denys. Leur incompatibilité avec la théologie de l'Aréopagite se manifeste clairement dans les doutes et les réticences de Jacques Lefèvre d'Etaples. A l'opposé de sa prudence de philologue se trouve la métaphysique de Foix de Candale ou l'herméneutique de Nicolas Lefèvre de la Boderie. Le premier admet, certes, l'infinitude de Dieu, mais y ajoute aussi celle de la pensée humaine, ce «Saint Esprit» par lequel la divinité est présente essentiellement en ses créatures. Un lien si étroit entre Dieu et l'homme exclut toute possibilité d'apophatisme; le néant est éliminé non seulement de la nature - comme c'est le cas chez Bovelles-, il est aussi absent du discours. De là cette impression de triomphalisme épistémologique et sémiotique que donne l'hermétisme de Foix de Candale. Le gouffre qui, pour Cusanus et pour Bovelles, sépare le rien de l'homme de l'Etre divin, l'être particulier et contingent de la créature du Néant suressentiel de Dieu, est effectivement comblé. Tel est aussi le sens du mariage du ciel et de la terre qui demeure l'objectif des théories exégétiques de Nicolas Lefèvre de la Boderie. Toutefois, si, pour Candale, Dieu est présent en la pensée humaine, pour le cabaliste français, il est à chercher dans le langage sacré qu'est l'hébreu. Comment peut-on parler de l'inadéquation des signes, lorsque l'allégorie inonde le discours de la culture, tandis que se multiplient les itinéraires qui mènent vers la Vérité sacrée? Au sein de l'hermétisme et de la cabale chrétienne ainsi conçus, la théologie négative devient un bagage intellectuel encombrant, mais dont on n'ose point se défaire, que ce soit par respect pour «saint Denys», ou que ce soit dans l'espoir de l'utiliser comme caution d'une métaphysique et d'une sémiotique qui n'ont qu'un lien apparent avec la négativité de la pensée dionysienne.

Au terme de ce panorama le Dieu Néant de la théologie négative apparaît plus que jamais comme une balise marquant les limites de la réflexion philosophique à l'aube des temps modernes. Que ce soit un pôle de répulsion ou un point d'attraction rapidement dépassé dans la course infinie vers la transcendance, le Non-être de Dieu force la pensée à sonder ses ultimes possibilités et impose une réflexion critique sur le discours de la culture.

Cette réflexion est particulièrement manifeste dans la littérature renaissante en France. Il ne faut point oublier, que l'apophatisme de Denys prend son origine d'une question exégétique, à proprement parler poétique: comment justifier la présence dans le texte biblique des fictions monstrueuses et basses, de toute cette tératologie sacrée qui peut alerter le fidèle? Certes, il est tout à fait traditionnel que la théologie soit d'abord et avant tout une exégèse de l'Ecriture. Il est cependant particulier pour la tradition dionysienne que la réflexion théologique associe si étroitement l'ontologie et la sémiotique, le dépassement de l'être par le Néant divin et celui du discours par les «signes dissimilaires» de Dieu[1]. Comme le diraient sans doute les lecteurs de Denys, ces négations ne sont point «privatives» mais «suréminentes». Il n'en reste pas moins vrai qu'elles conjuguent, chacune dans son domaine propre, le sentiment aigu de la transcendance divine avec la préoccupation, non moins pressante, par l'Absolu.

Or, de même que la théologie de tradition dionysienne se penche sur les «fictions poétiques» du divin, de même la littérature, et, semble-t-il, tout particulièrement celle de la première Renaissance française, reste attachée aux grandes questions théologiques qui déterminent le climat idéologique de la culture européenne des premières décennies du XVIᵉ siècle. Il n'y a certainement rien de surprenant dans cette constatation. Tout au contraire, il serait fort étrange que ces problèmes philosophiques essentiels soient méconnus par les écrivains français qui vivaient à l'époque où les débats d'idées commençaient à dessiner les clivages confessionnels, sans que la possibilité de dialogue soit abandonnée pour autant; les écrivains qui étaient engagés dans la confrontation politique souvent meurtrière, quoique les pouvoirs mis en balance soient encore loin d'entraîner les partis dans la guerre civile; les femmes et les hommes des lettres qui avaient conscience d'une exceptionnelle richesse de savoirs et de discours, «redécouverts» à nouveaux, sauvés des «ténèbres

---

[1] Sur la question des noms divins dans la poésie de la Renaissance française, v. mon *«Signes dissimilaires». La quête des noms divins dans la poésie française de la Renaissance*, Genève, Droz, 1997.

cimmériennes», et qu'il importait d'urgence d'accorder, dans toute leur discordante variété historique, avec les vérités absolues.

Cependant, en soulignant l'importance du débat d'idées pour la littérature, et particulièrement l'impact des controverses théologiques sur la fiction littéraire, il est aisé de faire abstraction de la nature proprement conflictuelle des relations unissant le discours philosophique et le discours artistique. Un tel risque est d'ailleurs partagé aussi bien par les travaux de l'histoire intellectuelle et littéraire qui se penchent tout particulièrement sur les enjeux idéologiques de la littérature, que par ceux qui préfèrent en faire abstraction, au nom de l'autonomie des formes esthétiques. Dans les deux cas, les raisons pour ne pas entreprendre le problème de l'antagonisme entre les vérités philosophiques et la fiction littéraire sont différentes. Y insister ne semblerait - à première vue - point dans l'intérêt des études qui soulignent l'engagement de la poésie et de la prose artistique de cette époque dans l'élaboration des concepts philosophiques. Replaçant - à juste titre - la littérature là où elle se trouvait à l'aube des temps modernes, c'est-à-dire parmi les discours considérés à présent comme des «spécialités» franchement autonomes, ces recherches préfèrent ne point sonder les fissures qui fracturaient l'harmonieuse unité du cercle des «bonnes lettres». En revanche, ces discordances ne sont point passées sous silence par les études concentrées sur la spécificité du signe littéraire. Cependant, quoique clairement reconnus, ces conflits ne semblent pas explorés pour autant. Leur constatation permet de mettre en relief, avec raison d'ailleurs, la nature problématique des formes artis- tiques à la Renaissance, sans toutefois favoriser l'analyse des modes d'inscription idéologique des signes aussi troublants.

Or le conflit entre le discours littéraire et la vérité philosophique, en l'occurrence théologique, demeure le centre de préoccupation de la tradition dionysienne. Ce courant de la pensée permet donc d'approcher la problématique qui semble se dérober aussi bien à l'analyse des études portant sur la signification philosophique de la littérature, de même que de celles qui insistent sur l'autonomie du discours artistique. En effet, la théologie négative issue de Denys l'Aréopagite apporte au paysage de la culture médiévale et renaissante non seulement un supplément d'information jusqu'ici négligé, mais elle renouvelle aussi méthodologiquement notre réflexion sur les relations entre la philosophie et la littérature de cette époque. Il en est précisément ainsi, parce que la théologie négative permet de concevoir un discours qui demeure en un profond conflit avec les vérités qu'il signifie, qui reste foncièrement «autre», mais qui, malgré, ou plutôt à cause de son altérité, de sa négativité même, pèse lourdement dans le débat philosophique.

Cette perspective originale qu'apporte la tradition dionysienne à l'histoire des idées et des formes littéraires semble particulièrement requise dans le cas de la première Renaissance française, formation culturelle dont les défis idéologiques n'étaient pas moins urgents que les interrogations esthétiques. Afin d'exemplifier l'utilité de la théologie négative pour l'étude de la relation entre la philosophique et la littérature, il importe de prendre en considération une œuvre qui suscite toujours une très vive controverse: les chroniques de François Rabelais.

Pour juger à quel point il s'agit d'une relation conflictuelle, il suffit de rappeler les vives polémiques qui ont marqué sa réception dans les dernières décennies[2]. L'attaque que Leo Spitzer lance en 1960 contre les «rabelaisants» reste à cet égard exemplaire[3]. Elle est menée au nom de la poésie contenue dans le langage et l'imagination mythique de l'écrivain, au nom de la gratuité du langage, comme une défense de la valeur esthétique propre à la prose rabelaisienne. Elle s'érige contre une lecture uniformément philologique, issue du positivisme du début du siècle et qui, dans sa chasse aux allusions historiques, forcerait l'œuvre de Rabelais à n'être qu'un reflet de la réalité intellectuelle, politique ou sociale de son temps.

Naturellement, rien de plus facile que de déplorer la simplicité des oppositions sur lesquelles est bâtie l'attaque de Spitzer: la poésie vs la réalité, le goût vs la philologie, l'esthétique vs l'histoire, etc. Il serait tout aussi aisé de démontrer son enracinement dans un climat culturel précis, notamment dans la pensée de Benedetto Croce. Il n'y a là cependant rien

---

[2] Sans parler, naturellement, des débats dans lesquels Rabelais s'engage à dessein au moment où il publie ses livres. A propos du caractère polémique de la prose rabelaisienne, v., dernièrement, Gérard Defaux, *Rabelais* Agonistes: *du rieur au prophète. Etudes sur* Pantagruel, Gargantua, Le Quart Livre, Genève, Droz, 1997, de même que la préface à l'édition du *Quart Livre* du même auteur (Librairie Générale Française, Livre de Poche, 1994).

[3] Leo Spitzer, «Rabelais et les 'rabelaisants'», *Studi francesi*, 4 (1960), pp.401-423.

qui puisse diminuer l'intérêt de cet épisode du débat sur la valeur
artistique et idéologique de la prose rabelaisienne, polémique réanimée
une quinzaine d'années plus tard, cette fois-ci dans un autre climat
intellectuel, notamment celui des discussions suscitées de part et d'autre
de l'Atlantique par la déconstruction[4].

Ce climat nouveau est loin d'être l'unique spécificité de la polémique
qui, relancée au milieu des années quatre-vingts, continue jusqu'à ce
jour. Personne ne songe plus à nier les enjeux idéologiques des
chroniques de Rabelais, personne ne conteste l'extraordinaire
complication des formes artistiques de sa prose. Plus même, au cours du
développement de ce récent débat, il est possible de mesurer à quel point
la lecture des œuvres rabelaisiennes s'est approfondie, combien les
polémistes cherchent à reconnaître le bien-fondé des diverses raisons qui
s'affrontent[5]. Aussi, les termes de la confrontation ont été sensiblement
nuancés et précisés. Au lieu d'affronter une conception «transparente» et
une vision «plurielle» de l'écriture de Rabelais, au lieu d'opposer tout
simplement l'univocité idéologique - et plus précisément théologique -
à l'ambiguïté esthétique, il semble que l'enjeu du débat se soit déplacé
vers la question de la confiance avec laquelle l'écrivain entend user de
son masque comique pour communier rhétoriquement ses vérités au
lecteur, vers le défi que les signes fictionnels présentent aux capacités
interprétatives de l'herméneute en dénotant le malaise exégétique du
langage, et particulièrement du langage littéraire[6]. Bref, le problème

---

[4] Gérard Defaux, «D'un problème l'autre: herméneutique de l''altior senus' et
'captatio lectoris' dans le Prologue de 'Gargantua'», *Revue d'histoire littéraire de la
France*, 2 (1985), pp. 195-216; Terence Cave, Michel Jeanneret, François Rigolot, «Sur
la prétendue transparence de Rabelais», *Revue d'histoire littéraire de la France*, 4
(1986), pp. 709-716; Gérard Defaux, «Sur la prétendue pluralité du Prologue de
'Gargantua'. Réponse d'un positiviste naïf à trois 'illustres et treschevaleureux
champions'», *ibid.*, pp. 716-722.

[5] V., par exemple, François Rigolot, «Interpréter Rabelais aujourd'hui», *Poétique*,
103 (1995), pp. 269-283, de même que les pages, dialectiques et nuancées de Gérard
Defaux, *Rabelais* Agonistes..., pp. 346-362.

[6] Sur la genèse de ces notions, v. Gérard Defaux, «Rabelais et son masque comique:
Sophista loquitur», *Etudes rabelaisiennes*, XI (1974), pp. 89-136; Terence Cave, *The
Cornucopian Text. Problems of Writing in the French Renaissance*, Oxford, Clarendon
Press, 1979; Michel Jeanneret, *Le Défi des signes. Rabelais et la crise de
l'interprétation à la Renaissance*, Orléans, Editions Paradigme, 1994.

réside en la foi qu'on accorde aux possibilités philosophiques de la fiction artistique, en les doutes que l'on a à son égard.

Or, il importe de rappeler que le questionnement des capacités des formes artistiques à servir rhétoriquement la philosophie accompagne fidèlement la réflexion sur la fable littéraire. Il est formulé, tout naturellement, par les philosophes eux-mêmes s'interrogeant sur la capacité de la fiction à mener le lecteur vers la vérité. Force est de remarquer qu'il s'agit, bien souvent, d'une pensée éminemment critique[7]. Ainsi, le premier geste de la Philosophie qui apparaît à Boèce au seuil de la *Consolation* est de chasser les muses poétiques entourant le malheureux, ces «courtisanes de théâtre» (*scenicae meretriculae*) qui corrompent les capacités rationnelles de l'homme. Elle les remplace par ses propres muses, geste fort significatif, car dénotant la nécessité d'une fiction adaptée aux besoins de la réflexion philosophique, à l'encontre d'une autre, qui lui est franchement néfaste[8]. Un impératif similaire régit les savantes distinctions opérées par Macrobe dans l'introduction de son *Commentaire au Songe de Scipion* (I, 2). Ici, de nouveau, il s'agit d'épurer la fable poétique pour atteindre un type de narration qui puisse convoyer des vérités profondes, à l'instar de celles apportées par les écrits d'Hésiode, d'Orphée et de Pythagore. Au cours de ce processus, Macrobe élimine les images fictionnelles qui ne servent qu'au plaisir des lecteurs, de même que celles qui ne conviennent pas aux objectifs métaphysiques élevées auxquels il aspire.

La censure à laquelle Boèce et Macrobe soumettent la fiction littéraire témoigne du risque qu'ils reconnaissent de voir la philosophie abusivement assimilée à la littérature. Il est notable qu'une tendance analogue, mais à sens inverse, se manifeste parmi les écrivains qui se penchent sur la spécificité de la poésie. Ainsi Boccace prend soin de marquer les limites qui demeurent infranchissables à la littérature, quoique son apologie de l'art poétique ait tout l'intérêt à mettre en

---

[7] Le développement qui suit s'inspire de mon article: «Literature and Metaphysics: Rabelais and the Poetics of Misunderstanding», à paraître dans les *Etudes rabelaisiennes*.

[8] *Consolation philosophique*, I, 1. Evidemment, la réflexion sur la valeur philosophique de la poésie remonte aux débats sur la signification allégorique des épopées homériques.

parallèle l'allégorisme littéraire et le symbolisme philosophique, voire théologique. Certes, le mythe païen qui forme l'essence de la poésie, reste une sorte de «théologie». Pourtant, cette théologie ne peut être considérée comme «sacrée», puisque la caution de l'Esprit Saint lui fait défaut (*Genealogia deorum gentilium*, XV, viii, 159a; XIV, viii, 145d). Malgré le haut prestige de la littérature qui demeure la préoccupation majeure de Boccace, de telles remarques montrent combien serait vivement ressentie l'incongruité d'assigner à la fiction littéraire des objectifs théologiques qui, par leur nature même, la dépassent.

Or, une telle inconvenance est précisément le lot de la prose rabelaisienne. Depuis les travaux de Michael A. Screech et d'Edwin M. Duval, il n'est plus permis de douter de la signification théologique de ses chroniques[9]. Il est clair que, que ce soit dans les épisodes particuliers, ou par le dessein général de ses ouvrages, Rabelais prend part au débat qui importait le plus à son temps et particulièrement au milieu intellectuel qui était le sien: comment comprendre et vivre l'Evangile? D'autre part, il n'est pas moins évident que la forme littéraire qu'il emprunte dans cette tâche est loin d'être considérée comme adéquate à un si haut projet[10]. Tout au contraire, les chroniques populaires et les aventures comiques des géants ne se prêtent en rien, par elles-mêmes, aux considérations philosophiques et théologiques.

Il existait cependant aux temps de Rabelais une tradition intellectuelle qui plaçait une telle inadéquation au centre même de ses considérations: la pensée de Denys l'Aréopagite[11]. Perçue surtout à travers ses lecteurs

---

[9] Les travaux de Michael A. Screech s'échelonnent entre son *The Rabelaisian Marriage*, London, Edward Arnold, 1958 et son maître-livre: *Rabelais*, London, Duckworth, 1979. Ceux d'Edwin M. Duval sont couronnés par l'essentiel *The Design of Rabelais's Pantagruel*, New Haven, Yale University Press, 1991, de même que par deux ouvrages aux titres analogues, portant sur le *Tiers Livre* et le *Quart Livre*, et annoncés aux éditions Droz, à Genève.

[10] Témoin, les manifestations d'incompréhension, voire du mépris, de la part des intellectuels de son temps, et qui accompagnent l'indéniable succès éditorial sensible dès la parution de *Pantagruel*. V. Marcel de Grève, *L'Interprétation de Rabelais au XVIe siècle*, Genève, Droz, 1961.

[11] Grâce à sa légende hagiographique, Denys l'Aréopagite jouit d'une grande popularité en France; grâce à sa mystique, il est particulièrement apprécié par les humanistes français de la première moitié du XVIe siècle. Rabelais ne pouvait l'ignorer:

les plus radicaux, tels que Cusanus ou Bovelles, elle fournissait à l'auteur de *Pantagruel* et de *Gargantua* une conception du discours qui n'essayait en rien d'atténuer le conflit entre la fiction littéraire et les vérités de la métaphysique, et surtout celles de la théologie chrétienne. Plus même, elle reconnaissait ouvertement le scandale des images inadéquates de la divinité, ce Néant transcendant l'être et dont il serait trop téméraire de revendiquer la connaissance. Grâce à la notion de «signes dissimilaires», elle proclamait ce scandale comme le moyen le plus efficace dont dispose l'homme dans ses tentatives d'approcher les vérités sacrées dans le langage.

Il me semble que c'est précisément l'attitude qui caractérise Rabelais. L'écrivain reconnaît le scandale que constitue le geste d'assigner une signification théologique essentielle à des chroniques «populaires». Il encourage son lecteur à se rendre pleinement compte de cette aberration intellectuelle, plus même, à la traiter comme une occasion toute spéciale d'exercer sa charité chrétienne envers le texte qui est soumis à son interprétation. Il prévient les pantagruélistes contre la volonté de traiter la littérature comme l'oracle de la vérité. Un tel contrat de lecture est exposé dans le Prologue de *Gargantua* et précisé, entre autres, dans l'épisode des «paroles gelées» du *Quart Livre*.

Le Prologue de *Gargantua* où, comme nulle part ailleurs, Rabelais défend sa poétique et s'efforce d'indiquer les modes de lecture appropriés, est peut-être le fragment le plus controversé de l'œuvre rabelaisienne. Pour comprendre la visée de ce texte capital, il est indispensable de revenir sur ce qui en est déjà connu grâce aux travaux des érudits, et notamment grâce à l'article capital d'Edwin M. Duval qui a rallumé la polémique sur Rabelais dans les années quatre-vingts[12]. Cette étude se concentre sur le fragment du Prologue où Rabelais expose le sens allégorique de sa chronique en la comparant aux allégorisations des

---

une allusion à la *Hiérarchie céleste* de Denys lui sert à christianiser - avec l'humour de style qui lui est particulier - la démonologie antique: «Defaict Hesiode en sa Hierarchie...» (*Tiers livre*, chap. I, cité d'après l'édition présentée par Jean Céard, Livre de Poche, 1995, p. 37). A noter aussi une allusion à Cusanus au chapitre XIV de l'édition de 1542 de *Pantagruel*.

[12] «Interpretation and the 'Doctrine absconce' of Rabelais's Prologue to *Gargantua*», *Etudes rabelaisiennes*, XVIII (1985), pp. 1-17.

épopées homériques et des *Métamorphoses* d'Ovide. Le point de départ du passage est l'appel au lecteur d'imiter le chien de Platon et de rompre l'os du livre pour en extraire la «substantificque mouelle», afin que lui soient révélés les «tresaults sacremens et mysteres horrificques, tant en ce qui concerne notre religion, que aussi l'état politique et vie œconomique»[13].

Suit alors la question portant sur l'allégorisme d'Homère, perçu aussi bien du point de vue de la production que de celui de la réception du texte poétique:

> Croyez-vous en votre foi qu'onques Homère écrivant l'Iliade et Odyssée, pensât es allegories, lesquelles de lui ont beluté Plutarche, Heraclides Ponticq, Eustatie, et Phornute, et que d'iceux Politian a dérobé?

La réponse se présente sous la forme de deux hypothèses, dont la première est positive:

> Si le croyez: vous n'approchez ne de pieds ny de mains à mon opinion, qui decrete icelles aussi peu avoir été songées d'Homere, que d'Ovide en ses Metamorphoses les sacrements de l'Evangile: lesquels un frere Lubin, vrai croquelardon, s'est efforcé demonstrer, si d'aventure il rencontrait gens aussi fols que lui et (comme dit le proverbe), couvercle digne du chaudron.

Il importe de souligner qu'Alcofribas associe dans ce fragment Ovide à Homère, en présentant ainsi à ses lecteurs deux références emblématiques du discours allégorique de la littérature.

Vient alors l'hypothèse négative, et le retour vers *Gargantua*:

> Si ne le croyez: quelle cause est, pourquoi autant n'en ferez de ces joyeuses et nouvelles chroniques? Combien que les dictant n'y pensasse en plus que vous, qui par aventure buviez comme moi.

---

[13] Je cite d'après l'édition de Gérard Defaux, Librairie Générale Française, Le Livre de Poche, 1994.

On a pensé assez longtemps que les vives protestations formulées par Alcofribas compromettaient en fait la possibilité d'une lecture «à plus hault sens» de la chronique, lecture à laquelle le lecteur était pourtant encouragé par l'exemple du chien de Platon. L'article fondamental d'Edwin M. Duval a démontré amplement que le texte ne comporte en fait aucune contradiction. Il en est ainsi par ce que le pronom «le» du syntagme controversé «Si ne *le* croyez» ne désigne point l'allégorisme de la poésie homérique en tant que tel, mais plutôt porte sur la proposition entière «qu'onques Homere écrivant l'Iliade et Odyssée, pensât es allegories», signifiant ainsi la conscience que le poète pouvait avoir des sens cachés de son dire. Ce qui est nié donc n'est point l'allégorisme de l'épopée homérique - fait bien entériné dans la conscience de l'époque - mais plutôt son caractère intentionnel. Les chroniques rabelaisiennes, de même, ne sont point dénuées de «tresaults sacrements et mysteres horrificques», quoique leur auteur ne les aient point consciemment inscrits dans son ouvrage, car il buvait en le composant, tout comme le font ses lecteurs en lisant ses joyeuses fictions.

La mise au point essentielle d'Edwin M. Duval lève donc définitivement le soupçon de contradiction dans ce texte capital pour la lecture des chroniques de Rabelais. Elle réaffirme avec raison la visée philosophique, et plus spécifiquement théologique de la fiction rabelaisienne. Ce faisant, elle risque toutefois d'oblitérer dans notre esprit le caractère foncièrement scandaleux de l'entreprise dans laquelle s'engage l'érudit humaniste en présentant ses joyeuses histoires de géants comme le voile allégorique de vérités philosophiques et religieuses.

Or, il semble que Rabelais compose son Prologue précisément de façon à mettre en relief cette aberration intellectuelle sur laquelle est fondé son art d'écrivain. Il le fait dans la même phrase-clé tant discutée du Prologue, et cela grâce à un autre déictique: «autant» («Si ne le croyez: quelle cause est, pourquoi *autant* n'en ferez de ces joyeuses et nouvelles chroniques...»). Cet adverbe de comparaison met scandaleusement en parallèle les chroniques de Rabelais et les *Métamorphoses* d'Ovide mentionnées dans la phrase précédente, invite le lecteur de *Gargantua* à suivre l'exemple de frère Lubin, «vrai croquelardon» s'ingéniant à retrouver les «sacrements de l'Evangile» dans une œuvre littéraire où, en toute bonne logique philologique, elles ne devraient point se trouver[14].

Pourquoi une telle comparaison est-elle vraiment scandaleuse? Tout d'abord, il est proprement injurieux de poser le «frère Lubin», ce type proverbial de paillardise et de stupidité monacale, comme modèle de conduite. Certes, les injures que le narrateur adresse à ses pantagruéliques lecteurs sont souvent doublées d'affection et d'esprit de convivialité[15]. Il n'en reste pas moins vrai que le projet de chercher les vérités évangéliques dans les *Métamorphoses* devait paraître à tout humaniste comme une franche aberration intellectuelle.

Ce qui choquait le sens historique des philologues renaissants, c'était la tendance des versions «moralisées» d'Ovide à considérer les épisodes mythologiques particuliers comme prétextes à des interprétations spirituelles chrétiennes: Actéon, dont les cornes seraient la préfiguration de la couronne d'épines du Christ; Sémélé, comprise comme l'âme du fidèle, ivre de l'amour de Dieu, etc.[16] Les humanistes voyaient en ces extrapolations interprétatives l'une des preuves de l'insensibilité des scolastiques à l'anachronie. Les *Epistolae obscurorum virorum* se moquent d'un certain frère Conrad Dollenkopf qui loue l'université de

---

[14] Mon interprétation s'écarte sur ce point de celle d'Edwin M. Duval selon qui «autant» renvoie une demi-page plus tôt, vers le chien de Platon (p. 5).

[15] Sur les injures amicales de Rabelais, v. les pages éclairantes d'André Tournon, *«En sens agile». Les acrobaties de l'esprit selon Rabelais*, Paris, Champion, 1995, p. 10 et suivantes.

[16] V. *«Ovide moralisé»*, *Poème du commencement du quatorzième siècle*, livre III, vv. 604-669; 905-998, livre IV, vv. 5573-5636, éd. C. de Boer, *Verhandelingen der Koninklijke Akademie van Wetenschappen te Amsterdam. Afdeeling Letterkunde. Nieuwe Reeks*, vol. XV et XXI, Amsterdam, Johannes Müller, 1915. V. aussi les volumes XXX.3, XXXVII, XLIII, ainsi que *Le commentaire de Copenhague de l'«Ovide moralisé»* avec *l'édition critique du septième livre*, éd. J. Th. M. Van 'T Sant, Amsterdam, H. J. Paris, 1929; *The «Vulgate» Commentary on Ovid's Metamorphoses. The Creation Myth and the Story of Orpheus*, éd. Frank T. Coulson, Toronto, The Pontifical Institute of Mediaeval Studies, 1991. Les études récentes de Marc-René Jung sur les manuscrits de l'*Ovide moralisé* ont démontré que les copistes médiévaux avaient, eux aussi, conscience du caractère problématique de la relation entre le mythe ovidien et les mystères du christianisme. V., à cet égard, sa communication *«Ovide, texte, translateur, auteur* et gloses dans les manuscrits de l'*Ovide moralisé»*, présentée au colloque *The Medieval Opus*, à l'Université du Wisconsin-Madison, en 1995.

Heidelberg pour lui avoir appris à lire le mythe d'Actéon à la lumière d'*Ezéchiel*, pour lui avoir montré Sémélé comme l'image de la Vierge[17]. Dans sa préface à la traduction française des *Métamorphoses*, Barthélemy Aneau se croit obligé de préciser que la théologie que l'on trouve dans la fable païenne est une «naturelle cognoissance de Dieu par ses effects» et qu'il faut se garder des «tropologies anagogicques (...) tirant a guelle torse» le poème d'Ovide pour le conformer à la signification mystique de l'Ecriture[18].

Cet avertissement préliminaire de l'humaniste lyonnais semble inspiré par le souci qu'il partage avec Boccace de ne pas confondre la poésie et l'Ecriture. Dans ces remarques, Aneau peut viser la tradition médiévale de l'*Ovide moralisé*, mais il peut, tout aussi bien, parer un risque plus proche, en quelque sorte inhérent à l'humanisme lui-même. Il s'agit de la tendance issue du néo-platonisme renaissant à vouloir accorder les lettres classiques et le dogme chrétien, à poursuivre jusqu'au fond des âges une pieuse philosophie qui témoignerait de l'action anticipée du Saint Esprit sur des païens choisis et qui serait la preuve de leur pressentiment de la Révélation. Il n'est pas exclu, notamment, que Barthélemy Aneau fasse ici allusion à l'allégorisation spirituelle des *Métamorphoses* publiée justement à Lyon en 1510 par un dominicain italien, proche des milieux de Symphorien Champier et dont le nom dans sa version francisée - Lavin - rappelle étrangement celui du moine ignorant du Prologue de *Gargantua*[19].

---

[17] *Epistolae obscurorum virorum...*, éd. Edwardus Bocking, Osnabruck, O. Zeller, 1966, pp. 41-42.

[18] *Trois premiers livres de la metamorphose d'Ovide. Traduictz en vers François. Le premier et second par Cl. Marot. Le tiers par B. Aneau. Mythologizez par Allegories Historiales, Naturelles et Morales recueillies des bons autheurs Grecz et Latins, sur toutes les fables et sentences (...) Avec une preparation de voie à la lecture et intelligence des Poètes fabuleux*, Lyon, Guillaume Roville, 1556. Sur les relations possibles entre Rabelais et Aneau, v. Pierre Servet, "Barthélemy Aneau lecteur de Rabelais?", in *Etudes Rabelaisiennes*, XXIX (1993), pp. 63-81.

[19] Sur le commentaire de Petrus Lavinius aux *Métamorphoses*, v. Ann Moss, *Ovid in Renaissance France. A Survey of the Latin Editions of Ovid and Commentaries printed in France before 1600*, London, The Warburg Institute, 1982, pp. 31-35. C'est J. Engels qui est le premier à émettre l'hypothèse d'une filiation possible entre Lavin et Lubin: «Les commentaires d'Ovide au XVIe siècle», *Vivarium*, 12 (1974), pp. 3-13.

Que Rabelais ait eu ou non à l'esprit précisément cette christianisation néo-platonicienne d'Ovide, il n'en reste pas moins certain qu'il ne pouvait certainement confondre, avec la formation théologique et philologique qui était la sienne, les allégorisations morales et naturalistes telles que celles évoquées à propos des épopées homériques, et, d'autre part, les allégorisations spirituelles et chrétiennes auxquelles certains Lubins non moins ignorants que zélés voulaient soumettre la fable ovidienne. Les premières étaient entérinées par une longue tradition classique; les secondes choquaient la probité intellectuelle et le bon sens de l'érudit humaniste[20].

Mais ce qui est certainement vrai pour l'intellectuel qu'est Rabelais, le correspondant d'Erasme et de Budé, ne l'est pas pour son *alter ego* comique, l'«Abstracteur de quinte essence» qui s'adresse au lecteur dans le Prologue de *Gargantua*. Certes, Alcofribas n'a aucun scrupule à encourager le lecteur de ces joyeuses chroniques à commettre une erreur philologique. Tout au contraire, les divagations interprétatives sont tout à fait conformes à son esprit d'alchimiste de foire[21].

Elles s'intègrent aussi parfaitement à la cohérence du Prologue. En effet, du point de vue strictement textuel, rien n'autorise à opposer les allégorisations morales d'Homère, intellectuellement acceptables pour les humanistes, et les allégorisations spirituelles et incongrues d'Ovide.

---

[20] C'est là une affirmation, juste sans aucun doute, d'Edwin M. Duval. Les conclusions qui en sont tirées me semblent cependant aller à l'encontre du texte rabelaisien: Edwin Duval minimise l'importance de la proposition sur les allégorisations d'Ovide, la considère comme «no more than a subordinate clause (...) a parenthetical qualifier». En conséquence, après avoir prévenu ses lecteurs des altérations graphiques qu'il introduit dans la citation du Prologue qui ouvre son article, Edwin Duval étend à tout le passage sur le frère Lubin la parenthèse qui, dans le texte original se limite à l'incise «comme dit le proverbe» (p. 3 et 8).

[21] Dans l'introduction à son édition des œuvres de Rabelais, Mireille Huchon remarque que le nom d'Alcofribas Nasier apparaît seulement sur la page de titre de l'édition François Juste de 1542 (Paris, Gallimard, coll. de la Pléiade, 1994, p. 1039, édition préparée en collaboration avec François Moreau). En empruntant le masque d'alchimiste, figure traditionnellement critiquée pour ses interprétations abusives, Rabelais suggère clairement que le modèle herméneutique qu'il propose à ses lecteurs est philologiquement aberrant. Dans sa préface aux *Métamorphoses*, Aneau rejette les lectures alchimiques de la fable antique tout de suite après avoir condamné ses allégorisations spirituelles.

Premièrement, la comparaison dans la phrase qui apporte ces deux références les associe intimement («aussi peu...que...»). Deuxièmement, Alcofribas avoue que les commentateurs ont «beluté» les allégorisations homériques, un verbe dont les connotations érotiques ne laissent en rien présumer de la supériorité intellectuelle de ce travail d'érudits sur les divagations du frère Lubin. Enfin, force est de remarquer qu'en vertu d'un écho lexical précis («tresaults *sacrements* et mysteres horrificques»), les «*sacrements* de l'Evangile» poursuivis par le fou herméneute sont précisément ce que le lecteur est encouragé à rechercher dans le livre «medulare» qui lui est présenté. Bref, le charlatan du Prologue appelle le lecteur de *Gargantua* à commettre, en toute connaissance de cause, une erreur intellectuelle compromettante.

Et c'est là la différence capitale entre le lecteur de Rabelais et le frère Lubin. Contrairement aux folies herméneutiques de ce dernier, l'aberration philologique de la fiction rabelaisienne est minutieusement programmée par l'auteur des chroniques, clairement annoncée par leur narrateur, et devrait être consciemment mise en pratique par ses lecteurs. Les disciples d'Alcofribas et «autres fols de séjour» devraient faire preuve d'une conscience exégétique supérieure: ne point se laisser leurrer par l'enseigne extérieure, ne point s'arrêter au sens littéral des histoires comiques qu'on leur présente, mais «plus avant enquérir», pour chercher les sacrements de la religion, de la vie politique et économique dans un opuscule commercial que rien ne prédispose, *a priori*, à une si profonde lecture. Leur vrai accomplissement serait donc d'adopter cette attitude herméneutique non pas *à cause* de la fiction qu'ils lisent, mais *à l'encontre* de ces images vulgaires et risibles dont la monstruosité ne présage en rien des vérités qu'elle convoient. C'est là, certes, le scandale de la raison, une méprise, une folie en tout point pareille à celle du Frère Lubin, sauf qu'il s'agit, cette fois-ci d'une erreur consciente, tout comme, en fin de compte, demeure consciente la revendication par Alcofribas du caractère inconscient, non-intentionnel de ses allégorisations. Il s'agit donc d'une aberration intellectuelle semblable à celle de miser sur le «divin savoir» de Socrate, qui, à en juger par son apparence extérieure, ne valait pas un copeau d'oignon; c'est la folie toute similaire à celle de croire en la divine nature du Christ, ce silène le plus parfait entre tous.

Dans tous ces cas il s'agit, bel et bien, d'un problème d'herméneutique. C'est un point qu'il importe de souligner, car il témoigne de la spécificité de l'art rabelaisien, tout en le reliant à la conception des «signes dissimilaires» propre à la pensée négative de tradition dionysienne. En effet, il ne suffit pas, me semble-t-il, de remarquer que dans le personnage d'Alcofribas Rabelais construit un avatar rhétorique qui, à l'instar de la *Moria* érasmienne, mènera ses lecteurs vers des considérations sérieuses à travers les bagatelles de son babillage. De même que l'allégorie n'est pas juste une figure stylistique, mais elle constitue aussi un procédé herméneutique, de même les chroniques rabelaisiennes ne sont pas seulement des discours oratoires d'Alcofribas, mais aussi, sinon avant tout, consistent en des narrations fictionnelles. Ces fictions poétiques demandent à être interprétées non en conformité avec leur monstrueuse bassesse, mais, tout à fait inversement, à l'opposé de leur caractère franchement négatif. Une telle attitude herméneutique est précisément caractéristique pour la tradition dionysienne, qui, surtout dans ses versions radicales, soutient que les signes les plus négatifs sont les plus efficaces à mener le fidèle vers les vérités sacrées.

Evidemment, une telle herméneutique, aussi bien chez Denys que chez Rabelais, fait appel à la foi et à la charité du fidèle lecteur[22]. Elle le fait, précisément, parce que les capacités intellectuelles ne suffiraient pas à elles seules pour lire les chroniques. L'érudition philologique serait satisfaisante, s'il s'agissait uniquement d'allégories naturelles, historiques et morales, telles que celles que les savants humanistes retrouvaient, à la suite de leurs prédécesseurs antiques, dans les épopées homériques. Mais pour se laisser paître de «belles billevezées», pour les interpréter «en la perfectissime partie», la raison ne suffit pas. Il faut de la folie, il faut une foi charitable envers ce texte futile et bas, une foi qui sache apercevoir la vérité, cette drogue exquise enfermée dans le silène grotesque dont l'imagerie ne convient en rien à son excellence.

C'est pourquoi Rabelais sollicite anxieusement cette confiance. L'enjeu est de poids: il y va non seulement de l'investissement du lecteur dans la fiction narrative qu'Alcofribas est en train d'échafauder «à l'aise

---

[22] Je rejoins sur ce point la conclusion de l'article d'Edwin Duval, p. 11 et suivantes. Je voudrais insister cependant que la bienveillance charitable qui demeure l'objectif ultime du Prologue n'élimine pas pour autant le problème de l'interprétation de l'allégorie qui y est exposé. Tout au contraire, c'est bien dans l'exégèse de la fiction comique que le lecteur a pleinement occasion d'exercer sa vertu chrétienne.

du corps et au profit des reins» des joyeux pantagruélistes; il y va aussi de leur salut spirituel.

Le passage du plan fictionnel au plan théologique est d'autant plus difficile que ces deux domaines sont dans les chroniques rabelaisiennes tellement disparates. C'est pourquoi Rabelais multiplie les avertissements et les indications de lecture. Tel est le cas du fameux épisode de la miraculeuse nativité de Gargantua, survenue par l'oreille de sa mère, donc par la même voie qu'emprunte la foi religieuse, venant «*ex auditu*». La signification théologique du chapitre est connue: il s'agit de promouvoir la conception paulinienne de la foi-confiance, au besoin en l'attribuant ironiquement aux Sorbonnards, plus préoccupés, eux, par des définitions logiques que par l'Evangile[23]. La nativité du petit géant est d'un caractère décidément étrange: elle est causée par un puissant «restrictif» renversant le cours d'une naissance naturelle. Elle constitue surtout l'image fictionnelle, le «signe dissimilaire» de cette autre Nativité, miraculeuse entre toutes et à laquelle il appartient de croire à tout chrétien. Rabelais dispose savamment les références scripturaires pour indiquer à son lecteur la direction interprétative à suivre: la foi comme l'«argument des choses de nulle apparence» de l'épître aux Hébreux (11, 1); les paroles de l'ange Gabriel, assurant à Marie dans l'Evangile de saint Luc (1, 37) qu' «à Dieu rien n'est impossible».

Toutefois, malgré ces renvois bibliques, la foi du lecteur est loin d'être assurée. Deux dangers, notamment, risquent de fausser l'interprétation. Le premier se résumerait à rejeter, dès l'abord, la fiction scandaleuse: «Je me doute que ne croyez assurément cette étrange nativité». Le second reviendrait à la prendre littéralement, à confondre la nativité de Gargantua, qui est signe dissimilaire de la Nativité chrétienne, avec les naissances fabuleuses et pseudo-romanesques - celle de Bacchus issu de la cuisse de Jupiter, celle de Crosquemousche sorti de la pantoufle de sa nourrice -, ou celles, «contre nature» rapportées par ce «menteur» Pline: «Si ne le croyez, je ne m'en soucie; mais un homme de

---

[23] Chap. «Comment Gargantua naquit en faczon bien estrange» analysé magistralement par Michael A. Screech, *L'évangélisme de Rabelais. Aspects de la satire religieuse au XVI* siècle*, Genève, Droz, 1959, p. 10 et suivantes. Pour l'étude de l'aspect rhétorique de ce chapitre, v. Gérard Defaux, «Rabelais et son masque comique: *Sophista loquitur*»...

bien, un homme de bon sens, croit toujours ce qu'on lui dit, et qu'il trouve par écrit» (p.125). Les deux erreurs interprétatives sont bien celles devant lesquelles Denys l'Aréopagite voudrait prévenir les fidèles. D'une part le refus indigné de l'Ecriture qui abonde en images monstrueuses du divin; de l'autre l'adhésion crédule qui retrouve dans l'ineffable transcendance l'anthropo- et le zoomorphisme d'ici-bas.

Cependant la foi n'est ni refus sceptique, ni crédulité. En poursuivant le sens théologique dans la fable gargantuine, le lecteur doit agir à l'instar du frère Lubin, mais agir en toute connaissance de cause. C'est pourquoi Rabelais prend un soin méticuleux à asseoir tout l'épisode dans la typologie chrétienne du salut. Tout d'abord, la Nativité du Christ évoquée par l'ange Gabriel reprend en fait la réplique que Dieu adresse à Sara, qui, vieille et stérile, doute de l'accomplissement de la promesse divine[24]. Mais, d'autre part, la référence par laquelle Grandgousier ouvre le chapitre, situe l'épisode entier dans la perspective eschatologique: «...notre sauveur dit en l'Evangile, Joannis, 16., La femme que est à l'heure de son enfantement a tristesse: mais lorsqu'elle a enfanté, elle n'a souvenir aucun de son angoisse». L'angoisse de l'enfantement a, dans la parabole christique, un sens précis: il s'agit des inquiétudes des apôtres incapables de comprendre l'annonce de la Passion et de la Résurrection. Les disciples rassemblés ne peuvent percer le vrai sens spirituel des paroles de leur Maître, car ils n'ont pas encore bénéficié de l'inspiration du Saint Esprit, révélation finale et définitive, qui ne se manifestera que lors de la Pentecôte. Pour le moment, ils doivent peiner dans leur incompréhension: «De hoc quaeritis inter vos, quia dixi...» (*Jn.*,16, 19). Le moment choisi est donc doublement dramatique: il s'agit des dernières paroles du Christ avant son arrestation. Il s'agit aussi, comme le Christ ne manque pas de le souligner, de ses derniers propos «en proverbes» (16, 25). Ayant dorénavant abandonné le langage des paraboles, le Messie est pleinement reconnu comme le Fils de Dieu. Il tient néanmoins de s'assurer de la foi de ses auditeurs[25].

---

[24] *Gen.* 18, 14, référence citée par Michael A. Screech, *L'Evangélisme...*, p. 11-12.

[25] «Ecce nunc palam loqueris, et proverbium (παροιμία) nullum dicis. Nunc scimus quia scis omnia, et non opus est tibi ut quis te interroget; in hoc credimus quia a Deo existi. Respondit eis Jesus: Modo creditis?» (*Jn.* 16, 29-31)

Un soin similaire pousse Alcofribas à faire appel à la confiance des
pantagruélistes. Il ne faut cependant point oublier que du point de vue de
Rabelais, cet appel est bien une provocation herméneutique. Le crédit
accordé à la fiction ne devrait jamais dégénérer en crédulité, mais mener
vers la foi en le renouvellement de l'Alliance, la foi en la Rédemption.
De là, peut-être, toutes ces fanfaronnades du narrateur, ces mensonges
gigantesques, racontés avec un visible plaisir et dont l'énormité doit
éveiller la charité du lecteur.

Avant de pouvoir contempler la vérité face à face, les pantagruélistes
doivent s'en remettre à l'énigme de la fable rabelaisienne. L'*aenigma*,
cette allégorie tellement obscure que toutes ces interprétations
apparaissent arbitraires, demeure en même temps miroir, *speculum* de
l'attitude éthique et religieuse de ses lecteurs. Elle est surtout l'appel à
l'amour charitable, l'augustinien *dilige, et quod vis fac* des Thélémites[26].
L'herméneutique des «signes dissimilaires» devrait donc se traduire en
action. C'est pourquoi, le danger majeur serait de faire «geler» la fiction
en paroles d'oracle, de prendre la «doctrine plus absconce» comme l'effet
d'une révélation gnostique. Un tel savoir occulte serait le contraire du
pragmatisme éthique visé par les chroniques rabelaisiennes. Alcofribas
a beau être un alchimiste de foire, la «quinte essence» qu'il entend
abstraire pour ses lecteurs est d'un ordre tout à fait dissemblable par
rapport à la fiction ésotérique dont il est issu lui-même. Ignorer cette
dissimilarité reviendrait à fausser l'herméneutique rabelaisienne, à nier
la monstruosité de la fiction des chroniques, à prendre ses mensonges
pour argent comptant et par là même rester aveugle à sa transitivité.
Rechercher des sympathies cachées entre le sens et les signes se
résumerait à «geler» les paroles en petits joyaux opaques et étincelants,
mais qui, une fois l'émerveillement passé, s'avèrent être juste des «motz
de guele» qui ne font jamais défaut à un bon pantagruéliste.

Telle est la méprise contre laquelle Rabelais prévient ses lecteurs dans
l'épisode fameux des «paroles gelées» (*Quart livre*, LV-LVI). Voguant
en quête de l'oracle de la Dive Bouteille, les compagnons de Pantagruel

---

[26] V. mon article «In Search of a Context for Rabelaisian Hermeneutics: 'Enigme en
prophetie' or How to Combine the Unnameable with the Omninameable», in *Rabelais
in Context. Proceedings of the 1991 Vanderbilt Conference*, éd. Barbara C. Bowen,
Birmingham, Alabama, 1993, pp. 67-77.

entendent au milieu de la mer des «gens parlant en l'air» - des voix et des sons sans nulle origine apparente. Pour apaiser la panique de Panurge, le géant fait appel à la raison - «Mais entendons» - et surtout à son érudition. Il en extrait quatre hypothèses qui sont censées expliquer le phénomène, mais qui s'avèrent fausses, les voies «barbares» et l'effrayante clameur étant en fait les sons gelés d'une bataille qui avait eu lieu dans ces eaux arctiques l'hiver précédent. Cette solution du mystère a été comprise comme l'exaltation d'une interprétation «historique» au dépens des divagations de la polysémie, comme l'hommage rendu à la langue vernaculaire[27].

Il importe cependant de souligner que les hypothèses erronées de Pantagruel témoignent d'une conception néo-platonicienne du discours, prompte à chercher des affinités entre les signes et leurs significations occultes. En s'engageant - ironiquement sans doute[28] - dans une impasse interprétative, Pantagruel semble rappeler à Panurge qu'il serait abusif de prendre des paroles humaines ou même des sons asémantiques pour des oracles, que la Révélation a été déjà accomplie et qu'il n'y en aura pas de suivante, et surtout que cette Révélation, fondamentalement différente des symboles qui la convoient, est à chercher au-delà des signes - foncièrement inadéquats - dans la pratique de la charité.

Pour comprendre la nature des erreurs interprétatives de Pantagruel, il suffit de les confronter avec les *Moralia* de Plutarque qui restent la source d'au moins trois d'entre elles. Voici la première hypothèse du géant:

---

[27] V. Gérard Defaux, «Vers une définition de l'herméneutique rabelaisienne: Pantagruel, l'esprit, la lettre et les paroles gelées», in *Rabelais en son demi-millénaire*, éd. Jean Céard, Jean-Claude Margolin, Genève, Droz, 1988, pp. 327-337; Jean-Yves Pouilloux, «Notes sur deux chapitres du *Quart Livre* LV-LVI», *Littérature,* 5 (1972), pp. 88-94. L'article de Gérard Defaux entre en débat avec l'interprétation de Michel Jeanneret [«Les paroles dégelées (Rabelais, *Quart Livre*, 48-65)», in *Littérature*, 17 (1975), pp. 14-30] et celle de Michael A. Screech (*Rabelais...*, pp. 410-439). V. aussi Marie-Luce Demonet, *Les Voix du signe. Nature et origine du langage à la Renaissance (1480-1580)*, Paris, Champion, 1992, pp. 376-384.

[28] C'est Edwin Duval qui m'a incité à penser que les méprises interprétatives du géant doivent être conçues comme des provocations ironiques.

> Mais entendons. J'ay leu qu'un Philosophe, nommé Petron, estoyt en
> ceste opinion que feussent plusieurs mondes soy touchans les uns les
> aultres en figure triangulaire aequilaterale, en la pate et centre des quelz
> disoit estre le manoir de Verité, et là habiter les Parolles, les Idées, les
> Exemplaires et protraictz de toutes choses passées et futures: autour
> d'icelles estre le Siecle. Et en certaines années, par longs intervalles, part
> d'icelles tomber sus les humains comme catarrhes, et comme tomba la
> rousée sus la toizon de Gedeon: part là rester reservée pour l'advenir,
> jusques à la consommation du Siecle.[29]

Pantagruel se tourne donc vers le domaine des Idées platoniciennes, et
plus précisément vers une conception métaphysique exposée par un
mystérieux «barbare», un «homme saint» (ἱερός), rencontré par l'un des
personnages du *De defectu oraculorum*, nommé Cléombrotus (343D-G).
Cléombrotus a été impressionné par ce mage vivant parmi les nymphes
et les démons, proférant ses vérités d'une voix mélodieuse et d'un souffle
parfumé. Le problème est toutefois que Cléombrotus demeure un
personnage particulièrement crédule[30]. Les spéculations du mystérieux
devin sont encore rendues plus problématiques par le fait que
Cléombrotus reconnaît qu'elles ne sont pas fondées sur des preuves
rationnelles, qu'elles ne constituent que sa contribution versée dans le
«cratère rempli de mythes et de vérités mélangées» (μύθων καὶ λόγων
ἀναμεμιγμένων κρατήρ). Il n'est donc point étonnant que le
mystérieux «barbare» soit rapidement démasqué par ses interlocuteurs
comme étant un Grec bien versé dans les théories philosophiques,
notamment celles de Petron, évoqué par Pantagruel. C'est pourquoi une
note d'ironie transparaît dans les éloges que le narrateur adresse au mage
mystificateur de Cléombrotus, en l'appelant un homme habile, rusé
(ἐπίκλοπος), épithète désignant Ulysse au moment où, encore déguisé
en vieux mendiant, il s'apprête à massacrer les poursuivants de Pénélope
(*Odyssée*, XXI, 397).

Evidemment, il n'est pas indifférent que la référence à Petron soit
puisée par Pantagruel dans un dialogue de Plutarque consacré à la

---

[29] Je cite d'après l'édition de Gérard Defaux du *Quart Livre*, Librairie Générale
Française, Livre de Poche, 1994, pp. 537-539. Naturellement, je profite des riches notes
de cette édition.

[30] V. *De defectu...*, 410A-411C.

disparition des oracles en Grèce. La seconde hypothèse du géant provient aussi d'un dialogue de Plutarque consacré aux oracles, le *De Pythiae oraculis* (629E).

> Me souvient aussi que Aristoteles maintient les parolles de Homere estre voltigeantes, volantes, moventes, et par consequent animées.   (p. 539)

Replacé dans son contexte originel, le jugement d'Aristote sur la poésie d'Homère apparaît juste comme une comparaison servant à illustrer, dans l'esprit de l'un des participants du dialogue, les miraculeux mouvements dont sont animées les statues votives des temples. Cet éloge se heurte à la vive réplique d'un épicurien s'indignant que l'on veuille incarner un dieu dans une statue. Il serait intéressant de savoir comment ce débat pouvait être perçu par Rabelais qui, comme d'autres évangéliques, était impliqué dans la discussion sur le rôle des «images» saintes dans le culte religieux. Il importe cependant surtout de noter que la question-clé de ce dialogue de Plutarque ne porte pas sur les statues votives, mais sur la valeur des oracles de Pythie qui ont perdu leurs anciennes qualités littéraires. Est-ce que cet appauvrissement esthétique rapproche les fidèles de l'authentique message divin, libre de toute ornementation futile, ou bien témoigne-t-il de l'abandon de Pythie par Apollon qui, indubitablement, demeure le patron des muses? Visiblement, comme dans le *De defectu*, le lecteur de Plutarque se retrouve ici au temps du déclin où les statues votives sont couvertes de patine, où les hommes remercient les dieux de les avoir aidés dans leurs méfaits, où les oracles ont perdu leur excellence poétique d'antan. Toutefois la conclusion du dialogue est rationnelle et équilibrée: comme la philosophie qui, contrairement aux temps d'Hésiode, d'Orphée et de Parménide, a renoncé aux vers, de même les oracles ne devraient pas être sous-estimés juste à cause de leur prosaïsme. L'oracle est l'effet de l'inspiration divine et de la mise en forme humaine. On ne peut attendre de Pythie, une femme sans éducation, de composer des vers élaborés. Surtout, il ne faut pas oublier que le langage subit une dévaluation tout comme l'argent: la forme poétique a été discréditée par des charlatans revêtant leurs fausses prophéties d'une expression énigmatique.

A la lumière du relativisme historique et sociologique qui transparaît dans la conclusion du *De Pythiae oraculis*, l'image des paroles voligeantes d'Homère apparaît encore plus nettement ce qu'elle est réellement dans le texte de Plutarque: juste une métaphore. Plus même: si le mouvement spirituel des statues votives est comparé à l'animation de la poésie homérique, il faut garder en mémoire que celle-ci, conformément au sens originel de cette image aristotélicienne, est l'effet de l'art rhétorique[31].

Il apparaît ainsi qu'en prenant la métaphore d'Aristote et de Plutarque dans un sens littéral, matériel, Pantagruel trahit complètement l'intention de ses sources. Selon la seconde hypothèse du géant, les paroles perçues par les voyageurs «voleraient» littéralement dans les airs. Ce mouvement physique supposé est tout à fait contraire aux conclusions mitigées de Plutarque, mais, en revanche, bien conforme aux spéculations de Petron rapportées par le «mage» de Cléombrotus, selon qui les Idées et les Archétypes devaient littéralement «tomber sus les humains comme catarrhes», expressions bien tangibles et tout à fait directes de l'Absolu, malgré les réserves, sinon l'ironie du texte de Plutarque.

La troisième hypothèse de Pantagruel trahit aussi l'esprit du *Quomodo quis suos in virtute sentiat profectus* (79A) de Plutarque dont elle est issue:

> D'adventaige Antiphanes disoit la doctrine de Platon es parolles estre semblable, lesquelles en quelque contrée, on temps du fort hyver, lors que sont proferées, gelent et glassent à la froydeur de l'air, et ne sont ouyes. Semblablement ce que Platon enseignoyt es jeunes enfans, à peine estre d'iceulx entendu lors que estoient vieulx devenuz.   (p. 539)

De nouveau le géant prend littéralement une comparaison, qui, néanmoins, est citée d'une façon suffisamment ample pour apparaître comme telle. En outre, deux aspects importants du texte de Plutarque ont été modifiés par Pantagruel.

Tout d'abord, l'anecdote de la ville nordique où les paroles gelaient en hiver pour fondre en été est racontée par l'Antiphane du dialogue de Plutarque comme une blague ('Αντιφάνης ἔλεγε παίζων). Tel est aussi son caractère dans le *Courtisan*, II, liv-lvi de Castiglione, où elle

---

[31] Aristote, *Rhétorique*, III, 11.

réapparaît comme l'exemple de ces mensonges amusants («belle bugie») si bien racontés qu'ils provoquent tout naturellement le rire.

Avec les marques d'humour qui s'estompent dans les propos de Pantagruel, change aussi la cible de l'anecdote originale. Le dialogue de Plutarque porte sur la conscience que l'on peut avoir de ses propres progrès dans la vertu. L'histoire d'Antiphane y sert précisément à dénigrer ceux que l'ambition et l'attrait pour les attributs extérieurs du savoir empêchent de se perfectionner moralement. Il s'agit des familiers de Platon (Πλάτωνος συνήθων) qui, ayant écouté les paroles de leur maître dans leur jeunesse, ne parviennent à les comprendre que beaucoup plus tard, à l'âge avancé, tout comme les habitants de la ville nordique qui n'entendent qu'au printemps les mots proférés en hiver.

Cependant, dans la version du géant, ce ne sont plus les jeunes disciples de Platon qui sont visés, mais la doctrine platonicienne elle-même («la doctrine de Platon es parolles»). Cette modification s'ajoute au ton ironiquement sérieux avec lequel le géant rapporte la blague d'Antiphane. Tout cela semble indiquer que Rabelais critique une conception du signe trop confiante en les affinités entre la fiction poétique et la vérité philosophique. Oubliant systématiquement et probablement intentionnellement le jeu rhétorique des textes de Plutarque qu'il allègue, négligeant notamment leur subtile ironie et leur humour, le géant étale une riche et bien inutile érudition. Il le fait comme pour répondre au désir de Panurge, anxieux de connaître l'oracle de la Dive Bouteille, tandis que la vérité, comme le montre amplement le *Tiers livre*, réside dans son propre choix éthique[32]. Or, si l'on prend les mots pour l'incarnation de la vérité, si, par une approche ésotérique, orphique pourrait-on dire de la littérature, on les confond trop rapidement avec des paroles d'oracle, on risque d'aboutir, comme le font les voyageurs au chapitre suivant, à des débris insignifiants de matière, des choses plutôt

---

[32] Dans son excellent article consacré à cet épisode, André Tournon remarque que la réplique de Panurge qui clôt le chapitre LVI constitue aussi la dernière allusion à l'objectif du voyage des héros dans le *Quart livre*: «Pleust à Dieu que icy, sans plus avant proceder, j'eusse le mot de la dive Bouteille», [«De l'interprétation des 'motz de gueule'. Note sur les chapitres LV-LVI du Quart Livre du Pantagruel», in *Hommage à François Meyer*, Publications de l'Université de Provence, 1983, pp. 145-153].

que des signes, non seulement incapables d'aucune révélation divine, mais aussi inutiles à la communication entre les hommes.

La poésie n'apportera plus aucune révélation. La dernière hypothèse de Pantagruel le rappelle assez: «Nous serions bien esbahiz si c'estoient les teste et lyre de Orpheus». De fait, les pèlerins de la Dive Bouteille seraient bien surpris, car ils savent parfaitement que le *poeta magus* a été tué, il y a bien longtemps, par les femmes thraciennes. La tête et la lyre d'Orphée flottant sur les eaux semblent rappeler avec force que les anciens oracles sont morts. Si les mots volent et voltigent, ce n'est que par la force de la rhétorique; si l'on peut les conserver pour les générations à venir, c'est seulement dans un apologue.

Mais, si les anciens oracles ont cessé, cela ne veut pourtant pas dire que la fiction des chroniques n'est qu'un jeu esthétique. Le même dialogue *De defectu oraculorum* que Rabelais utilise ici pour mettre en doute l'écoulement direct des Idées dans la corporalité de la communication humaine est mis à profit quelques chapitres plus tôt pour muer le récit de la mort du Pan en celui de la Passion du Christ, «le nostre Tout»[33]. L'épisode des «paroles gelées» a, lui aussi, une signification chrétienne bien précise, quoiqu'il ne s'agisse pas de la christianisation du mysticisme païen des personnages de Plutarque.

L'enjeu reste, de nouveau, la réflexion sur le fonctionnement théologique du discours. Certes, Rabelais se montre mitigé, lorsqu'il s'agit de concevoir un discours qui entretiendrait avec la vérité des liens de connivence aussi étroits qu'il se muerait en paroles d'oracle. Les signes, surtout les signes littéraires, sont bien éloignés du sacré transcendant. Pourtant, aussi «dissimilaires» soient-ils, ils peuvent et doivent être mis à profit pour l'édification des fidèles dans la foi. Tel semble être la portée théologique de l'expression «gens parlans en l'air» qui ouvre le chapitre LV et qui est empruntée à la première épître aux Corinthiens, 14, 9.

Pour saint Paul, parler «en l'air» désigne un propos incompréhensible et donc inutile, tout comme le sont pour les pèlerins de la Dive Bouteille les voix mystérieuses qu'ils perçoivent au milieu des flots. La cible de l'apôtre est cependant bien précise: il s'adresse à ceux des membres de l'église de Corinthe qui parlent «en langues» (*qui loquitur linguis,*

[33] V. Michael A. Screech, *Rabelais...*, pp. 350-365.

λαλεῖν γλώσσαις), don divin, certes, mais complètement inutile pour la communauté des fidèles. Il en est ainsi parce que les propos de celui qui parle «en langues», quoique inspirés, restent pour ses prochains comme la cacophonie d'instruments musicaux, comme les paroles d'un barbare (1 *Cor.*, 14, 7-11). Visiblement tels sont aussi pour les compagnons de Pantagruel les sons des «tambours et fifres», «clerons et trompettes» mêlés au bruit de la bataille, «languaige barbare», chaos sémiotique qui rappelle le *cymbalum* paulinien dénué de charité[34]. Au discours «en langues», saint Paul oppose donc la prophétie (προφητεία) qui permet d'édifier et de conforter les fidèles. Seules les mots intelligibles peuvent convertir l'incroyant, mener l'esprit simple (*idiota*, ἰδιώτης) jusqu'à la vérité divine (14, 24-25).

L'intertexte biblique de l'épisode des «paroles gelées» remplit donc surtout une fonction négative. Il ne convertit pas harmonieusement la fiction rabelaisienne en métaphysique. Tout au contraire, il souligne qu'il est difficile de percevoir la vérité divine dans le discours des hommes. Les signes sont «dissimilaires» par rapport à la transcendance, la fable littéraire se mue difficilement en démonstration philosophique. Au rêve d'une révélation directe de la volonté divine, à l'attente par Panurge d'un oracle qui puisse satisfaire sa philautie, répond le brouhaha provocateur de l'érudition de Pantagruel, paroles «en langues» qui ne seraient que des «motz de gueule» inutiles si leur intention n'était charitable.

Et c'est probablement là, dans l'insistance sur l'action au sein de la communauté, dans la mise en valeur de la communication avec son prochain, de l'interprétation charitable de ses faits et dits, que réside la spécificité de Rabelais et en même temps l'originalité de sa mise en œuvre de l'herméneutique dionysienne [35]. Car, comme il existe différentes théologies négatives à l'aube des temps modernes, de même diverse est leur application à la littérature.

---

[34] Cf. le chapitre LVI, p. 543 et 1 *Cor.*, 13, 1.

[35] A contraster, par exemple, avec l'utilisation mystique de la tradition dionysienne par Marguerite de Navarre. Ce pragmatisme de Rabelais est probablement dû à l'influence érasmienne qu'il subit. V. Mary Jane Barnett, «Erasmus and the Hermeneutics of Linguistic Praxis», *Renaissance Quarterly*, 3 (1996), pp. 542-572.

BIBLIOGRAPHIE

Albert le Grand, *Super Dionysium de divinis nominibus*, in *Opera omnia*, Coloniae, typis Aschendorffianis, 1971, t. 27.

Allen, Don Cameron, *Mysteriously Meant. The Rediscovery of Pagan Symbolism and Allegorical Interpretation in the Renaissance*, Baltimore and London, The Johns Hopkins Press, 1970.

Allen, Michael J. B., «Ficino's Theory of the Five Substances and the Neoplatonists' *Parmenides*», *Journal of Medieval and Renaissance Studies,* 12 (1982), pp. 19-44.

——, *Icastes: Marsilio Ficino's Interpretation of Plato's 'Sophist'*, Berkeley, Los Angeles, Oxford, University of California Press, 1989.

——, «Marsile Ficin et le *Corpus Hermeticum*», in *Cahiers d'Hermétisme. Présence d'Hermès Trismégiste*, Paris, Albin Michel, 1988, pp. 111-119.

Allen, R. E., *Plato's 'Parmenides'. Translation and Analysis*, Minneapolis, University of Minnesota Press, 1983.

Altenstaig, Joannes et Tytz, Joannes, *Lexicon Theologicum*, Coloniae Agrippinae, Petrus Henningius, 1619.

Amboise, Jacques-Marie, *De rebus creatis et earum creatore*, Lutetiae, apud Federicum Morellum, 1586.

Angelis, Rosa Padellaro de, *Il problema del nulla nel pensiero cristiano*, Roma, Editrice Elia, 1974.

Anton, John Peter, *Aristotle's Theory of Contrariety*, London, Routledge and Kegan Paul, 1957.

Aristote, *The Complete Works of Aristotle*, éd. Jonathan Barnes, Princeton, Princeton University Press, 1984.

Augustin, saint, *Commentaire sur la première épître de Saint Jean,* Paris, Ed. du Cerf, 1961.

——, *La Trinité*, in *Œuvres de Saint Augustin*, Paris, Desclée de Brouwer et Cie, 1955.

——, *Le Magistère Chrétien*, in *Œuvres de Saint Augustin*, Paris, Desclée de Brouwer et Cie, 1949.

——, *Les Confessions*, in *Œuvres de Saint Augustin,* Etudes Augustiniennes, 1992.

Barnett, Mary Jane, «Erasmus and the Hermeneutics of Linguistic Praxis», *Renaissance Quarterly*, 3 (1996), pp. 542-572.

Bedouelle, Guy, *Lefèvre d'Etaples et l'intelligence des écritures*, Genève, Droz, 1976.

——, *Le 'Quincuplex Psalterium' de Lefèvre d'Etaples. Un guide de lecture*, Genève, Droz, 1979.

Béhar, Pierre, *Les langages occultes de la Renaissance*, Paris, Ed. Desjonquères, 1996.

Beichler, James E., *The Religious Language of Nicholas of Cusa*, Missoula, Mont., American Academy of Religion and Scholars Press, 1975.

Berti, Enrico, «'Coincidentia oppositorum' e contraddizione», in *Concordia discors. Studi su Niccolà Cusano e l'umanesimo europeo offerti a Giovanni Santinello*, éd. Gregorio Piaia, Padova, Editrice Antenore, 1993, pp. 105-127.

Bessarion, Jean, *In calumniatore Platonis libri quatuor*, Venetiis, Aldi Romani, 1503.

Blau, Joseph L., *The Christian Interpretation of the Cabala in the Renaissance*, Port Washington, N.Y., Kennikat Press, Inc., 1965.

Blumenberg, Hans, *The Legitimacy of the Modern Age*, trans. Robert M. Wallace, Cambridge, Mass., MIT Press, 1983.

Bond, H. Lawrence, «Nicholas of Cusa and the Reconstruction of Theology: the Centrality of Christology in the Coincidence of Opposites», in *Contemporary Reflections on the Medieval Christian Tradition. Essays in honor of Ray C. Petry*, éd. George H. Shriver, Durham, N.C., Duke University Press, 1974, pp. 81-94.

Bovelles, Charles de, *Ars oppositorum*, éd. et trad. Pierre Magnard, Paris, Vrin, 1984.

——, *Commentarius in primordiale evangelium divi Ioannis...*, Paris, J. Badius, 1514.

——, *Divinae caliginis liber...*, Lyon, A. Blanchard, 1526.

——, *De Nihilo*, éd. et trad. Pierre Magnard, Paris, Vrin, 1983.

——, *De Sapiente*, éd. Pierre Magnard, Paris, Vrin, 1982.

——, *Liber de differentia vulgarium linguarum et Gallici sermonis varietate*, éd. et trad. Colette Dumont-Demaizière, Amiens, Musée de Picardie, 1972.

——, *Questionum Theologicarum libri septem...*, Paris, J. Badius, 1514.

Bréhier, Emile, «L'idée du néant et le problème de l'origine radicale dans le néoplatonisme grec», *Revue de Métaphysique et de Morale*, 26 (1919) pp. 443-475.

Briçonnet, Guillaume, Marguerite de Navarre, *Correspondance (1521-1524)*, éd. Christine Martineau, Michel Veissière, Henry Heller, Genève, Droz, 1975.

Brito, Emilio, *Dieu et l'Etre d'après Thomas d'Aquin et Hegel*, Paris, Puf, 1991.

Budé, Guillaume, *Commentarii linguae Graecae,* Parisiis, ex officina Roberti Stephani, 1548.

The Cambridge History of Renaissance Philosophy, éd. Charles B. Schmitt, Eckhardt Kessler, Quintin Skinner, Cambridge, New York, New Rochelle, Cambridge University Press, 1988.

Cavazza, Silano, «Platonismo e riforma religiosa: la 'Theologia vivificans' di Jacques Lefèvre d'Etaples», *Rinascimento*, 22 (1982), pp. 99-149.

Cave, Terence, *The Cornucopian Text. Problems of Writing in the French Renaissance*, Oxfort, Clarendon Press, 1979.

Cave, Terence et Michel Jeanneret, François Rigolot, «Sur la prétendue transparence de Rabelais», *Revue d'histoire littéraire de la France*, 4 (1986), pp. 709-716.

Celui qui est. Interprétations juives et chrétiennes d'Exode 3-14, éd. Alain de Libera et Emilie Zum Brunn, Paris, Editions du Cerf, 1986.

Champier, Symphorien, *Liber quadruplici vita. Theologia Asclepij hermetis trismegisti discipuli cum commentarijs...*, Lyon, Stephanus Gueynardus et Jacobus Huguetanus, 1507.

Charpentier, Jacques, *Platonis cum Aristotele in universa philosophia comparatio (...) Alcinoi Philosophi, ad Platonis doctrinam institutio...*, Paris, Jacques du Puys, 1573.

Collins, Ardis B., *The Secular is Sacred. Platonism and Thomism in Marsilio Ficino's 'Platonic Theology'*, The Hague, Martiunus Nijhoff, 1974.

Combes, André, *Essai sur la critique de Ruysbroeck par Gerson*, Paris,Vrin, 1945-1972.

Copenhaver, Brian P., «Lefèvre d'Etaples, Symphorien Champier, and the Secret Names of God», *Journal of the Warburg and Courtauld Institutes*, 40 (1977), pp. 189-211.

——, *Symphorien Champier and the Reception of the Occultist Tradition in Renaissance France*, The Hague, Paris, New York, Mouton Publishers, 1978.

Corsini, Eugenio, *Il Trattato De Divinis Nominibus dello Pseudo-Dionigi e i commenti neoplatonici al Parmenide*, Turin, G. Giappichelli, 1962.

Cranz, F. Edward, «Cusanus, Luther and the Mystical Tradition», in *The Pursuit of Holiness in Late Medieval and Renaissance Religion*, éd. Charles Trinkaus, Heiko A. Oberman, Leiden, E. J. Brill, 1974, pp. 93-102.

——, «Saint Augustine and Nicholas of Cusa in the Tradition of Western Christian Thought», *Speculum*, 28 (1953), pp. 297-316.

——, «The Transmutation of Platonism in the Development of Nicolaus Cusanus and of Martin Luther», in *Nicolo' Cusano agli inizi del mondo moderno*, Firenze, G.C. Sansoni editore, 1965, pp. 73-102.

Dagens, Jean, «Hermétisme et Cabale en France depuis Lefèvre d'Etaples à Bossuet», *Revue de Littérature Comparée*, 35 (1961), pp. 5-16.

D'Alverny, Marie Thérèse, «Quelques aspects du symbolisme de la 'Sapientia'», in *Umanesimo e Esoterismo*, Padova, Cedam, 1960, pp. 321-333.

Dancy, R. M., *Sense and Contradiction: A Study in Aristotle*, Dordrecht - Boston, D. Reidel Publishing Compagny, 1975.

Defaux, Gérard, «D'un problème l'autre: herméneutique de l''altior senus' et 'captatio lectoris' dans le Prologue de 'Gargantua'», *Revue d'histoire littéraire de la France*, 2 (1985), pp. 195-216.

——, *Rabelais Agonistes: du rieur au prophète. Etudes sur* Pantagruel, Gargantua, Le Quart Livre, Genève, Droz, 1997.

——, «Rabelais et son masque comique: *Sophista loquitur*», *Etudes rabelaisiennes*, XI (1974), pp. 89-136.

——, «Sur la prétendue pluralité du Prologue de 'Gargantua'. Réponse d'un positiviste naïf à trois 'illustres et treschevaleureux champions'», *Revue d'histoire littéraire de la France*, 4 (1986), pp. 716-722.

——, «Vers une définition de l'herméneutique rabelaisienne: Pantagruel, l'esprit, la lettre et les paroles gelées», in *Rabelais en son demi-millénaire*, éd. Jean Céard, Jean-Claude Margolin, Genève, Droz, 1988, pp. 327-337.

Demonet, Marie-Luce, *Les Voix du signe. Nature et origine du langage à la Renaissance (1480-1580)*, Paris, Champion, 1992.

Denys l'Aréopagite, *Dionysiaca*, éd. Dom Chevallier, S.l., Desclée de Brouwer, 1937 et 1949, 2 vol.

——, *Œuvres complètes*, éd. et trad. Maurice de Gandillac, Paris, Aubier, 1943.

——, *Opera*, éd. Jacques Lefèvre d'Etaples, Paris, Jean Higman, 1498/99.

——, *Seconde traduction des œuvres de S.Denys Areopagite par le R. P. Iean de S.Francois* [Jean Goulu], Paris, chez la veufve Nicolas Buon, 1629.

Derrida, Jacques, «How to Avoid Speaking: Denials», in *Languages of Unsayable. The Play of Negativity in Literature and Literary Theory*, éd. Sanford Budick, Wolfgang Iser, New York, Columbia University Press, 1989, pp. 3-70.

Des Places, Edouard, S.J., «La théologie négative du Pseudo-Denys, ses antécédents platoniciens et son influence au seuil du Moyen Age», *Studia Patristica*, 17 (1982), pp. 81-92

Dodaine, H. F., O.P., *Le corpus dionysien de l'université de Paris au XIIIe siècle*, Roma, Edizioni di Storia e Letteratura, 1953.

Durantel, J., *Saint Thomas et le Pseudo-Denys*, Paris, Félix Alcan, 1919.

Duval, Edwin M., «Interpretation and the 'Doctrine absconce' of Rabelais's Prologue to *Gargantua*», *Etudes rabelaisiennes*, XVIII (1985), pp. 1-17.

——, *The Design of Rabelais's Pantagruel*, New Haven, Yale University Press, 1991.

Eckhart, *Commentary on Exodus*, in *Meister Eckhart, Teacher and Preacher*, éd. Bernard McGinn et al., New York, Mahwah, Toronto, Paulist Press, 1986.

——, *Expositio S. Evangelii S. Joannem*, éd. Alain de Libera, Edouard Weber O.P., Emilie Zum Brunn, Paris, Editions du Cerf, 1989.

——, *Le Commentaire de la Genèse. Précédé des Prologues*, éd. Alain de Libera et al., Paris, Ed. du Cerf, 1984.

——, *Sermons*, introd. et trad. de Jeanne Ancelet-Hustache, Paris, Ed. du Seuil, 1974.

Eco, Umberto, *The Limits of Interpretation*, Bloomington and Indiana, Indiana University Press, 1991.

——, et Richard Rorty, Honathan Culler, Christine Brooke-Rose, *Interpretation and Overinterpretation,* Cambridge - New York - Port Chester, Cambridge University Press, 1992.

Engels, J., «Les commentaires d'Ovide au XVIᵉ siècle», *Vivarium*, 12 (1974), pp. 3-13.

Epiney-Burgard, Georgette, «Jean Eck et le commentaire de la *Théologie mystique* du Pseudo-Denys», *Bibliothèque d'Humanisme et Renaissance*, 34 (1972), pp. 7-29.

Epistolae obscurorum virorum..., éd. Edwardus Bocking, Osnabruck, O. Zeller, 1966.

Erasme, Désiré, *In Annotationes Novi Testamenti*, in *Opera omnia*, Lugduni Batavorum, Petrus Vander, 1705, t. 6.

——, *Paraphrasis in Acta Apostolorum*, in *Opera omnia*, Lugduni Batavorum, Petrus Vander, 1705, t. 7.

Ewbank, Michael, «Remarks on being in St. Thomas Aquinas' *Expositio de Divinis Nominibus*», *Archives d'histoire doctrinale et littéraire du Moyen Age*, 64 (1989), pp. 123-149.

Faes de Mottoni, Barbara, *Il 'Corpus Dionysianum' nel Mediœvo. Rassegna di studi: 1900-1972*, S.l., Società Editrice il Mulino, 1977.

Festugière, A. J., *La Révélation d'Hermès Trismégiste, II, Le Dieu cosmique*, Paris, Librairie Lecoffre, 1949.

Ficino, Marsilio, *Commentaire sur le Banquet de Platon*, éd. Raymond Marcel, Paris, Les Belles Lettres, 1956.

——, *Opera omnia*, (Basileae, 1576) fac-similé publié par Paul Oskar Kristeller, Torino, Bottega d'Erasmo, 1959.

——, *Théologie platonicienne*, éd. Raymond Marcel, Paris, Les Belles Lettres, 1964.

Flood, Patrick, *Thomas Aquinas and Denis the Areopagist on the Being of Creatures*, University of Ottawa, 1968, thèse dactylographiée.

Foix de Candale, François comte de, *Le Pimandre de Mercure Trismegiste de la Philosophie Chrestienne...*, Bordeaux, S. Millanges, 1579.

Fragonard, Marie-Madeleine, «'Les trente-deux sentiers de sapience' de Nicolas Le Fèvre de la Boderie: une théorie de l'interprétation polysémique au XVIᵉ siècle», in *Mélanges sur la littérature de la Renaissance: à la mémoire de V.-L. Saulnier*, Genève, Droz, 1984, pp. 217-224.

Frédégise de Tours, *De substantia nihili et tenebrarum*, éd. Concettina Gennaro, Padova, Cedam, 1963.

Gandillac, Maurice de, «Astres, anges et génies chez Marsile Ficin», in *Umanesimo e esoterismo*, Padova, Cedam, 1960, pp. 85-109.

——, *Genèse de la modernité*, Paris, Ed. du Cerf, 1992.

——, «Lefèvre d'Etaples et Charles de Bouelles, lecteurs de Nicolas de Cues», in *L'Humanisme français au début de la Renaissance. Colloque International de Tours (XIVᵉ stage)*, Paris, Vrin, 1973, pp. 155-171.

Garin, Eugenio, «Cusano e i platonici italiani del Quattrocento», in *Nicolò da Cusa. Relazioni tenute al convegno interuniversitario di Bressanone nel 1960*, Firenze, G. C. Sansoni Editore, 1961, pp. 75-97.

Gersh, Stephen, *From Iamblichus to Eriugena. An Investigation of the Prehistory and Evolution of the Pseudo-Dionysian Tradition*, Leiden, E. J. Brill, 1978.

Gerson, Jean Charlier, *De mystica theologia*, éd. André Combes, Lucani, in aedibus Thesauri Mundi, s.d..

——, *Le livre de la Montagne de Contemplation*, Paris, Gallimard, s.d.

——, *Notulae super quaedam verba Dionysii de Caelestii Hierarchia*, éd. André Combes, Paris, Vrin, 1973.

Georges de Venise, François, *In scripturam sacram problemata*, Venetiis, Bernardinus Vitalis, 1536.

——, *L'Harmonie du monde, divisee en trois cantiques. Œuvre singulier, et plain d'admirable erudition: Premierement composé en Latin par Francois Georges Vénitien, et depuis traduict et illustré par Guy Le Fevre de la Boderie ...plus L'Heptaple de Iean Picus Comte de la Mirande translaté par Nicolas Le Fevre de la Boderie*, Paris, Jean Macé, 1578.

Gilson, Etienne, *Le Thomisme. Introduction à la philosophie de saint Thomas d'Aquin*, Paris, Vrin, 1947.

Grant, Edward, *Much Ado About Nothing: Theories of Space and Vacuum from the Middle Ages to the Scientific Revolution*, Cambridge, New York, Cambridge University Press, 1981.

Grève, Marcel de, *L'Interprétation de Rabelais au XVIᵉ siècle*, Genève, Droz, 1961.

Hallyn, Fernand, «Le livre du monde chez Nicolas de Cues», in *Le Sens des formes. Etudes sur la Renaissance*, Genève, Droz, 1994, pp. 247-256.

——, «Modèles et références de l'herméneutique rabelaisienne», in *Mélanges offerts à Guy Demerson*, Paris, Champion, 1993, pp. 381-391.

Harries, Karsten, «The Infinite Sphere: Comments on the History of a Metaphor», *Journal of the History of Philosophy*, 13 (1975), pp. 5-15.

Hermès Trismégiste, *Corpus hermeticum*, éd. A. J. Festugière, Paris, Les Belles Lettres, 1960.

——, *Deux livres de Mercure Trismegiste Hermés (...) Avecqu'un Dialogue de Loys Lazarel, poëte Chrestien intitulé le Bassin d'Hermés. Le tout traduit de Grec en francoys par Gabriel du Preau...*, Paris, Estienne Groulleau, 1557.

——, *Hermetica. The Greek 'Corpus Hermeticum' and the Latin 'Asclepius' in a new English translation, with notes and introduction*, éd. Brian P. Copenhaver, Cambridge, Cambridge University Press, 1992.

Hoffmann, Manfred, *Rhetoric and Theology: the Hermeneutic of Erasmus*, Toronto - Buffalo - London, University of Toronto Press, 1994.

Holban, Marie, «Autour de Jean Thenaud et de Frère Jean des Entonneurs», *Etudes Rabelaisiennes*, IX (1971), pp. 49-65.

Hughes, Philip Edgcumbe, *Lefèvre, Pioneer of Ecclesiastical Renewal in France*, Grand Rapids, William B. Eerdmans Publishing Company, 1984.

Idel, Moshe, *Kabbalah. New Perspectives*, New Haven and London, Yale University Press, 1988.

Jankelevitch, Vladimir, *Le je-ne-sais-quoi et le presque-rien*, Paris, Puf, 1957.

Jean Damascène, *Contenta. Theologia Damasceni. I. De ineffabili divinitate...*, Paris, Henri Estienne, 1507.

Jeanneret, Michel, *Le Défi des signes. Rabelais et la crise de l'interprétation à la Renaissance*, Orléans, Editions Paradigme, 1994.

——, «Les paroles dégelées (Rabelais, *Quart Livre*, 48-65)», in *Littérature*, 17 (1975), pp. 14-30.

Jean Scot Erigène, *Expositiones Joannis Scoti super Ierarchiam Caelestem S. Dionysii*, *Patrologia Latina*, t. 122.

——, *Periphyseon (De Divisione Naturae)*, éd. I. P. Sheldon-Williams, Dublin, The Dublin Institute for Advanced Studies, 1968.

Jones, John D., «The Ontological Difference for St. Thomas and Pseudo-Dionysius», *Dionysius*, 4 (1980), pp. 119-132.

Jordan, James, «Jacques Lefèvre d'Etaples: Principles and Practice of Reform at Meaux», in *Contemporary Reflections on the Medieval Christian Tradition. Essays in Honor of Ray C. Petry*, éd. par George H. Shriver, Durham, N.C., Duke University Press, 1974, pp. 95-115.

Joukovsky, Françoise, *Le regard intérieur. Thèmes plotiniens chez quelques écrivains de la Renaissance française*, Paris, Nizet, 1982.

Kałuża, Zenon, «Le problème du 'Deum non esse' chez Etienne de Chaumont, Nicolas Aston et Thomas Bradwardine», *Mediaevalia Philosophica Polonorum*, 24 (1979), pp. 3-19.

Klemm, David E., «Open Secrets: Derrida and Negative Theology», in *Negation and Theology*, éd. Robert P. Scharlemann, Charlottesville - London, University Press of Virginia, 1992, pp. 8-24.

Klubertanz, George P., S.J., *St. Thomas Aquinas on Analogy. A Textual Analysis and Systematic Synthesis*, Chicago, Loyola University Press, 1960.

Klustein, Ilana, «Marsile Ficin et Hermès Trismégiste. Quelques notes sur la traduction du Pimandre dans la Vulgata de Ficin», *Renaissance and Reformation / Renaissance et Réforme*, 3 (1990), pp. 213-222.

Kristeller, Paul Oskar, «Marsilio Ficino e Lodovico Lazzarelli. Contributo alla diffusione delle idee ermetiche nel Rinascimento», in *Studies in Renaissance Thought and Letters*, Roma, Edizioni di Storia et Letteratura, 1956, pp. 221-243.

——, *The Philosophy of Marsilio Ficino*, Gloucester, Mass., Peter Smith, 1964.

Le Caron, Louis, *La philosophie*, Paris, Guillaume le Noir, 1555.

Lees, Rosemary Ann, *The Negative Language of the Dionysian School of Mystical Theology. An Approach to the Cloud of Unknowing*, Salzburg, Institut für Anglistik und Amerikanistik, 1983.

Lefèvre d'Etaples, Jacques, *Epistolae Beatissimi Pauli, adiecta intelligentia ex Graeco, cum commentariis Jacobi Fabri Stapulensis*, Paris, Henri Estienne, 1512.

——, *Quincuplex Psalterium* [Fac-similé de l'édition de 1513], Genève, Droz, 1979.

——, et ses disciples, *Epistres et Evangiles pour les cinquante et deux dimanches de l'an*, éd. Guy Bedouelle et Franco Giacone, Leiden, E. J. Brill, 1976.

Liber XXIV Philosophorum, éd. Cl. Baeumker, *Beiträge zur Geschichte der Philosophie und Theologie des Mittelalters*, 2 (1927) pp. 208-214.

Libera, Alain de, *Introduction à la mystique rhénane d'Albert le Grand à Maître Eckhart*, Paris, O.E.I.L., 1984.

Lombard, Pierre, *Sententiae*, Roma, Editiones Collegii S. Bonaventurae ad Claras Aquas, 1971.

Lossky, Vladimir, «La notion des 'Analogies' chez Denys le Pseudo-Areopagite», in *Archives d'Histoire Doctrinale et Littéraire du Moyen Age*, 5 (1930), pp. 279-304.

——, «Les éléments de 'Théologie négative' dans la pensée de saint Augustin», in *Augustinus Magister. Congrès International Augustinien. Paris, 21-24 septembre 1954*, Etudes Augustiennes, supplément à l'«Année Theólogique Augustinienne», pp. 575-581.

——, *Théologie négative et connaissance de Dieu chez Maître Eckhart*, Paris, Vrin, 1960.

Luizzi, Tiziana, «L'esse' in quanto similitudine di dio nel commento di Tommaso d'Aquino al 'De Divinis nominibus' in Dionigi Areopagita», in *Vetera Novis auger: studi in onore di Calro Giacon per il Convegno degli assistenti universitari del moviemento di Gallarate*, Roma, La Goliardica, 1982, pp. 13-34.

Mahnke, Dietrich, *Unendliche Sphäre und Allmittelpunkt*, Halle, Max Niemeyer Verlag, 1937.

Maïmonides, Moïse, *The Guide of the Perplexed*, éd. Shlomo Pines, Chicago - London, The University of Chicago Press, 1963, 2 vol.

Marcel, Raymond, *Marsile Ficin (1433-1499)*, Paris, Les Belles Lettres, 1958.

Margolin, Jean-Claude, «Le rationalisme mystique de Charles de Bovelles», *Nouvelle Revue du XVIe siècle*, 13/1 (1995), pp. 87-103.

——, «Science et nationalisme linguistiques ou la bataille pour l'étymologie au XVIe siècle. Bovelles et sa postérité critique», in *The Fairest Flower. The Emergence of Linguistic National Consciousness in Renaissance Europe*, Firenze, Presso l'Accademia [della Crusca], 1985, pp. 139-165.

——, «Sur *L'Art des opposés* de Bovelles», in *Logique et littérature à la Renaissance*, éd. Marie-Luce Demonet-Launay et André Tournon, Paris, Champion, 1994, pp. 5-16.

Martin, Robert, *Le mot «rien» et ses concurrents en français (du XIVe siècle à l'époque contemporaine)*, Paris, Klincksieck, 1966.

Massaut, Jean-Pierre, *Critique et tradition à la veille de la réforme en France*, Paris, Vrin, 1974.

Meier-Oeser, Stephan, *Die Präsenz des Vergessenen. Zur Rezeption der Philosophie des Nicolaus Cusanus vom 15. bis zum 18. Jahrhundert*, Münster, Aschendorff, 1989.

Miernowski, Jan, «In Search of a Context for Rabelaisian Hermeneutics: 'Enigme en prophetie' or How to Combine the Unnameable with the Omninameable», in *Rabelais in Context. Proceedings of the 1991 Vanderbilt Conference*, éd. Barbara C. Bowen, Birmingham, Alabama, Summa Publications, Inc., 1993, pp. 67-77.

——, «Literature and Metaphysics: Rabelais and the Poetics of Misunderstanding», à paraître dans les *Etudes rabelaisiennes*.

——, *'Signes dissimilaires'. La quête des noms divins dans la poésie française de la Renaissance*, Genève, Droz, 1997.

Monfasani, John, «Pseudo-Dionysius the Areopagite in Mid-Quattrocento Rome», in *Supplementum Festivum. Studies in Honor of Paul Oskar Kristeller*, éd. James Hankins, John Monfasani, Frederick Purnell, Jr., Binghamton, New York, Medieval and Renaissance Texts and Studies, 1987, pp. 190-219.

Moss, Ann, *Ovid in Renaissance France. A Survey of the Latin Editions of Ovid and Commentaries printed in France before 1600*, London, The Warburg Institute, 1982.

Nicolas de Cusa, *De li non aliud. Nicholas of Cusa on God as Not-Other*, éd. par Jasper Hopkins, Minneapolis, University of Minnesota Press, 1987.

——, *Haec Accurata Recognitio Trium Voluminum, Operum Clariss. P. Nicolai Cusae*, éd. Jacques Lefèvre d'Etaples, Paris, Badius Ascensius, 1514 [reprod. photographique Frankfurt-am-Main, Minerva G.m.b.H., 1962].

——, *Introduction to the Philosophy of Nicholas of Cusa*, éd. Jasper Hopkins du *Trialogus de Possest*, Minneapolis, University of Minnesota Press, 1978.

——, *Nicholas of Cusa on Learned Ignorance. A Tanslation and an Appraisal of De Docta Ignorantia*, éd. Jasper Hopkins, Minneapolis, The Arthur J. Banning Press, 1981.

——, *Nicholas of Cusa's Dialectical Mysticism. Text, Translation, and Interpretative Study of De Visione Dei*, éd. Jasper Hopkins, Minneapolis, The Arthur J. Banning Press, 1985.

——, *Œuvres choisies*, éd. Maurice de Gandillac, Paris, Aubier, 1942.

——, *Opere filosofiche*, éd. Graziella Federici-Vescovini, Torino, Unione Tipografico-Editrice, 1972.

——, *Sermones*, in *Opera omnia*, éd. Rudolf Haubst, Martin Bodewing, Hamburg, in aedibus Felicis Meiner, 1977-, t. 16-17.

——, *Trialogus de possest*, éd. Jasper Hopkins, *A Concise Introduction to the Philosophy of Nicholas of Cusa* Minneapolis, University of Minessota Press, 1978.

——, *Werke*, éd. Paul Wilpert, Berlin, Walter de Gruyter et Co, 1967.

O'Brien, Denis, «Le non-être dans la philosophie grecque: Parménide, Platon, Plotin», in *Etudes sur le «Sophiste» de Platon*, éd. Pierre Aubenque, S.l., Bibliopolis, 1991, pp. 317-364.

O'Rourke, Fran, *Pseudo-Dionysius and the Metaphysics of Aquinas*, Leiden, New York, Köln, E. J. Brill, 1992.

O'Rourke Boyle, Marjorie, *Erasmus on Language and Method in Theology*, Toronto and Buffalo, University of Toronto Press, 1977.

«Ovide moralisé», Poème du commencement du quatorzième siècle, éd. C. de Boer, *Verhandelingen der Koninklijke Akademie van Wetenschappen te Amsterdam. Afdeeling Letterkunde. Nieuwe Reeks*, vol. XV et XXI, Amsterdam, Johannes Müller, 1915.

Ovide, *Trois premiers livres de la metamorphose d'Ovide. Traduictz en vers François. Le premier et second par Cl. Marot. Le tiers par B. Aneau. Mythologizez par Allegories Historiales, Naturelles et Moralles recueillies des bons autheurs Grecz et Latins, sur toutes les fables et sentences (...) Avec une preparation de voie à la lecture et intelligence des Poètes fabuleux*, Lyon, Guillaume Roville, 1556.

Ozment, Steven E., *Homo Spiritualis. A Comparative Study of the Anthropology of Johannes Tauler, Jean Gerson and Martin Luther (1509-16) in the Context of their Theological Thought*, Leiden, E. J. Brill, 1969.

Ozment, Steven, «Mysticism, Nominalism and Dissent», in *The Pursuit of Holiness in Late Medieval and Renaissance Religion*, éd. Charles Trinkaus, Heiko A. Oberman, Leiden, E. J. Brill, 1974, pp. 67-92.

Panofsky, Erwin, *Abbot Suger on the Abbey Church of St.-Denis and its Art Treasures*, Princeton, Princeton University Press, 1979.

Pantin, Isabelle, «Les 'commentaires' de Lefèvre d'Etaples au *Corpus Hermeticum*», in *Cahiers de l'Hermétisme. Présence d'Hermès Trismégiste*, Paris, Albin Michel, 1988, pp. 167-183.

Pelletier, Francis Jeffry, *Parmenides, Plato, and the Semantics of Not-Being*, Chicago - London, The University of Chicago Press, 1990.

Pic de la Mirandole, Jean, *Conclusiones sive Theses DCCCC Romae anno 1486 publice disputandae, sed non admissae*, éd. Bohdan Kieszkowski, Genève, Droz, 1973.

——, *De hominis dignitate. Heptaplus. De ente et uno*, éd. Eugenio Garin, Firenze, Vallecchi Editore, 1942.

Pistorius, Joannes, *Artis Cabalisticae. Hoc est, reconditae theologiae et philosophiae scriptorum: tomus I. In quo praeter Pauli Ricii Theologicos et Philosophicos libros sunt Latini penè omnes et Hebraei nonnulli praestantissimi Scriptores, qui artem commentarijs suis illustrarunt...ex D. Ioannis Pistorii Nidani med. D. et Marchionum Badensium Consiliarij Bibliotheca...*, Basileae, per Sebastianum Henricpetri, s. d. [1597].

Platon, *The Collected Dialogues*, éd. Edith Hamilton, Huntington Cairns, Princeton, Princeton University Press, 1961.

Plotinus, *The Enneads*, éd. et trad. Sephen MacKenna, London Faber and Faber Limited, s.d.

Pouilloux, Jean-Yves, «Notes sur deux chapitres du *Quart Livre* LV-LVI», *Littérature*, 5 (1972), pp. 88-94.

Proclus, *Commentaire sur la République*, éd. A. J. Festugière, Paris, Vrin, 1970.

——, *Commentaire sur le Parménide de Platon. Traduction de Guillaume de Mœrbeke* [avec les *marginalia* du Cod. Cusano 186], éd. Carlos Steel, Leiden, Leuven, E. J. Brill, Leuven University Press, 1982.

——, *Commentary on Plato's 'Parmenides'*, éd. et trad. Glenn R. Morrow et John M. Dillon, Princeton, Princeton University Press, 1987.

——, *Théologie platonicienne*, éd. et trad. H.D. Saffrey et L. G. Westerink, Paris, Les Belles Lettres, 1968-1981.

Purnell, Frederick, Jr., «The Hermetist as Heretic: an Unpublished Censure of Foix de Candale's *Pimandre*», in *Supplementum Festivum. Studies in Honor of Paul Oskar Kristeller*, éd. James Hankins, John Monfasani, Frederick Purnell, Jr., Binghamton, N.Y., Medieval and Renaissance Texts and Studies, 1987, pp. 525-535.

Rabelais, François, *Tiers livre*, éd. Jean Céard, Librairie Générale Française, Livre de Poche, 1995.

Randall, Michael, *Building Resemblance: Analogical Imagery in the Early French Renaissance*, Baltimore - London, Johns Hopkins University Press, 1996.

Raspanti, Antonino, *Filosofia, teologia, religione. L'unità della visione in Giovanni Pico della Mirandola,* Palermo, Edi Oftes, 1991.

Renaudet, Augustin, *Préréforme et Humanisme à Paris pendant les premières guerres d'Italie (1494-1517),* Paris, Champion, 1916.

Reuchlin, Johannes, *De arte cabalistica* [1517], éd. Martin et Sarah Goodman, New York, Abaris Books, 1983.

———, *De verbo mirifico* (1494), fac-similé, Stuttgart - Bad Cannstatt, Friedrich Frommann Verlag, 1964.

Rice, Eugene F., «Jacques Lefèvre d'Etaples and the Medieval Christian Mystics», in *Florilegium Historiale. Essays Presented to Wallance K. Ferguson,* Toronto, Toronto University Press, 1971, pp. 89-124.

———, «The *De Magia Naturali* of Jacques Lefèvre d'Etaples», in *Philosophy and Humanism: Renaissance Essays in Honor of Paul Oskar Kristeller,* éd. Edward P. Mahoney, Leiden, E. J. Brill, 1976, pp. 19-29.

———, éd., *The Prefatory Epistles of Jacques Lefèvre d'Etaples and Related Texts,* New York, London, Columbia University Press, 1972.

Rigolot, François, «Interpréter Rabelais aujourd'hui», *Poétique,* 103 (1995), pp. 269-283.

Robert Grossetête, *Il commento di Roberto Grossatesta al «De Mystica Theologia» del Pseudo-Dionigi Areopagita,* éd. Ulderico Gamba, Milano, Societa editrice «Vita et pensiero», 1942.

Roques, René, *L'univers dionysien. Structure hiérarchique du monde selon le Pseudo-Denys,* Paris, Aubier, 1954.

———, «Symbolisme et théologie négative chez le Pseudo-Denys», *Bulletin de l'Association Guillaume Budé,* 1 (1957), pp. 97-112.

———, «Tératologie et théologie chez Jean Scot Erigène», in *Mélanges offerts à M.-D. Chenu,* Paris, Vrin, 1967, pp. 419-437.

Rosselli, Annibal, *Divinus Pymander Hermetis Mercurii Trismegisti cum commentariis...,* Coloniae Agrippinae, ex Officina Choliniana, Sumptibus Petri Cholini, 1630.

Rotman, Brian, *Signifying Nothing. The Semiotics of Zero,* New York, St. Martin's Press, 1987.

Roulier, Fernand, *Jean Pic de la Mirandole (1463-1494), humaniste, philosophe et théologien,* Genève, Slatkine, 1989.

Ruello, Francis, «La *Divinorum nominum reseratio* selon Robert Grossetête et Albert le Grand», *Archives d'histoire doctrinale et littéraire du Moyen Age,* 34 (1959), pp. 99-133.

———, «Le commentaire du Divinis Nominibus de Denys par Albert le Grand», *Archives de philosophie,* 43 (1980), pp. 589-613.

Ruysbroeck, *Œuvres choisies,* éd. J.-A. Bizer, Paris, Aubier, 1946.

Saffrey, Henri-Dominique, «New Objective Links between the Pseudo-Dionysius and Proclus», in *Neoplatonism and Christian Thought,* éd. Dominic J. O'Meara, Norfolk, Vi., International Society for Neoplatonic Studies, 1982, pp. 64-74.

Salley, C. Louise, «Jacques Lefèvre d'Etaples: Heir of the Dutch Reformers of the Fifteenth Century», in *The Dawn of Modern Civilization. Studies in Renaissance, Reformation and Other Topics. Presented to Honor Albert Hyma,* Ann Arbor, University of Michigan Press, 1962, pp. 75-124.

Sandaeus, Maximilianus, *Theologia mystica clavis*, Coloniae Agrippinae, ex officina Gualteriana, 1640.

Schiavone, Michele, *Problemi filosofici in Marsilio Ficino*, Milano, Marzorati, 1957.

Schoock, Martinus, *Tractatus de nihilo: accessit ejusdem argumenti libellus Caroli Bovilli, atque Johannis Passeratii accuratissimum Poema de nihilo cum annotationibus necessariis ejusdem Schoockii*, Groningae, typis Viduae Edzardi Agricole, 1661.

Schmitt, Christian, «Bovelles linguiste», in *Charles de Bovelles en son cinquième centenaire. 1479-1979*, éd. Guy Trédaniel, S.l., Ed. de la Maisnie, 1982, pp. 247-263.

Scholem, Gershom, *Kabbalah*, Jerusalem, Keter Publishing House Jerusalem Ltd., 1974.

——, *Le Nom et les symboles de Dieu dans la mystique juive*, Paris, Les Editions du Cerf, 1983.

——, *Les origines de la Kabbale*, Paris, Aubier-Montaigne, 1966.

Screech, Michael A., *L'évangélisme de Rabelais. Aspects de la satire religieuse au XVIe siècle*, Genève, Droz, 1959.

——, *Rabelais*, London, Duckworth, 1979.

——, *The Rabelaisian Marriage*, London, Edward Arnold, 1958.

Secret, François, «Annotations de G. Postel à une *Arithmetica* de Boèce, commentée par Gérard Roussel», in *Bibliothèque d'Humanisme et Renaissance*, 39 (1977), pp. 115-132.

——, *Les Kabbalistes Chrétiens de la Renaissance*, Milano, Archè Arma Artis, 1985.

——, *Le Zôhar chez les kabbalistes chrétiens de la Renaissanc*, Paris - La Haye, Mouton, 1964.

——, «Notes sur Postel», *Bibliothèque d'Humanisme et Renaissance*, 21 (1959), pp. 453-467; 22 (1960), pp. 377-392; 39 (1977), pp. 115-132.

Sefer ha-Bahir, traduction de Guillaume Postel, in *Postelliana*, éd. François Secret, Nieuwkoop, B. de Graaf, 1981.

Sefer Yetsira, éd. Aryeh Kaplan, York Beach, Maine, Samuel Weiser, Inc., 1993.

Sein und Nichts in der Abendländischen Mystik, éd. Walter Strolz, Freiburg - Basel - Wien, Herder, 1984.

Seligman, Paul, *Being and Not-being. An Introduction to Plato's «Sophist»*, The Hague, Martinus Nijhoff, 1974.

Servet, Pierre, "Barthélemy Aneau lecteur de Rabelais?", in *Etudes Rabelaisiennes*, XXIX (1993), pp. 63-81.

Les Signes de Dieu, éd. Geneviève Demerson, Bernard Dompnier, Clermont-Ferrand, Faculté des Lettres et Sciences Humaines de l'Université Blaise Pascal, 1993.

Shumaker, Wayne, *The Occult Sciences in the Renaissance. A Study in Intellectual Patterns*, Berkeley - Los Angeles - London, University of California Press, 1972.

Spitzer, Leo, «Rabelais et les 'rabelaisants'», *Studi francesi*, 4 (1960), pp. 401-423.

Steuchus, Augustinus, *De perenni philosophia*, (1540), éd. Charles B. Schmitt, New York, Johnson Reprint Corporation, 1972.

Struever, Nancy S., «Metaphoric Morals: Ethical Implications of Cusa's Use of Figure», in *Archéologie du signe*, éd. Lucie Brind'Amour et Eugene Vance, Papers in Medieval Studies, no. 3 Toronto, Pontifical Institute of Medieval Studies, 1982, pp. 305-334.

Taton, René, «Bovelles et les premiers traités de géométrie en langue française», in *Charles de Bovelles en son cinquième centenaire. 1479-1979*, éd. Guy Trédaniel, S.l., Editions de la Maisnie, 1982, p. 181-196.

Thenaud, Jean, *Cabale et l'estat du monde angélic ou spirituel*, Bibliothèque de l'Arsenal, ms. 5061.

——, *Cabale métrifiée*, Bibliothèque Nationale, ms. fr. 882.

Thijssen, J. M. M. H., «The 'Semantic' Articles of Autrecourt's Condemnation. New Proposals for an Interpretation of the Articles 1, 30, 31, 57 and 58», *Archives d'Histoire doctrinale et littéraire du Moyen Age*, 67 (1991), pp. 155-175.

Thomas d'Aquin, *In librum beati Dionysii de divinis nominibus commentaria*, in *Opera omnia*, New York, Musurgia Publishers, 1950, t. 15.

——, *Summa contra gentiles*, éd. et trad. Anton C. Pegis, F.R.S.C., Notre Dame - London, University of Notre Dame Press, 1975.

——, *Summa theologiae*, London - New York Blackfriars, Eyre & Spottiswoode, McGraw-Hill Book Company, 1964.

Tournon, André, «De l'interprétation des 'motz de gueule'. Note sur les chapitres LV-LVI du Quart Livre du Pantagruel», in *Hommage à François Meyer*, Publications de l'Université de Provence, 1983, pp. 145-153.

——, *«En sens agile». Les acrobaties de l'esprit selon Rabelais*, Paris, Champion, 1995.

Turner, Denys, *The Darkness of God. Negativity in Christian Mysticism*, Cambridge, Cambridge University Press, 1995.

Vansteenberghe, E., *Autour de la Docte Ignorance. Une controverse sur la théologie mystique au XV* siècle, Beiträge zur Geschichte der Philosophie des Mittelalters. Texte und Untersuchungen*, 2-4 (1915).

Veissière, Michel, *L'Evêque Guillaume Briçonnet (1470-1534)*, Provins, 1986.

Vickers, Brian, «Analogy versus Identity: the Rejection of Occult Symbolism, 1580-1680», *Occult and Scientific Mentalities in the Renaissance*, éd. Brian Vickers, Cambridge, Cambridge University Press, 1984, pp. 95-163.

Victor, Joseph, M., *Charles de Bovelles.1479-1553. An Intellectual Biography*, Genève, Droz, 1978.

Volker, Walther, *Kontemplation und Ekstase bei Pseudo-Dionysius Areopagita*, Wiesbaden, F. Steiner, 1958.

Wackernagel, Wolfgang, *Ymagine denudari. Ethique de l'image et métaphysique de l'abstraction chez Maître Eckhart*, Paris, Vrin, 1991.

Walter, Robert, *Beatus Rhenanus. Citoyen de Sélestat, ami d'Erasme. Anthologie de sa correspondance*, Strasbourg, Librairie Oberlin, 1986.

Watts, Pauline Moffitt, *Nicolas Cusanus. A Fifteenth-Century Vision of Man*, Leiden, E. J. Brill, 1982.

——, «Pseudo-Dionysius the Areopagite and Three Renaissance Neoplatonists. Cusanus, Ficino and Pico on Mind and Cosmos», in *Supplementum Festivum. Studies in Honor of Paul Oskar Kristeller*, éd. James Hankins, John Monfasani, Frederick Purnell, Jr., Binghamton, New York, Medieval and Renaissance Texts and Studies, 1987, pp. 279-298.

Weier, Reinhold, *Das Thema vom verborgenen Gott von Nikolaus von Kues zu Martin Luther*, Münster, Verlag Aschendorff, 1967.

Wirszubski, Chaim, *Pico della Mirandola's Encounter with Jewish Mysticism*, Cambridge, Mass.- London, Harvard University Press, 1989.

Wolfson, Harry Austryn, *Studies in the History of Philosophy and Religion,* Cambridge, Mass., Harvard University Press, 1973.

Yates, Frances A., *Giordano Bruno and the Hermetic Tradition*, Chicago, The University of Chicago Press, 1964.

Zika, Charles, «Reuchlin's *De Verbo Mirifico* and the Magic Debate of the Late Fifteenth Century», *Journal of the Warburg and Courtauld Institutes*, 39 (1976), pp. 104-138.

Zinn, Grover A., Jr., «Suger, Theology and the Pseudo-Dionysian Tradition», in *Abbot Suger and Saint-Denis. A Symposium*, éd. Paula Lieber Gerson, New York, The Metropolitan Museum of Art, 1986, pp. 33-40.

Zum Brunn, Emilie, *Le Dilemme de l'Etre et du Néant chez saint Augustin. Des premiers dialogues aux «Confessions»*, Paris, Etudes Augustiniennes, 1969.

INDEX NOMINUM

Cet index ne comprend pas le nom de Denys l'Aréopagite lui-même.

Weber, Edouard O.P.: 78n.
Weier, Reinhold: 74n.
Wenck, Johannes: 63-66.
Wilpert, Paul: 55n, 75n.
Wirszubski, Chaim: 104, 110n, 113n, 116n, 121n.

Wolfson, Harry Austryn: 111n, 121n.
Yates, Frances A.: 91n, 103n.
Zika, Charles: 119n.
Zinn, Grover A., Jr.: 4n.
Zoroastre: 91.
Zum Brunn, Emilie: 78n, 88n.

INDEX RERUM

Studies in the History
of Christian Thought

EDITED BY HEIKO A. OBERMAN

50. HOENEN, M. J. F. M. *Marsilius of Inghen.* Divine Knowledge in Late Medieval Thought. 1993
51. O'MALLEY, J. W., IZBICKI, T. M. and CHRISTIANSON, G. (eds.). *Humanity and Divinity in Renaissance and Reformation.* Essays in Honor of Charles Trinkaus. 1993
52. REEVE, A. (ed.) and SCREECH, M. A. (introd.). *Erasmus' Annotations on the New Testament.* Galatians to the Apocalypse. 1993
53. STUMP, Ph. H. *The Reforms of the Council of Constance (1414-1418).* 1994
54. GIAKALIS, A. *Images of the Divine.* The Theology of Icons at the Seventh Ecumenical Council. With a Foreword by Henry Chadwick. 1994
55. NELLEN, H. J. M. and RABBIE, E. (eds.). *Hugo Grotius – Theologian.* Essays in Honour of G. H. M. Posthumus Meyjes. 1994
56. TRIGG, J. D. *Baptism in the Theology of Martin Luther.* 1994
57. JANSE, W. *Albert Hardenberg als Theologe.* Profil eines Bucer-Schülers. 1994
59. SCHOOR, R.J.M. VAN DE. *The Irenical Theology of Théophile Brachet de La Milletière (1588-1665).* 1995
60. STREHLE, S. *The Catholic Roots of the Protestant Gospel.* Encounter between the Middle Ages and the Reformation. 1995
61. BROWN, M.L. *Donne and the Politics of Conscience in Early Modern England.* 1995
62. SCREECH, M.A. (ed.). *Richard Mocket, Warden of All Souls College, Oxford, Doctrina et Politia Ecclesiae Anglicanae.* An Anglican Summa. Facsimile with Variants of the Text of 1617. Edited with an Introduction. 1995
63. SNOEK, G.J.C. *Medieval Piety from Relics to the Eucharist.* A Process of Mutual Interaction. 1995
64. PIXTON, P.B. *The German Episcopacy and the Implementation of the Decrees of the Fourth Lateran Council, 1216-1245.* Watchmen on the Tower. 1995
65. DOLNIKOWSKI, E.W. *Thomas Bradwardine: A View of Time and a Vision of Eternity in Fourteenth-Century Thought.* 1995
66. RABBIE, E. (ed.). *Hugo Grotius, Ordinum Hollandiae ac Westfrisiae Pietas (1613).* Critical Edition with Translation and Commentary. 1995
67. HIRSH, J.C. *The Boundaries of Faith.* The Development and Transmission of Medieval Spirituality. 1996
68. BURNETT, S.G. *From Christian Hebraism to Jewish Studies.* Johannes Buxtorf (1564-1629) and Hebrew Learning in the Seventeenth Century. 1996
69. BOLAND O.P., V. *Ideas in God according to Saint Thomas Aquinas.* Sources and Synthesis. 1996
70. LANGE, M.E. *Telling Tears in the English Renaissance.* 1996
71. CHRISTIANSON, G. and T.M. IZBICKI (eds.). *Nicholas of Cusa on Christ and the Church.* Essays in Memory of Chandler McCuskey Brooks for the American Cusanus Society. 1996
72. MALI, A. *Mystic in the New World.* Marie de l'Incarnation (1599-1672). 1996
73. VISSER, D. *Apocalypse as Utopian Expectation (800-1500).* The Apocalypse Commentary of Berengaudus of Ferrières and the Relationship between Exegesis, Liturgy and Iconography. 1996
74. O'ROURKE BOYLE, M. *Divine Domesticity.* Augustine of Thagaste to Teresa of Avila. 1997
75. PFIZENMAIER, T.C. *The Trinitarian Theology of Dr. Samuel Clarke (1675-1729).* Context, Sources, and Controversy. 1997
76. BERKVENS-STEVELINCK, C., J. ISRAEL and G.H.M. POSTHUMUS MEYJES (eds.). *The Emergence of Tolerance in the Dutch Republic.* 1997
77. HAYKIN, M.A.G. (ed.). *The Life and Thought of John Gill (1697-1771).* A Tercentennial Appreciation. 1997
78. KAISER, C.B. *Creational Theology and the History of Physical Science.* The Creationist Tradition from Basil to Bohr. 1997
79. LEES, J.T. *Anselm of Havelberg.* Deeds into Words in the Twelfth Century. 1997
80. WINTER, J.M. VAN. *Sources Concerning the Hospitallers of St John in the Netherlands, 14th-18th Centuries.* 1998
81. TIERNEY, B. *Foundations of the Conciliar Theory.* The Contribution of the Medieval Canonists from Gratian to the Great Schism. Enlarged New Edition. 1998
82. MIERNOWSKI, J. *Le Dieu Néant.* Théologies négatives à l'aube des temps modernes. 1998

Prospectus available on request

KONINKLIJKE BRILL — P.O.B. 9000 — 2300 PA LEIDEN — THE NETHERLANDS

DATE DUE

			Printed in USA